청소년이
세상을 바꾼다

홍지오

"당신의 꿈은 무엇입니까?"

독자에게 꿈이 무엇인지 넌지시 묻고 싶었습니다. 『청소년이 세상을 바꾼다: 청소년 연구 프로젝트 글쓰기』는 연구 프로젝트 방법을 설명하고, 글쓰기 비법만을 전달하지 않기 때문입니다. '연구 프로젝트'는 독자가 관심사를 발견하고, 발견한 현상과 주제를 분석적으로 접근하는 과정입니다. '글쓰기'는 독자가 발견한 관심사, 사회 현상, 주제, 해결 방안 등을 표현하는 방법입니다. 즉 '연구 프로젝트 글쓰기'는 '도구'입니다. 이 책은 사회적 차원에서 보면, 청소년이 연구 프로젝트 글쓰기라는 도구를 활용해 참여 활동을 하며, 변화의 과정 속에서 리더 역할을 하기 바라는 마음을 담고 있습니다. 개인적 차원에서 보면, 청소년이 꿈을 찾아가는 과정을 경험하기 바라는 마음을 담고 있습니다. 청소년은 연구 프로젝트 글쓰기를 통해 관심사를 발견하고, 접근하는 과정을 논리적·분석적·체계적으로 기록하면서 자신의 꿈과 모습을 자기 주도적으로 발견할 수 있습니다. 그 결과 청소년은 자신의 꿈과 모습이 최대한 일치하는 성장을 할 수 있으며, 세상은 청소년들로 인해 올바른 방향으로 변화할 것입니다.

"너무 이상적인가요? 아닙니다. 그 이야기를 시작하겠습니다."

필자가 청소년일 때 꿈은 교사, 라디오 PD, 작가였습니다. 그때는 꿈이라고 표현했지만 생각해보면 직업(職業)입니다. 현재, 필자는 글쓰는 작가, 교육공동체를 공부하는 연구자, 대학교에서 강의하는 교수, 센터의 리더인 대표라는 직(職)을 가지고 있습니다. 직(職)의 공통점은 글쓰기를 업(業)으로 합니다. 업(業)은 필자의 역량을 의미하고, 직(職)은 역량을 발휘할 수 있는 작가, 연구자, 강사, 교수 등의 직무나 직책을 말합니다.

필자는 글쓰기라는 업(業)을 가지고 직(職)을 선택하여, 직(職)과 업(業)이 일치하는 직업(職業)을 만들어 살고 있습니다. 사회초년생이었던 필자는 회사에 취직해서 직(職)을 먼저 얻고 월급을 받으며 살았습니다. 그런데 직(職)을 경험하면서 글쓰기라는 업(業)을 자연스럽게 얻은 운 좋은 사람입니다. 필자가 회사에서 잘하는 일이 글쓰기라는 것을 알고, 뒤늦게 열심히 책을 읽고 주변을 관찰하며 글을 쓰기 시작했습니다. 그 결과 대학을 졸업하고, 10년 동안 회사원, 신문기자, 석사·박사과정 대학원생, 국책기관 연구원, 신문사 논설위원, 대학 교수(초빙, 겸임, 강사) 등의 역할을 통해 공부와 일, 그리고 삶을 일치시키며 살고 있습니다. 이 모든 역할과 경험은 글쓰기라는 업(業)을 통해 이루어지고 있습니다.

직(職)과 업(業)이 일치하는 삶을 영위하기 위해서는 많은 시간이 필요합니다. 우여곡절을 경험해야 하기 때문입니다. 많은 시간이 필요하지만, 자신의 삶을 탐구하는 과정은 즐거울 것입니다. 그리고 필자가 이 책을 통해 독자의 소중한 시간을 아껴드리고자 합니다. 삶은 유한하니까요.

청소년이 직업으로 선택할 수 있는 종류는 교사, 크리에이터(Creator), 운동선수, 기자 등 다양합니다. 하지만 학교는 청소년이 원하는 직업을 어떻게 선택할 수 있고 일할 수 있는 역량을 가질 수 있는지 방법을 알려주는 데 한계가 있습니다. 교사뿐만 아니라, 마을 어른들도 알려주지 못합니다. 그 이유는 어른들도 잘 모르기 때문입니다. 예를 들어, 오늘날 많은 청소년은 자유학기제를 통해 꿈과 끼를 발견하기 위한 진로교육을 받고 있습니다. 필자가 인터뷰한 청소년들은 "진로교육 때 우리의 생각과 동떨어진 바리스타, 목공예, 비누 만들기 같은 체험을 하고 있어요"라고 말합니다. 아무리 좋은 교육 정책과 사업도, 실제 학교 현장에서는 운영과정에서 나타나는 한계로 인하여, 나쁜 결과와 평가를 받습니다. 문제는 학교 현장에서 이러한 현상이 반복적으로 일어나고 있다는 사실입니다. 대학에서도 마찬가지입니다. 교수는 대학생들의 진로 상담을 해야 하는 의무가 있습니다. 일부 학교는 교수에게 매달 1회, 학기에 4회 등의 달성해야 하는 상담 목표 건수도 정해줍니다. 어느 날 한 학생이 필자를 찾아왔습니다. 자신의 학과 교수와 상담을 했는데, 아직도 진로를 선택하지 못한 것은 다른 학생들과 비교했을 때 늦었다는 이야기를 듣고 고민이 생겼기 때문입니다. 학생은 교직을 공부하고 있으니 지금은 임용고시를 대비해야 하는 시기인데, 진로 고민을 하는 것이 다른 학생보다 늦은 것 같아 조급해졌다고 말합니다. 사실 조급함은 임용시험 공부를 늦게 한 탓이 아니라, 아직 진로를 결정하지 못했는데 다른 사람들로부터 뒤처지고 있다는 말을 듣고 생긴 불안 때문이었습니다.

사실 교사나 교수도 진로 상담이 어렵습니다. 경험치의 한계가 있기 때문입니다. 자신이 경험하지 못한 진로를 고민하는 학생을 위해서 해줄 수 있는 말은 대학원 진학, 공무원 시험, 회사 취업 등이 대부분일 가능성이 높습니다. 당연한 결과입니다. 그들도 다른 방법은 모르기 때문입니다. 대신 알아가는 방법을 알려줘야 하는데 그 방법을 아는 사람, 그 방법을 알고 자신의 삶을 개척하는 삶을 사는 사람은 많지 않습니다. 앞으로는 이 책이 대신할 것 같습니다.

『청소년이 세상을 바꾼다: 청소년 연구 프로젝트 글쓰기』는 청소년의 사회 참여를 돕는 연구 프로젝트와 글쓰기에 관한 체계적인 가이드를 제시하며, 청소년이 진로를 탐색할 기회도 제공합니다. 청소년의 사회 참여는 변화를 만들어내는 가장 중요한 원동력입니다. 사회를 변화시키는 원동력의 중심인 청소년은 사회를 위한 존재이기에 앞서, 독립적인 개인(자아)이기도 합니다. 청소년 개인의 꿈에서 시작한 영향력이 사회를 변화시키는 힘으로 작용하며, 자신의 삶을 변화시키는 힘이 됩니다. 물론 독자가 이 책의 내용을 얼마나 성실하게 잘 따라오느냐에 따라 달라질 수 있습니다.

"저는 글쓰기를 못 하는데, 그래도 괜찮을까요?"

글쓰기를 못 하는 것은 당연합니다. 우리는 학교에서 글쓰기를 배우지만 여전히 어렵습니다. 실제적인 글쓰기 경험이 부족하기 때문입니다. 독자는 이제 시작할 수 있습니다. 책이 제공하는 가이드와 방법을 따라 하면 가능합니다. 필자는 10여 년 동안 글을 쓰면서 누구나 글을 잘 쓸 수 있겠다는 확신이 생겼습니다. 필자도 고등학교를 졸업하기 전까지 책 한 권을 다 읽어본 적 없고 공부에 흥미가 없었던 학생이었기 때문입니다. 글은 하고 싶은 말을 표현하고자 하는 사람이 잘 쓸 수 있습니다. 반면에 아무것도 관심이 없고, 관심이 없으니 하고 싶은 말도 없는 사람은 글을 잘 쓸 수 없습니다. 글쓰기 방법을 모르는 것이 문제가 아닙니다. 관심사가 없어서 할 말이 없는 것이 원인입니다.

독자는 지금 서점에 가서 글쓰기 관련 책을 살펴보기 바랍니다. 그리고 많은 센터에서 진행하고 있는 다양한 글쓰기 수업을 수강해보기 바랍니다. 어떤가요? 말하는 내용이 거의 비슷비슷한가요? 맞습니다. 일부 수업과 내용은 비슷하게 들릴 것입니다. 이유는 대개 글쓰는 방법만을 설명하기 때문입니다. 우리에게는 글을 쓰고자 하는 소재와 소재에 대한 흥미를 찾지 못한 것이 문제인데, 강의에서는 계속 글쓰기 방법만 알려줍니다.

선생님: "글을 써보세요" → 학교에서 글쓰기 방법을 배웠으니, 방법대로 글을 써보라고 한다. → 하지만 지금 관심이 있는 주제가 없다. → 따라서 쓰고 싶은 글이 없다. → 글쓰기 방법을 배웠지만, 쓰고 싶은 글이 없어서 못 쓴다. → 글을 못 쓰니까, 글쓰기 방법을 다시 가르쳐 준다. → 하지만 아직도 관심이 있는 주제가 없다. → 따라서 쓰고 싶은 글이 없다. → 글쓰기 방법을 다시 배웠지만, 글을 못 쓴다.

∴ 평가: 나는 글을 못 쓴다.

글을 못 쓰는 문제의 핵심은 하고 싶은 말과 쓰고 싶은 글이 없는 상황입니다. 동기(Motivation)가 없는 상황에서 글을 잘 쓰는 방법을 배우는 것은 아무 소용이 없습니다.

글을 잘 쓰는 사람은 관심이 있는 주제가 있습니다. 관심사가 있으니까 하고 싶은 말도 많습니다. 글을 잘 쓰기 위해서 가장 먼저 찾아야 하는 것은, '관심사'입니다. 관심사는 자신을 둘러싼 주변 환경에서 쉽게 발견할 수 있습니다. 발견은 특별한 행위이지만 대단하게 이루어지지 않습니다. 영화에서처럼 강의실 벽을 대형 칠판으로 가득 채우고 알아볼 수 없는 수학 공식을 나열하면서 발견하는 것이 아닙니다. 발견은 아주 소소하고, 사소하며, 빈번하게 이루어집니다. 아르키메데스의 유명한 일화에서처럼, 목욕탕에서 넘치는 물을 보고 갑자기 깨달음을 얻고 외치는 '유레카'와 같습니다. 우리는 일상에서 아르키메데스의 일화를 경험합니다. 예를 들어, 친구와 대화를 하면서 "나 갑자기 생각났는데!", "아, 맞다!" 등으로 운을 띄우며 대화를 할 때가 있습니다. 관심사에 대한 발견의 신호(Signal)입니다.

우리는 고민이 생기면 머릿속 가득 고민으로 채워집니다. 자신도 모르게 암묵적으로 하는 고민도 많습니다. 고민은 곧 생각입니다. 우리는 고민을 하는 순간, 시각(눈), 후각(코), 미각(혀), 촉각(살갗) 등의 감각기관이 함께 촉각을 세우고 있습니다. 고민은 인식을 지배해서 감각기관을 통해 전달받은 자극을 생각으로 이어지도록 합니다. 즉 고민(생각)은 자극과 만나 관심사를 발견하도록 돕는 마중물과 같습니다. 식수를 공급하는 옛날

마중물

:한 바가지의 물
=고민(생각)

펌프질

감각의 자극

식수

관심사의 발견

펌프는 풍부한 식수(물)를 끌어올리기 위해서 한 바가지의 물(마중물)이 필요했습니다. 마중물이 없으면 아무리 펌프질을 해도 식수를 얻을 수 없었습니다. 마중물은 한 바가지의 물이지만, 그 이상의 식수를 얻을 수 있도록 돕는 중요한 물입니다.

마찬가지로 우리는 마중물과 같은 고민(생각)을 통해 내재하고 있는 인식에서 관심사를 발견합니다. 예를 들어, 동네에서 길고양이의 건강을 고민하는 사람은 길에서 고양이를 발견할 가능성이 높습니다. 야간에 여성들과 아이들의 안전한 통행을 고민하는 사람은 골목길 CCTV, 순찰 활동하는 경찰 등을 발견할 가능성이 높습니다. 한글을 배우기 시작한 아이가 길을 걸을 때, 거리에 있는 모든 간판과 현수막에 있는 한글을 발견하고 읽는 것과 같은 꼴입니다.

『청소년이 세상을 바꾼다: 청소년 연구 프로젝트 글쓰기』는 일상에서 관심이 있는 사회 현상을 발견하고, 관찰하며, 표현할 수 있는 과정과 방법을 안내합니다. 책은 청소년이 연구 프로젝트를 수행할 수 있도록 거의 모든 방법과 내용을 소개합니다.

독자는 책을 통해 7가지를 얻을 수 있습니다.

첫째, 자신의 관심사를 발견할 수 있습니다.

둘째, 자신의 글쓰기 역량을 향상할 수 있습니다.

셋째, 자신의 생각을 논리적, 분석적, 체계적으로 말하고 쓸 수 있습니다.

넷째, 자신이 사회 현상에서 발견한 문제를 해결할 수 있습니다.

다섯째, 자신이 하고 싶은 일을 찾고, 실제로 이루어낼 수 있습니다.

여섯째, 자신의 진로를 탐색할 수 있습니다.

일곱째, 자신이 원하는 꿈과 모습에 일치하는 삶을 살 수 있습니다.

사회는 영웅이 나타나도 변하지 않습니다. 하지만 한 명, 두 명의 청소년이 참여하기 시작하면 사회는 변화합니다.

"나를 발견하고 사회에 참여해볼까요?"

청소년 독자는 이 책에서 소개하는 연구 프로젝트 글쓰기를 통해 나를 발견하고, 사회 참여를 통해 의미 있는 일을 하기 바랍니다. 더하여, 이 책은 공교육, 대안교육, 홈스쿨링 등의 교육 기관 및 개인에게 도움을 줄 수 있는 학습 내용을 담고 있습니다. 자녀 또는 제자가 자신의 흥미를 발견하고 공부하며 성장하기를 바라는 마음을 가진 부모와 교사에게 감히 말합니다. "그 바람을 이루어낼 방법이 책에 담겨 있습니다." 청소년이 삶을 스스로 이끌고 어른으로 성장할 수 있도록 책을 선물하기 바랍니다. 또한 『청소년이 세상을 바꾼다: 청소년 연구 프로젝트 글쓰기』는 어른도 봐야 할 필요가 있습니다. 교사, 학부모, 연구자, 학자, 대학원생, 지역활동가, 회사원 등의 어른도 청소년과 함께 성장할 수 있도록 이 책을 권합니다. 우리는 배워서 성장해야 하는 아직 부족한 존재들입니다. 책은 어른들도 알아야 할 연구 프로젝트와 글쓰기 방법을 설명하면서, 사회 속에서 자신의 삶을 발견하기 바라는 마음과 내용을 담고 있습니다. 예를 들어, 대학원생의 경우 입학 후 연구 논문에 대해 전혀 모르는 상황에서 이 책의 내용을 기초 학습 자료로 활용할 수 있습니다. 교수 및 선배는 당연히 알 것으로 생각하고 알려주지 않는 가장 기초적이지만 가장 중요한 내용이 책에 담겨 있습니다. 또한 회사원은 조직에서 자료 수집, 분석, 평가 등의 보고서를 분석적·논리적·체계적으로 작성하는 방법을 알 수 있습니다. 무엇보다도 우리 어른도 자신의 관심사를 발견하고 꿈을 찾아야 하는 존재들이기에 책을 소개합니다.

다행입니다.
당신이 이 책을 만나 연구 프로젝트 방법과 글쓰기를 알 수 있게 되어서
다행입니다.
당신이 자신을 발견하고, 사회를 변화시키는 방법을 알 수 있게 되어서
다행입니다.
꿈을 꾸고 싶은 존재들이 이 책을 만나서.

『청소년이 세상을 바꾼다: 청소년 연구 프로젝트 글쓰기』의 내용은 크게, 연구 프로젝트 방법과 글쓰기 비법을 담고 있습니다. 자신이 관심이 있는 사회 현상을 발견하고, 자료를 수집하며, 분석하는 등의 연구 프로젝트 방법을 소개하고, 프로젝트 내용을 잘 표현하기 위한 글쓰기 방법입니다. 독자는 책을 그대로 따라오시기를 바랍니다. 책이 연구자로 성장할 수 있는 든든하고 좋은 친구가 되어줄 것입니다. 또한 청소년의 진로 진학을 위한 도움서이자, 오늘날 교육정책을 이끄는 자유학기제, 고교학점제, IB 교육, 대안교육, 국제학교 등의 교사, 학생, 학부모를 위한 도움서가 되어줄 것입니다.

마지막으로 항상 든든한 지원과 응원을 보내주시는 예산 집 부모님과 마석 집 부모님께 깊은 감사를 드립니다. 또한, 책 출간을 함께해 주신 박영사 전채린 차장님과 조정빈 대리님께도 감사를 드립니다. 끝으로, 언제나 나의 첫 독자가 되어 주는 아내 다솜에게 말로는 표현이 부족한 사랑과 고마운 마음을 전합니다. 책을 출간할 때마다 마음의 빚이 불어납니다. 빚이 빛이 되도록 항상 함께하겠습니다.

PREFACE
독자에게

　필자는 『청소년이 세상을 바꾼다: 청소년 연구 프로젝트 글쓰기』가 10년 후, 50년 후에도 연구 프로젝트 글쓰기의 내용과 방법을 일관성 있고, 정확성 있게 적용할 수 있도록 제시하고 있다고 평가받기를 바라지 않습니다. 연구 프로젝트 글쓰기는 사회 현상에 따라 유기적으로 변화해야 하는데, 현상을 탐구하는 방법에 대한 일관성과 정확성이 있다는 평가는 곧 독자가 복잡한 현상을 다양한 관점으로 온전하게 탐구하는 것을 방해하고 있음을 의미합니다.

　사회 현상은 누구도 예측할 수 없습니다. 더욱이 점차 복잡하고 다양해지고 있는 사회 현상에서는 예측만큼이나, 의미를 해석하고 요인을 분석하며 다양한 관점으로 접근하는 연구자의 역할이 중요합니다. 따라서 독자는 책에서 제시한 연구 프로젝트 글쓰기와 실제 현상 간의 불일치를 발견한다면, 필자와 함께 방법을 만들어가는 파트너라고 생각하기 바라며, 언제든지 함께 소통하기를 기다리겠습니다.

　사회를 탐구하는 현명한 방법은 현상에 따라 불규칙하고 유연하게 접근하는 것입니다. 즉, 연구 프로젝트는 한 가지 방법만으로 이루어지지 않습니다. 현상에 따라, 연구자에 따라, 다양한 방법이 있습니다. 필자와 독자가 함께 연구 프로젝트 글쓰기 방법을 지속적으로 고민하고 만들어야 하는 이유입니다.

2023년 7월
연구자 홍지오

CONTENS
차례

Lesson 02
청소년을 위한 연구 프로젝트(Research Project for Youth)

Lesson 03
청소년을 위한 연구 프로젝트 실행 6단계(Research Project Action for Youth)

Lesson 04
청소년을 위한 연구 프로젝트 글쓰기 비법(Research Project Writing for Youth)

이해보다 존중을
결과보다 과정을
경쟁보다 사람을

연구 프로젝트 글쓰기를 통해
청소년이 성장하기를

청소년을 통해
세상이 바뀌기를

바라는 마음을 담아 전합니다.

- 홍지오 -

청소년이
세상을 바꾼다

청소년 연구 프로젝트 글쓰기 워크북

|

홍지오

왜 청소년이 묻고, 말하며, 써야 하는가

청소년이 단념하는 법을 배우기 전에
행동하는 법을 학습하기 위해서는
그들에게 이야기하는 방법을 알려 주어야 한다.

- 홍지오 -

"청소년이 묻는다"

왜 청소년의 목소리는 없는가?

"어른들은 청소년의 목소리에 귀를 기울이고 있나요?"
"글쎄요…."

필자가 신문사 기자였을 때 일입니다. 학교의 중심은 청소년이라는 생각으로 학생들을 인터뷰한 학교폭력 기사를 데스크[1]에 제출했습니다. 그동안 기사는 학교폭력으로 인해 청소년과 학교 교육의 문제점을 주로 언급했습니다. 이번에는 개학을 맞은 청소년들을 통해 학교 현장의 생생한 이야기를 기사로 전달하려는 의도였습니다.

당시 필자가 만난 청소년은 개학과 동시에 방과 후 경찰서에 가야 했습니다. 경찰은 과거 폭력 사건에 가담한 적이 있는 청소년을 관리하기 위한 조치라고 말했습니다. 하지만 청소년이 경찰서에 들어가는 행위는 부작용이 있습니다. 제가 만난 청소년은 스스로 문제아로 낙인찍는 부정적인 경험을 했다고 말합니다. 경찰은 학교폭력을 예방하는 역할을 하는 과정에서 청소년과 교육에 미치는 영향은 생각하지 못한 결과입니다. 어느 청소년은 친구 관계에서 있을 법한 작은 다툼도 어른들이 학교폭력이라고 부르면서 일이 커지는 것 같다고 말했습니다. 당시 학교는 학교폭력에 대한 명확한 기준과 대응책이 없었기 때문에 판단이 쉽지 않아 우왕좌왕했습니다. 청소년의 목소리가 필요한 이유입니다. 필자는 취재를 마치고 청소년들의 목소리를 통해, 경찰의 적절한 학교폭력 예방 방안과 매뉴얼 등이 필요하다는 메시지를 기사에 담았습니다.

---

1 데스크는 언론사에서 기사의 취재와 편집을 관할하는 역할을 합니다.

교육과 사회에 메시지를 줄 수 있는 꼭 필요한 내용이라는 평가와 함께 칭찬을 받았을까요? 당시 데스크의 반응은 다음과 같습니다.

> "독자는 청소년들의 이야기보다, 교사와 경찰이 말하는 학교폭력과 청소년의 문제점을 더 궁금해할 거야. 이 기사는 다시 쓰자."

당시 필자는 데스크의 피드백을 단번에 이해했습니다. 하지만 이해하고 싶지 않았습니다. 그 기억 때문인지 지금도 연구를 하거나 글을 쓸 때는 최대한 청소년의 목소리를 담으려고 합니다.

일반적으로 기사는 반론을 통해 내용의 균형을 유지합니다. 예를 들어, 기사가 A에 대한 문제점을 제기하는 내용이라면, 기사의 마지막에는 A와 관련된 당사자의 반론을 제시해야 합니다. 반론을 통해 독자에게 균형 있는 정보와 관점을 제시할 수 있기 때문입니다. 이렇듯 기자는 한 사람의 일방적인 이야기만이 아니라, 상대방의 반론을 통해 기사를 완성합니다.

학교폭력 관련 기사에서는 교육 전문가, 교사, 경찰 등 소위 전문가라고 일컬어지는 어른들의 이야기를 쉽게 발견할 수 있습니다. 학교폭력의 당사자인 청소년의 이야기는 찾아보기 어렵습니다. 즉 학교폭력은 청소년 간에 일어나는 폭력이라고 정의하며 문제점을 지적하면서도, 당사자인 청소년의 이야기를 제공하지 않는 상황이 많습니다. 이에 대해 이의제기를 하는 이야기도 찾아보기 어려운 것이 오늘날 사회의 일부 모습입니다.

필자가 좋아하는 『The One Best System』이라는 책이 있습니다. 책은 미국 도시 교육의 역사를 탐색한 내용으로 정책을 수행하는 과정에서 실제 어떠한 일들이 일어나고 있는지 소개합니다. 특히 『The One Best System』은 표지가 매력적입니다.

필자가 책 표지를 보고 지은 에피소드의 제목은 **"그냥 소박하게 그네 하나 만들어 달라고 했을 뿐인데"**입니다. 표지 하단을 보면 6개의 그림이 있습니다. 그림이 담고 있는 이야기는 다음과 같습니다.

어느 날 학생들은 학교 운동장에 있는 나무에 그네를 설치해 달라고 요청합니다. 학생들의 요청에 따라 제작 업체에 설치 의뢰를 했는데, 교육 관계자마다 서로 다른 6가지 모습의 그네를 설치합니다. 표지를 보면, 왼쪽 상단에 있는 첫 번째 나무 그네는 교사가 요청한 그네입니다. 교사는 학생들을 관리하기 편하도록 질서정연하게 만들어진 그네를 요청합니다. 하지만 실제 아이들은 불편해서 그네를 타기 어려운 모습입니다. 두 번째 나무 그네는 교장 선생님이 요청한 그네입니다. 교장 선생님은 학생들이 안전하게 그네를 탈 수 있도록 끈 3개를 연결해 달라고 합니다. 이 그네도 아이들은 불편해서 타기 어려울 것 같습니다. 세 번째 나무 그네는 교육부에서 디자인한 그네입니다. 교육부에서는 예산 지원을 통해 절차에 따라 그네를 설치하는 업무를 수행합니다. 업체에 그네를 만들어 달라고 예산을 지

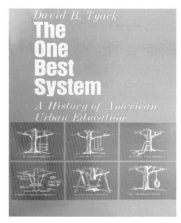

The One Best System 책 표지
출처: Tyack, David B.(1974)

급하고 현장을 보지 못한 결과, 아이들이 탈 수도 없는 그네를 설치했습니다. 형식과 절차는 따랐지만 무의미한 결과물이 나왔습니다. 왼쪽 하단에 있는 네 번째 나무 그네는 교육위원회가 승인한 그네입니다. 교육위원회는 다양한 분야의 교육 전문가로 구성된 모임입니다. 그네는 여러 전문가의 의견을 수용하여 수치화한 후, 하나하나 디테일하게 구성한 것처럼 보입니다. 완벽에 가까운 균형을 위해 나무 정중앙에 그네를 설치했습니다. 하지만 아이들은 그네를 탈 수 없을 것 같습니다. 다섯 번째 나무 그네는 학교 시설을 유지 관리하는 부서에서 요청한 결과입니다. 나무 그네의 양 기둥을 설치해서 오래 사용할 수 있도록 만들었습니다. 하지만 이 그네 역시, 아이들이 타기에는 어려워 보입니다.

"학생들이 원하는 그네는 무엇이었을까요?

마지막 여섯 번째 나무 그네를 보면 알 수 있습니다. 학생들이 원하는 그네는 나무에 타이어 하나 달아놓아도 탈 수 있는 나무 그네 그 자체였습니다. 그런데 어른들이 다양한 모습의 나무 그네를 만들었던 것입니다.

필자가 썼던 학교폭력 관련 기사 이야기와 나무 그네 이야기는 청소년 연구 프로젝트 글쓰기의 필요성과 중요성을 분명하게 보여줍니다. 청소년이 연구 프로젝트 글쓰기를 통해 어른들에게 목소리를 내야 합니다.

왜 학교에서는 가르치지 않는가?

학교에서 배운 것 _ 유하의 시

인생의 일 할을 나는 학교에서 배웠지

아마 그랬을 거야

매 맞고 침묵하는 법과 시기와 질투를 키우는 법

그리고 타인과 나를 끊임없이 비교하는 법과

경멸하는 자를 짐짓 존경하는 법

그중에서도 내가 살아가는 데 가장 도움을 준 것은

그런 많은 법들 앞에 내 상상력을 최대한 굴복시키는 법

　학교에서는 우는 법을 가르치지 않습니다. 하지만 우리는 삶 속에서 울어야 할 일이 많습니다. 잘 우는 방법을 배워야 하는 이유입니다. 필자는 학교에서 성교육을 받은 기억이 잘 나지 않습니다. 그래서 부끄럽습니다. 학생들에게 필요한 교육으로 경제, 환경, 인성 등은 강조되고 있지만, 성범죄 사건 기사가 많이 보이는 요즘에도 성교육은 여전히 놓치고 있는 것 같습니다. 과거 필자의 세대(80년대)가 다녔던 학교에서는 성교육을 받기 위한, 성교육을 하기 위한 동기(Motivation)가 없었던 것 같습니다. 교육을 하는 어른들도, 교육을 받는 학생들도 성교육은 부끄러운 것이라는 생각이 많았습니다. 필자 개인의 생각일 수도 있으나, 당시 학급 분위기는 그랬고, 상당수 독자는 공감할 것으로 생각합니다. 지금도 일부 어른들은 성교육을 이수해야 하는 형식적인 교육으로 인식하고 있습니다. 인식이 이렇다 보니 회사, 대학, 기관 등에서 의무적으로 받는 성교육 및 성범죄 예방 교육은 동영상을 틀어놓고 보지 않아도 이수할 수 있는 교육으로 인식하는 것이 현실입니다.

　어른이 된 필자는 학창시절 성교육을 받는 과정에서 느꼈던 부끄러움보다, 어른이 되어서도 모른

다는 부끄러움이 큽니다. 안타깝게도 필자의 부끄러움에 대해 많은 어른이 공감 및 동의하지만, 지금도 학교에서는 성교육이 제대로 이루어지지 않고 있습니다. 최근 청소년 성교육에 대해 교육행정기관 간 권한과 책임을 떠미는 현실을 보도(한겨레, 2021.12.30.)하는 모습 등에서 여전히 폐쇄적이고 질 낮은 성교육을 하고 있음을 알 수 있습니다. 물론 학교에서 알려주지 않는 진짜 성교육에 관한 내용을 담은 『질 좋은 책(정수연, 2019)』 등의 출간을 통해 어른들의 노력도 이루어지고 있습니다.

이렇듯 학교는 청소년이 배워야 할 것을 마땅히 가르치지 못하고 있습니다. 단순히 성교육만의 이야기가 아닙니다. 청소년은 오래전부터 학교 안팎에서 객체로, 교육의 대상자로 인식되고 있습니다. 학교는 청소년들이 많은 시간을 보내는 공간이지만, 대학 진학을 위한 입시 중심의 교육을 받는 곳, 거쳐 가야 하는 곳 등의 인식을 보여줍니다. 특히 고등학교는 더욱 그렇습니다. 이마저도 소위 1타 강사라고 불리는 사교육 시장의 선생님들에게 학교는 밀리고 있습니다.

필자가 청소년 시절을 보낸 20년 전에도 수능은 없어져야 하고, 대학은 불필요하다는 이야기를 들으며 자랐습니다. 20년이 지난 지금도 똑같은 이야기가 반복되고 있습니다. 최근 출간된 『서울대 10개 만들기(김종영, 2021)』는 많은 대중의 관심을 받고 있습니다. 그만큼 우리 사회는 서울대를 갈망하는 욕구가 팽배하고, 교육지옥, 대학 서열화, 지역 불균형 등에 대한 문제의식이 높다는 것을 알 수 있습니다. 책은 교육지옥이 되어가는 한국 교육을 더 낫게 만들기 위해서는 지역마다 서울대 수준의 학교 10개를 만들어야 한다고 말합니다. 서울대 10개가 만들어지는 변화 과정에서는 다양한 활동과 실천이 이루어져 시너지 효과도 볼 수 있을 것입니다. 필자는 그 방향성에 동의합니다.

"어떻게?"

대답하기 어렵습니다. 사회와 대학의 현실은 우리가 생각하는 이상과 거리가 멀기 때문입니다. A 국립대 이야기를 해보겠습니다. A 대학은 지역의 거점 국립대학으로, 역할과 기여하는 바가 큽니다. A 대학 총장은 총장 선거 공약으로 세계대학평가 상위권 진입을 제시했습니다. 총장은 공약을 지키기 위해 세계대학평가 관련 업무를 부서에 위임하고, 해당 부서는 전략을 세우는 회의를 합니다. 하지만 A 대학은 매번 하위 또는 순위권 밖의 결과를 얻고 있습니다. 이유는 A 대학 교수들의 연구 활동 및 실적이 매우 낮아서 우수 대학으로 평가받기 위한 기본 자격도 갖추지 못했기 때문입니다. 세계대학평가 담당 교직원과 전문가는 어떻게 하면 교수들이 연구하고 이를 학회에서 발표하는 등의 학술 활동을 하도록 독려할 수 있을지에 대해 고민했습니다. 결론부터 말하자면, 해결책을 찾지 못했습니다. 어떤 사례나 연구에서도 교수를 움직이게 하는 요인이나 방법에 대해 마땅한 답을 내놓지 못하고 있는 것이 현실입니다.

대학은 교수를 움직이게 하는 방법에 대한 오래된 고민이 있습니다. 교사의 질이 학교 교육의 질을 결정하듯이, 교수의 질은 대학 교육의 질을 결정합니다. 어쩌면 오늘날 대학교육의 질 저하는 교수의 질 저하 때문일지도 모릅니다. 지인의 자녀는 서울 N구에 위치한 사립 S대학에 입학 후, 한 학기를 마치기도 전에 교수들의 강의에 실망하고 자퇴를 했습니다. 필자는 해당 대학의 상황을 알고 있었기에, 학생의 결정을 이해하면서도 소식을 듣고 안타까웠습니다.

"왜 이런 일이 일어나고 있는 것일까요?"

안정적인 신분과 직업 활동을 보장받은 교수는 최소한의 연구 실적으로 직업 활동을 하는 경우가 있습니다. 그 교수는 교수가 되고 싶었던 이유가, 안정적인 직업과 명예일까요? 아니면, 대학생들의 사회 진출 준비를 돕고 학계의 인재를 양성하는 것일까요? 무엇이 우선일까는 중요하지 않습니다. 중요한 것은 교수의 직업관 문제입니다. 물론 일부 교수의 이야기입니다. 다행히 필자는 두 분의 좋은 지도교수를 만났습니다. 그들은 무엇보다 학문이 중심이고, 미래 세대를 위해 깊이 고민하는 학자입니다.

'게으른 교수(자)'

최근 학계에는 질적 연구 방법에 대한 관심이 높아지고 있습니다. 질적 연구 방법은 주로 연구실 안이 아닌 현장에서 이루어집니다. 하지만 현장에서 학생, 학부모, 주민 등을 만나서 인터뷰하고, 관찰하는 교수가 몇 명이나 있을까요? 일부 교수는 대학 및 정책 관계자들을 섭외하고 미리 질문지를 주고서 의도한 또는 일부 예상할 수 있는 인터뷰를 합니다. 인터뷰 후에는 조교에게 전사(인터뷰 내용 받아쓰기)를 시키고, 조교의 공부 차원에서 분석도 해보라고 넘기며, 검토만 하는 행동을 아무렇지 않게 합니다. 실천 없는 공부를 하는 게으른 교수이자 게으른 학자입니다. 필자는 대학만 이런 상황이라고 생각하지 않습니다.

'게으른 사회'

게으름은 사회 전반의 문제입니다. 현장에서 힘들어 하는 일, 흔히 말하는 '노동'을 아무도 원하지 않습니다. 한발 물러서서 책임지지 않을 수 있는 수준의 명령과 말하기를 좋아합니다. 대학과 사회가 이런 상황이라면, 앞서 언급한 책 『서울대 10개 만들기』와 같이 사회와 교육의 혁신과 변화를 요구하는 이야기는 불가능할 수밖에 없습니다. 하지만 걱정할 필요는 없습니다. 미래 세대의 주체는 다행히 어른이 아니라, 청소년이기 때문입니다. 청소년의 사회 참여가 중요합니다. 어른의 역할은 정책을 통해 청소년의 길을 잘 열어두는 것입니다. 어른이 지나치게 간섭하고 이끌어 나가려고 한다면, 변화는 일어나지 않을 가능성이 매우 높습니다.

청소년의 사회 참여가 중요함에도 불구하고, 학교는 청소년에게 가르치지 않는 것이 생각보다 많습니다. 학교 교과서는 정말 학생들에게 필요한 공부를 위해 만들어졌을까요? 교과서 제작은 학생을 우선으로 생각하는 마음을 가진 전문가들이 내용을 만들었을 것입니다. 하지만 학생을 생각하는 마음을 가진 전문가가 관계하는 다양한 이해관계가 교과서 내용을 구성하는 데 영향을 줍니다. 그리고 교사는 여러 이해관계 속에서 만들어진 교재를 가지고 또 다른 차원의 이해관계와 환경을 고려해서 수업을 운영합니다. 이해관계는 온전히 학생을 위한 교육 내용을 담을 수 있도록 감시하는 역할을 하지만, 이해관계가 학생보다 중요해지는 위험성도 있습니다. 여기서 이해관계는 학교의 교육 운영을 지원하는 교육행정기관, 학자, 정치인 등 간의 관계성을 의미합니다. 그 결과 아무리 좋은 교육정책도 학교 교문을 넘어서면 취지와 방향이 퇴색하는 결과를 반복합니다.

학교 교육의 문제는 오로지 교사만의 잘못이 아닙니다. "교육의 질은 교사의 질을 넘을 수 없다"라는 말이 있습니다. 교사의 역량과 역할의 중요성을 의미합니다. 하지만 우리나라 교육은 교사에게 권한과 책임을 온전히 주지 않습니다. 아무리 역량 있는 교사도 부족한 환경에서는 역량이 점차 떨어질 가능성이 높습니다. 결국 "교육의 질은 교사의 질을 넘을 수 없다"라는 말은 현실을 제대로 반영하지 못한 이상적인 말일 수도 있습니다.

교육은 다양한 이해관계자들의 밥그릇 싸움의 결과물로 이루어지기도 합니다. 필자가 연구에 참여했던 모 교육청의 연구를 보면, 두 가지 대표적인 정책이 있습니다. A 정책은 정수근(가명) 교육감에 의해 먼저 시행되고 있었고, B 정책은 새로 선출된 이중섭(가명) 교육감에 의해 시행되기 시작했습니다. 문제는 A와 B 정책의 방향과 내용의 유사성이 높다는 것입니다. 그 결과 두 정책은 학교 현장에서 차별점 없이 예산을 지원하고 수행되고 있었습니다. 정책 이름만 다를 뿐 유사하게 운영하면서, 어느 연구자는 교육정책으로 인한 학교 운영의 비효율성 문제를 지적하고, 학교 현장에서 교육정책에 대한 불신이 높아지고 있는 상황을 보고하기도 했습니다. 그런데 왜, 해당 교육청은 유사한 취지와 방향을 가진 두 교육정책을 운영했을까요? 당시 교육청 내에서는 두 정책을 중심으로 보이지 않는 기득권 싸움이 일어나고 있었다고 합니다. A 정책을 둘러싼 이해관계자들과 B 정책을 둘러싼 이해관계자들 간의 기득권 싸움입니다. 이렇듯 교육정책을 실행하는 과정에는 많은 이해관계가 자연스럽게 발생합니다. 그렇다고 이해관계자들을 나쁘게만 볼 수 없습니다. 저마다 가지고 있는 교육에 대한 철학을 바탕으로 '청소년을 위한 교육'을 더 잘하기 위한 마음에서 출발하기 때문입니다.

청소년 여러분! 학교도, 교사도, 교과서도 온전히 교육을 위해 존재하기 위해서는 학교에서 가르치지 않는 것을 말하고, 학교에서 발생하는 문제점을 말할 수 있는 우리 청소년의 참여가 중요합니다. 교육 개혁은 교육부에서 주도하는 게 아니라 청소년이 함께 주도하는 것입니다. 교육부는 교육행정기관입니다. 교육행정기관은 교육 운영을 돕는 역할이지 주도하는 기관이 아닙니다. 그런데 우리나라 교육행정기관인 교육부, 교육청, 교육지원청은 교육을 주도하기 바쁩니다. 이제부터라도 우리 청소년이 함께해야 합니다.

"어떻게 할 수 있을까요?"

방법은 간단합니다. 본 책에서 제시하는 연구 프로젝트 글쓰기를 통해서 목소리를 내고 행동해야 합니다. 책은 청소년이 어른들에게 메시지를 전달하는 방법을 이야기합니다. 목소리를 낼 줄 아는 청소년의 참여는 비로소 상식이 통하는 사회와 공동체를 만들 수 있는 미래를 만들어 줄 것입니다.

교육학자 아즈너는 "학교에서 몇몇 교과를 다른 대안적인 교과에 대한 면밀한 검토 없이, 그저 전통적으로 가르쳐 온 교과이므로 계속해서 가르치고 있다. 그 과정에서 우리는 종종 학생들에게 매우 유용하다고 입증된 교과를 가르치지 않는다."라고 비판하고 있습니다 (Eisner, 1979; 이형빈, 2000: 63에서 재인용).

왜 사회는 영웅이 나타나도 변하지 않는가?

　　우리나라 청소년은 중2가 되면 자연스레 '중2병'이라는 꼬리표가 붙습니다. 중2병은 중학교 2학년 시기에 나타나는 행동 패턴을 의미하는데, 다소 비하적인 의미로도 사용합니다. 중2 학생이 하는 말, 행동, 생각 등의 표현은 대부분 이런 소리를 듣습니다.

"끔찍한 중2병."
"중2병은 어쩔 수 없어."
"자꾸 화를 내고, 집중을 못하는 중2는 병이에요."

　　일부 어른들은 우리나라 중2가 무서워서 북한에서도 남침하지 않는다며, 웃기지도 않는 말을 우스갯소리라며 하기도 합니다. 만약 중2병이라는 이야기를 들은 중2가 기분 나빠한다면, 농담이 아니라 상대방을 비방하는 말이 될 수도 있습니다. 다시 말해서, 이제 중2병이라고 말하는 어른은 상대방을 비방하는 말이나 하는 사람으로 여겨질 수도 있습니다. 최근에는 '대2병'도 생겼다고 합니다. 대2병은 휴학을 고민하고 우울감이 있으며 자존감이 낮은 상태의 대학생을 말합니다. 오늘날 대학생 중 우울감이 없고 자존감이 높은 대학생이 몇 명이나 있을까요? 생각해 보면, 대학교 2학년만의 상황도 아닙니다. 심지어 '직장 2년 차 병'도 있다고 합니다.

　　우리나라 교육은 '교육 지옥', '입시 지옥'이라는 꼬리표를 달고 있습니다. 청소년은 입시 경쟁 중심의 교육을 받으면서 '자아 정체성'보다 입시를 위한 '성적 정체성'을 형성합니다. 성적 정체성은 성적에 따라 자신의 특성, 역할, 존재를 확립하는 시기를 의미합니다. 더 가관인 것은 '입시 지옥'에서 성장한 청소년이 어렵게 대학을 갔더니, '대2병'이라는 말을 듣고, 대학을 졸업하고 어렵게 취업을 했더니, '직장 2년 차 병'이라는 말을 듣습니다. 중2는 성장 호르몬의 영향이라고 설명할 수 있다면, '대2병'과 '직장 2년 차 병'의 원인은 무엇일까요?

　우리 사회는 많은 사람이 처한 상황에서 갖게 된 어려움에 '병'이라는 꼬리표를 붙이고 구분하기를 좋아하는 것 같습니다. 말 그대로 '병든 사회'입니다. 우리는 자신이 무엇을 좋아하고 잘하는지, 자신이 어떤 사람인지도 모르고 20여 년을 살다가 사회에 나옵니다. 그렇게 개인은 중2, 대2, 직장인 2년 차가 되는 성장 과정에서 줄곧 병이라는 꼬리표를 달고 살고 있습니다. 그렇다면,

"직장인 20년 차는 어떨까요?"

　마찬가지입니다. '병'이라는 단어를 붙이고 안 붙이고의 차이일 뿐입니다.

　독자는 자유학기제 정책을 알고 있거나 경험했을 것입니다. 자유학기제는 청소년에게 꿈과 끼를 발견할 수 있는 시간과 기회를 주기 위해 시험을 폐지하고 다양한 체험활동을 경험할 수 있도록 지원하는 교육정책입니다.

"자유학기제 정책은 누가 만들었고, 누가 운영하고 있나요?"

　이런 생각을 해본 적 있나요? 자유학기제는 꿈과 끼를 발견할 기회도 없이, 입시 지옥에서 허우적거리고 경쟁하는 것이 익숙한 일부 어른들이 운영하고 있습니다. 꿈과 끼를 발견하는 경험은 부족하지만, 청소년에게 기회를 주고 싶은 마음을 가진 어른들입니다. 그래서 어른들도 어떻게 운영해야 할지 이해가 부족합니다. 학교 현장에서 청소년들은 자유학기제를 어떻게 경험하고 있을까요? 필자는 자유학기제를 연구하면서 한 학생으로부터 이런 이야기를 들었습니다.

"정말 재미없고 원하지도 않는 체험뿐이었어요."

　한 청소년이 교육정책의 현실을 한 마디로 깔끔하게 정리해 주었습니다. 자유학기제는 꿈과 끼를 경험하지 못한 어른들의 방식으로 꾸역꾸역 해내고 있는 정책으로 학생들의 요구를 반영하지 못하고 있습니다. 물론, 일부 교육행정기관 및 교사들의 노력을 통해 효과적으로 수행하고 있는 소수의 학교도 있습니다.

아무리 좋은 교육정책을 만들어도 학교 문턱을 지나면 변질한다는 말이 있습니다. 좋은 교육정책은 정책을 만드는 소수의 사람이 아니라, 정책을 만들고 운영하며 지원하는 다수의 사람에 의해 이루어집니다. 하지만 안타깝게도 일부 어른들은 손발이 맞지 않는 경우가 많고, 그러한 사회와 문화에 익숙해져 있습니다. 정책을 만들고 연구하는 사람들은 학교 현장의 아쉬움을 지적합니다. 교육은 교실 안에서 이루어지기 때문입니다. 반면에 교실의 중요한 주체인 교사는 현장을 제대로 알지 못하고 정책을 만들어내는 정책입안자와 연구자들의 한계를 지적합니다. 이러한 교육계의 모순된 모습은 사회에서도 나타납니다. 선거, 시위, 운동(Movement) 등의 참여를 통해 변화를 기대하는 열망과 함께 협력과 공동체성이 나타날 때도 있지만, 서로 어긋나고 맞지 않음을 경험하면서 그때뿐인 경우가 많습니다. 변화하지 않는 사회에서는 선거를 통해 영웅이 나타나도 열망의 불씨가 금방 사그라듭니다. 결국 아무리 좋은 사회 정책과 영웅도 병든 사회를 치료하지 못합니다.

"어떻게 해야 할까요?"

청소년의 참여는 변화를 가능하게 합니다. 현세대의 청소년은 기성세대가 경험하지 못한 더 나은 교육을 경험하고 성장하고 있기 때문입니다. 그리고 그 다음 세대의 청소년은 더 나은 변화를 가능하게 도울 것입니다. 청소년은 '병든 사회'를 치료하고 변화시킬 수 있는 '가장 좋은 영웅들'입니다. 그들에게 연구 프로젝트 글쓰기를 통한 사회 참여 활동은 가장 좋은 학습입니다.

04

왜 어른은 무책임하게 말하는가? ✏️

우리나라 청소년은 만 18세가 되면 국회의원 선거와 지방선거에 출마할 수 있습니다. 2022년 3월 9일, 대통령 선거와 동시에 진행한 국회의원 재·보궐선거에서 고등학교 3학년도 후보로 출마할 수 있는 자격이 주어진 것입니다. 이제, 청소년의 사회 참여는 상상이 아니라 현실입니다.

"청소년은 실전에 나갈 준비가 되었나요?"
"학교는 사회 변화를 따라갈 준비가 되었나요?"

누구도 쉽게 "그렇다"라고 대답하기 어려운 질문입니다. 변화하지 않고 시대 흐름에 뒤떨어진 법과 정책도 때로는 현실을 앞서 발전합니다. 대표적인 사례가 '18세 선거권'입니다. 하지만 18세 선거권은 사회와 학교가 준비하지 못한 상황에서 시행되었습니다. 사회 변화와 요구에 민감하게 반응하는 정치와 선거의 영향이 크게 작용했기 때문입니다. 선거 기간은 사회 변화에 대한 유권자들의 목소리를 정치인에게 가장 잘 전달할 수 있는 중요한 시기입니다. 청소년의 선거권과 정치 참여가 중요한 이유입니다.

아무리 좋은 교육정책도 현실 상황과 맥락을 고려하지 않고 시행하면, 예상하지 못한 문제점으로 실패할 수 있습니다. 현실 상황과 맥락은 학교와 가정 교육을 통해 살펴볼 수 있습니다. 예를 들어, 청소년의 사회 참여가 중요하다는 생각은 누구나 할 수 있습니다. 그렇다면,

"학교는 청소년의 사회 참여에 대한 교육의 필요성을
인식하고 실천하고자 하는 의지가 있을까요?"
"가정은 자녀의 학업 성적뿐만 아니라,
사회 참여도 중요하게 인식하고 있을까요?"

자유학기제 사례를 통해 접근해 보겠습니다. 자유학기제는 말도 많고 탈도 많은 교육정책입니다. 그런데도 지속해서 운영하는 이유는 학교와 가정에서 정책에 대한 공감대를 형성하고 있기 때문입니다(김경애 외, 2018). 공감대는 청소년이 학업 스트레스에서 벗어나 꿈과 끼를 발견할 기회의 시간과 환경의 필요성에 대한 동의를 의미합니다. 한편 대부분의 학부모는 자유학기제의 취지에 공감하면서도 학력을 걱정합니다. 학부모가 말하는 학력은 대입과 연결되는 성적입니다. 성적은 지식을 평가하여 수치화한 후 서열화한 결과입니다. 학부모는 자녀가 스트레스를 받지 않는 시간과 환경 속에서 성장하기를 바라지만, 입시 경쟁에서 좋은 성적으로 명문대학에 입학했으면 하는 바람도 함께 가집니다. 이에 대해 한 학부모는 자신이 자유학기제를 경험하지 못했기 때문에 잘 몰라서 걱정과 불안이 앞선다고 말합니다. 현실이 이렇다 보니, 학부모의 걱정과 불안은 당장 눈에 보이지 않는 자녀의 성장과 역량보다는, 눈에 보이는 우수한 성적표를 통해 해소하는 경향도 나타나고 있습니다.

반면에 청소년은 자유학기제 기간에는 공부를 안 해서 학교에 오는 게 재밌다고 말합니다. 학생이 단순하게 말한 것 같지만 정책의 의도를 명확하게 제시하고 있습니다. 진리는 언제나 단순함 속에 숨어 있습니다. 자유학기제의 목적은 학생들이 학업 스트레스에서 벗어나 꿈과 끼를 발견할 기회의 시간과 환경을 제공하는 것인데, 목적이 이루어지고 있습니다. 학생들이 학교가 재미있다고 말하는 것은 학교라는 공간과 환경이 입시 지옥, 교육 지옥이라는 인식에서 벗어나고 있다는 것을 의미합니다.

그런데도 자유학기제는 사교육을 조장하는 원인으로 지적됩니다. 학교의 지식 중심 교육으로 인한 학력 저하 우려로 대입 걱정이 앞서기 시작하면서, 학부모는 사교육이 필요하다고 판단합니다. 즉 사교육의 확대는 학부모의 걱정과 불안을 덜기 위한 결과로도 해석할 수 있습니다. 하지만 학부모의 잘못이 아닙니다. 사교육은 선택이기 때문입니다. 학부모와 학생의 걱정과 불안을 해소하는 것은 공교육의 몫입니다. 상황이 이렇다 보니, 자유학기제가 사교육을 조장하고 있다고 말하는 사람이 많습니다. 선택권이 없는 학생은 학부모의 선택에 따라 학원에서 공부를 합니다. 중요한 것은 학생의 선택이 아니라 학부모의 선택일 가능성이 높으며, 사교육을 선택하게 만든 공교육에도 책임과 역할이 필요하다는 사실입니다.

이렇듯 아무리 좋은 교육정책도 준비가 부족한 상황에서는 문제점이 나타납니다. 과거 경쟁 논리 속에서 교육 지옥을 경험한 어른들은 경쟁 없이 꿈과 끼를 탐구하는 자녀를 통해 '시간 지옥'을 경험하고 있을지도 모릅니다. 시간 지옥은 자신이 경험하지 못한 교육을 받는 청소년 자녀를 둔 어른들의 인내심에 한계를 의미합니다. 학교와 가정은 어른들의 인내를 통해 인식이 더디게 변화하고 있습니다. 변화가 완전히 전환되기 위해서는 아직 많은 시간이 필요합니다.

앞서 언급한 바와 같이, 청소년도 국회의원이 될 수 있는 시기가 왔습니다. 청소년은 실전에 나갈 준비가 되었을까요? 물론 일부 청소년에게는 분명히 의미 있는 기회입니다. 하지만 다른 일부 청소년에게는 섣부른 기회일 수도 있습니다. 그 이유는, 아직 어른들에게는 청소년들의 다름을 특별하게 볼 수 있는 눈이 부족하기 때문입니다.

『청소년이 세상을 바꾼다』는 청소년과 어른의 관계를 형성하는 방법으로 청소년 사회 참여를 위한 연구 프로젝트 방법과 글쓰기를 제시합니다. 청소년이 연구 프로젝트 글쓰기를 통해 사회의 어른과 소통하고 협력할 수 있도록 도울 것입니다. 아무리 좋은 교육정책도 학교 교문을 넘어서는 순간 변질하는 이유는 교사와 학부모의 역할만으로는 부족하기 때문입니다. 청소년의 연구 프로젝트 글쓰기가 필요한 이유입니다. 청소년의 목소리가 필요한 이유입니다.

세상에는 선한 꼰대가 많습니다.
선한 꼰대는 시간의 경험치로 판단하고 지시하며 조정하는 어른입니다. 그들의 선한 마음은 존중받아 마땅합니다. 그렇다고 청소년이 선한 꼰대에게 의지하며 배울 필요는 없습니다. 오히려 경계해야 할 존재이기도 합니다.

청소년은
선한 꼰대가 절대적인 존재가 아니라는 것을 명심하기 바랍니다.
청소년은
선한 꼰대도 경험하지 못한 시간을 살아가고 있음을 명심하기 바랍니다.

미래 세대의 답은 청소년이 찾아야 합니다.

- 홍지오 -

" 청소년이 답한다 "

05

단념하지 않고 행동하는 청소년이 있다

2022년 2월 11일 자 경향신문에는 「한국의 툰베리들 "기후의제 실종 대선, 이의 있소"」라는 제목의 기사가 보도되었습니다. 지난해 말 마을닷살림협동조합에서 진행한 기후 위기 관련 수업을 들은 학생들이 기후 위기 대응 공약을 만들어 대선 후보들에게 전달한 이야기입니다. 학생들은 아파트 옥상, 베란다 등에 태양광 발전 설치 의무화, 제주도를 제외한 국내선 폐지, 2023년부터 전국 모든 식당 및 카페 등에서 자연적 분해가 가능한 재료 사용 의무화, 초중고등학교·공기업·대학에서 주 1회 이상 채식 메뉴를 제공하자 등의 다양한 의견을 제안했습니다. 참으로 기특하고 기발한 내용입니다. 학생들이 제안한 기후 위기 대응 방안 중 일부는 생활 속에서 실천 가능한 제안들이라는 점에서 의미 있는 행동입니다. 방안을 만들기 위해 공부하고 서로 의견을 나누면서 토의·토론도 했을 것입니다. 이러한 노력을 통해 어디에서도 구할 수 없는 귀한 아이디어가 만들어지고 제안된 것입니다.

"청소년들의 제안은 대선 후보들에게 전달되었을까요?"

대선 후보들은 기후 위기와 관련한 응답에 미온적인 반응을 보였습니다. 후보들은 현재 언론에서 이슈화하거나 유권자들의 관심이 높은 정책 및 사업을 공약으로 제시하여, 투표로 이어질 수 있도록 하는 경향이 있습니다. 선거에서 승리하기 위해서는 가능한 많은 유권자의 관심과 요구를 공약에 반영시켜야 하기 때문입니다. 기후 위기를 중요하게 반영하지 않은 것도 그 이유일 것입니다. 하지만 위에서 언급한 기사에서 보았듯이, 미래를 걱정하는 청소년들의 목소리를 듣지 못하면 국가의 미래는 불안정합니다.

당시 대선 토론에서 "RE100²이 뭐죠?"라고 묻는 A 후보의 영상이 화제였습니다. 기후 위기에 대한 무관심과 무지를 보여주는 유명한 사례입니다. 물론 어른이라고 해서 모든 것을 알지는 못합니다. 하지만 역할, 상황, 맥락 등에 따라 반드시 알아야 하는 이슈를 모르는 것은 문제가 될 수 있습니다. 기사에 따르면, 한 청소년은 "많은 학생과 열심히 바뀌길 기대하는 마음으로 (기후 위기 대응 방안을) 전달했으나 답이 없을 거라고 예상했다. 예상대로 묻힌 게 아쉽고, 어떻게 (대선 후보들이 기후 위기에) 더 관심을 갖게 할지 고민스럽다"라며, 아쉬움을 토로했습니다. 이러한 청소년의 마음은 미래 사회를 이끌어 갈 보석입니다.

청소년의 노력과 활동이 단념되지 않도록, 마음을 지켜줄 방안이 필요합니다. 청소년이 행동할 수 있도록 지지하고 지원하는 방법이 필요합니다. 미래 사회의 긍정적인 변화는 청소년의 노력과 활동을 수용하고 지지하며, 지원하는 과정에서 이루어질 수 있습니다. 지금도 단념하지 않고 행동하는 청소년들은 현세대의 어른들이 보고 듣지 못하는 현상을 발견하고 끊임없이 물으며 답하고 있습니다.

---

2 RE100이란 "Renewable Energy 100(재생에너지 100)의 약자로 영향력 있는 대기업들이 사용하는 전력량의 100%를 재생 에너지로 대체 충당할 것을 약속하는 글로벌 계획(initiative)"을 의미한다(네이버 사전).

06

행동하면 이루어지는 것들이 있다 ✏️

스웨덴 예테보리 도서관 누리집에는 어린이들의 책 읽기를 독려하는 동영상이 있습니다. 동영상에서는 스웨덴어인 '아르구멘테라(Argumentera)[3]'라는 단어를 소개하면서,

> "아르구멘테라는 정말 멋진 단어야. 어른을 설득해서 네가 원하는 걸 할 수 있다는 말이거든(한겨레, 2022. 12. 12.)"이라고 말합니다.

우리가 사는 사회는 역동적입니다. 역동적인 사회는 변화 가능성이 높아서 누구도 쉽게 예측하기 어렵습니다. 기성세대인 어른도 오늘날 사회 변화를 예측하기는 어려우며 잘 모르는 경우도 많습니다. 역동적인 사회는 어른들도 처음 경험하는 일이 많이 발생하기 때문입니다. 청소년들이 사회 변화에 대해 어른들에게 물으면, 어른들도 자신 있게 대답하기 어려운 것이 사실입니다. 물론 현명한 대답을 하는 어른들은 있습니다. 그들은 나름의 가치와 사고방식을 통해 역동적인 사회에서 나타나는 현상을 이해하고 해석하며 적응합니다. 하지만 모든 어른이 그렇지는 않습니다. 필자는 청소년들에게 비밀 아닌 비밀을 한 가지 말하고자 합니다.

> "어른들에게 질문하는 것은 중요합니다.
> 하지만 그 대답을 맹신하지 말 것을 당부합니다.
> 청소년은 어른들 대답의 옳고 그름을 스스로 판단해야 합니다.
> 어른들도 잘 모르는 경우가 많기 때문입니다."

---

3 아르구멘테라(Argumentera)는 영어로 'Argument(주장하다, 논쟁하다)'를 의미합니다.

제민일보

'주체와 사람'이 있는 교육

홍지오「교육공동체는…」

2022년 04월 21일
07면 (문화)

'교육공동체'에 대한 이해를 돕고 이를 지속가능하게 확산하기 위한 방법론을 제시한 책이 발간됐다.

「교육공동체는 어떻게 형성되는가」는 저자가 30여년간 한국 교육공동체에 대한 연구와 사례를 공부하고, 현장에서 다양한 경험을 쌓은 후 얻은 결정판을 '20가지 원리'로 압축해 소개하고 있다.

책에 따르면 교육공동체는 '교육'을 중심으로 형성되는 학교, 지역사회, 가정 등 다양한 공동체를 일컫는다. 특히 한국의 여러 교육정책 가운데 자유학기(년)제를 다루면서, 이 정책이 교육공동체를 발견하고 발전시키는 데 중요하다고 강조한다.

저자는 머리말을 통해 "우리에게 필요한 것은 교육공동체를 볼 수 있는 눈(관점)"이라며 "이 책이 교육공동체 주체들이 눈을 뜨고 확산하며 촉발시키는 마중물 역할을 할 수 있길 바란다"고 말했다.

저자인 홍지오씨는 현재 한국외국어대학교 교육공동체연구센터에서 연구를 펼치고, 제주대 교육학과 강사로 활동하고 있다. 살림터. 1만 7000원.

김은수 기자

(17.5*6.9cm)

『교육공동체는 어떻게 형성되는가』 책 소개 기사

출처: 제민일보(2022. 04. 21.)

그렇다면 어떻게 해야 할까요? 개인이 사회 현상의 본질을 깊숙이 들여다보는 방법으로 질적 연구 방법이 있습니다. 질적 연구 방법의 도구는 연구자 자신입니다. 즉, 독자 자신입니다. 필자는 교육과 사회 현상을 연구하기 위해 대학원에서 질적 연구 방법을 공부했습니다. 서울, 경기, 충남, 부산, 울산 등 전국을 다니며, 사람들의 모습을 관찰하고 인터뷰하는 등 현상을 기록하고 분석 및 해석하는 연구를 했습니다. 특히 필자의 박사 논문은 마을에서 나타나고 있는 교육공동체 현상에 관한 내용으로, 학교·지역사회·가정을 구성하는 사람들의 이야기를 듣고, 교육정책과 교육공동체 간의 관계를 다양한 관점에서 이야기합니다. 박사 논문은 2022년 책으로 출간하여 신문에 소개되고, 작가 인터뷰 동영상 등을 통해 지금도 많은 독자에게 전해지고 있습니다.

필자는 교육부, 한국교육개발원, 교육청 산하 교육연구원, 지역 연구원 등의 연구에 참여하여 다양한 교육 현상을 이야기하는 연구자입니다. 대학에서는 초빙교수, 겸임교수, 강사 신분으로 강의하고 있습니다. 언론사에서는 비상임 논설위원으로 칼럼을 쓰고 있습니다. 또한 필자는 작가입니다. 필자의 저서 『교육공동체는 어떻게 형성되는가』뿐만 아니라, 산티아고 순례길을 걸으며 집필한 산문집 『말로는 표현이 부족한 것들의 이야기』를 출간했습니다. 두 책은 길고 짧은 기간 동안 베스트셀러 순위에 오르기도 했습니다. 다음 책으로는 『진로와 직업은 어떻게 선택하는가』, 『홈스쿨링』, 『우리에게 필요한 학교의 모습은』, 『불안한 시대』, 『보이지 않는 사람들』, 『튜토리얼 러닝(Tutorial Learning, 개별 지도 학습)』 등의 가제목을 가진 원고를 집필 중이거나 계획하고 있습니다.

이렇게 필자를 소개하는 이유는 행동하면 이루어지는 것들이 생각보다 많다는 것을 독자에게 보여주기 위해서입니다. 또한 필자가 연구하고 집필 계획을 할 수 있는 이유는 관심사가 생기면 어떻게 공부하고 행동해야 하는지 경험하고 학습했기 때문입니다. 즉 원하는 바를 이루어내는 방법을 알고 있습니다. 독자도 이 책을 통해 방법을 학습할 것입니다.

앞서 신문 기사에서 보았듯이, 우리 청소년들은 기후 위기와 관련하여 행동하며 이야기하고 있습니다. 하지만 청소년들의 목소리는 어른들의 판단으로 결정된다는 한계가 있습니다. 즉 청소년은 행동하고 있지만, 현실에서 이루어낼 수 없는 한계도 분명한 상황입니다.

"그런데도, 우리는 보여줘야겠지요?"

책에서 제시하는 청소년이 연구 프로젝트 글쓰기를 통해 관심이 있는 현상에 관하여 공부하고 글을 쓰는 활동 안에는 자기 주도성, 논리력, 사고력, 문해력 등의 핵심역량을 강화하는 학습활동을 포함합니다. 다시 말해서, 청소년이 자기 주도성을 강화하기 위해 학습 캠프에 가고, 사고력을 키우기 위해 코딩 학원에 가며, 논리력·문해력을 강화하기 위해 논술 및 독서 학원에 갈 필요가 없습니다. 물론, 청소년의 효과적인 성장을 돕는 교육프로그램도 있기 때문에, 사교육의 불필요함을 일반화하지는 않습니다. 다만, 청소년의 연구 프로젝트 글쓰기 또한 배움을 통한 성장을 가져오는 학습이라는 것을 학부모와 교사에게 이야기하고자 합니다.

앞서 언급한 청소년들의 기후 위기 행동은 대선 공약에 반영되지 않았습니다. 하지만 청소년은 경험을 통해 우리가 보지 못한 역량을 더욱 강화했습니다. 당장 눈에 보이지 않는 청소년들의 성장은 어른들의 판단과 한계와는 무관합니다.

"청소년도, 어른도 한 가지 명심해 줄 것을 당부드립니다."

본 책에서 제시하는 청소년 연구 프로젝트 글쓰기는 핵심 역량 강화를 위한 많은 교육의 선택지를 줄이고자 합니다. 따라서 반대로 생각해 볼 것을 권합니다. 예를 들어, 청소년이 자기 주도성을 강화하기 위해 학습 캠프나 학원에 가는 것이 아니라, 연구 프로젝트 글쓰기를 했더니 자기 주도성 역량이 강화되는 것입니다. 마찬가지로, 코딩학원이나 논술 및 독서 학원에 가서 논리력·사고력·문해력을 강화하는 것이 아니라, 연구 프로젝트 글쓰기를 하니까 해당 역량이 강화되는 것입니다. 이는 관점과 해석의 차이입니다. 차이는 청소년이 가진 역량을 해석하고 설명할 수 있는 학습 보조자(어른)의 역량에 의해 발생합니다. 학습 보조자(어른)가 역량에 대한 확신이 없는 경우, 청소년(자녀, 학생 등)이 이미 가지고 있는 역량을 보지 못하고 학원이나 캠프를 전전하는 상황이 발생합니다. 이 책의 첫 제목이 『어른도 알아야 할 청소년 연구 프로젝트 글쓰기』였던 이유입니다.

독자는 청소년 연구 프로젝트 글쓰기 과정과 방법을 믿고 따라온다면, 청소년의 성장과 역량을 발견할 수 있을 것입니다. 우리가 사는 역동적인 사회에서 청소년이 스스로 옳고 그른 답을 찾아 판단할 수 있고, 어른을 설득해서 자신이 원하는 걸 이루어내는 방법입니다.

다시 한번 말씀드리겠습니다. 청소년은 기후 위기를 위한 행동을 통해 우리가 생각했던 것보다 많은 성장을 하고 성과를 이루어냈습니다. 청소년이 행동하면 이루어지는 것들이 분명히 있습니다.

교육의 핵심 주체는 청소년이다

오늘날 학교는 안팎을 넘나드는 교육과정을 고민합니다. 고민은 학교가 가진 교육 자원의 한계를 학교 밖 마을과의 연계를 통해 해결하는 방법과 과정에 관한 것입니다. 현재 교육부도, 학교도 고민하고 있습니다. 교사는 계속되는 고민 속에서 대책도 없이 이번 학기 수업을 당장 진행해야 합니다. 교사가 해내야만 합니다. 이를 교사의 수난 시대라고 말하는 사람들도 있습니다. 교사의 수난은 새로운 교육정책을 시행할 때마다 반복합니다. 교사의 피로도가 높아지면서 교원의 업무 경감을 위한 지원 방안을 시행하기도 하지만, 일시적인 조치일 뿐, 근본적인 문제는 해결하지 못합니다.

2025년 전면시행을 앞둔 고교학점제는 정책과 현장 간 괴리가 매우 크다는 지적이 쏟아지고 있습니다. 교사, 학부모, 학생 등의 교육 주체와 전문가 등과의 공론화 과정과 준비도 없이 일방적으로 추진되는 교육정책은 많은 문제점이 나타납니다. 불안정한 정책의 추진은 학교 현장에 있는 교사의 의무와 책임의 불안정으로 이어집니다. 나아가 교사의 전문성에 대한 의심과 학교 교육의 질 저하에 대한 논의로 나타납니다. 그 과정에서 교사의 수난은 계속됩니다. 문제는 교사의 수난이 곧 학생의 수난을 의미한다는 사실입니다.

우리나라 교육에서 청소년은 객체화하고, 보호해야 할 대상으로 인식하는 경향이 강합니다. 그 결과 청소년이 주체로 나서서 질문을 던지면 당황하거나 거부하는 어른들도 있습니다. 필자는 모 중학교에 방문해서 교사에게 혁신학교와 마을교육공동체에 관하여 물은 적이 있습니다.

필자: "선생님, 인근에 유명한 혁신 초등학교가 있는데, 그 학교를 졸업하고
        진학한 학생들에게서 나타나는 특징이 있을까요?"
교사: "너무 질문이 많아요. 수학여행지를 선정하는데 왜 그곳으로 가는지
        묻더라고요. 당황스러웠어요. 정해지면 그냥 가는 거지."

청소년이 주체로 성장하려면 아직 가야 할 길이 멀었다는 생각이 들었던 순간입니다. 학교 안팎을 넘나드는 마을교육공동체, 자유학기제, 고교학점제 등과 같은 교육정책은 수요자인 청소년 중심 교육정책이지만, 운영 주체는 교사인 경우가 많습니다. 그런데 운영 주체인 교사는 힘들어합니다. "업무를 줄여주세요", "어떻게 수업하라는 건지 모르겠어요", "교사가 어떻게 지역사회랑 연계해서 수업해요", "하던 대로 잘해왔는데 왜 굳이 이렇게 하라는 건지 도대체 이해를 못 하겠어요" 등.

교사는 제대로 된 지원과 매뉴얼도 없이 정책과 사업을 실행해 내야만 하는 어려움을 경험하면서 높은 업무 피로도를 호소합니다. 교육행정기관(교육부, 교육(지원)청 등)에서는 교사를 지원하기 위해 센터를 구축하여 운영하고 관련 정책을 내놓기도 합니다. 하지만 교육행정기관은 지원의 역할보다 관리자의 역할을 더 가지는 경향이 있습니다. 그 결과 교사의 업무를 오히려 더욱 가중시키기도 합니다.

교육의 문제는 학교만의 문제가 아닙니다. 학교를 둘러싼 지역사회 그리고 가정의 문제이기도 합니다. 마찬가지로 학교 교육의 문제는 교사만의 문제가 아닙니다. 교사를 둘러싼 행정직원, 학교 관리자(교장·교감), 학부모 등의 문제입니다. 하지만 우리는 교육에 문제가 생기면 교사의 탓으로 돌리는 경우를 쉽게 볼 수 있습니다. 교육의 중심을 교사로 생각하는 오래된 인식 때문입니다.

교육의 핵심 주체는 학생입니다. 하지만 학생을 교육의 객체로 보는 인식이 강합니다. 이제 어른들은 청소년을 주체로 보는 인식과 교육을 실천할 필요가 있습니다. 학교 안팎을 넘나드는 교육은 주체가 청소년이어야 가능하고, '청소년 연구 프로젝트 글쓰기'를 통해서 실현할 수 있습니다. 청소년 연구 프로젝트 글쓰기는 학교, 지역사회, 가정 등의 생활 속에서 충분히 실천할 수 있는 방법입니다.

오늘날 청소년들은 이미 주체로서 말하고 있습니다.

"동물도 지구의 시민입니다."
"가고 싶은 학교를 만들어 주세요."
"미래 세대를 위해 환경을 보호해야 합니다."

세상은 수업을 거부하는 청소년을 주목한다 ✏

한국 청소년의 사회 참여는 어제오늘의 이야기가 아닙니다. 그런데도 청소년 참여에 대한 준비나 인식은 여전히 부족합니다. 특히 많은 어른은 청소년을 사회적 약자이자 보호해야 하는 대상으로만 인식합니다. 청소년이 주체성을 갖기 어려운 현실입니다. 한편 국제사회는 청소년의 의제 참여와 권한 강화에 관심이 높습니다. 대표적으로 '청소년 참여형 실행 연구(Youth Participatory Action Research: YPAR)'가 있습니다. YPAR은 청소년의 권한을 강화하고, 청소년의 주체성 구현을 통해 지식을 모색하는 연구 방법이자 실행 방안입니다(모상현·함세정, 2019).

『맨큐의 경제학』이란 책이 있습니다. 경제학을 공부한 대학생이라면 900여 페이지나 되는 무거운 책을 가방에 넣고 다닌 경험이 있을 것입니다. 『맨큐의 경제학』은 경제를 이해하기 위한 필독서이자 우리나라 대학에서 많이 사용하는 교재입니다. 그런데 하버드대에서는 『맨큐의 경제학』의 저자이자 세계적인 경제학자인 그레고리 맨큐(Nicholas Gregory Mankiw)가 학생들로부터 수업을 거부당하는 일이 있었습니다. 일부 학생은 교수에게 야유를 보내기도 했다고 합니다. 무슨 일이 있었던 것일까요? 아래 내용은 시사IN의 기사 내용을 일부 인용한 글입니다(시사IN, 2011. 11. 24.). 강의실을 빠져나온 학생들은 다음 사진과 같이 '맨큐 교수에게 드리는 공개서한'을 낭독하고 토론을 했습니다.

학생들은 "당신의 수업은 (시장근본주의 경제학에) 지나치게 편향되어 있다. 당신이 우리에게 주입하는 경제학은 미국 사회의 빈부 격차를 영구화하고, 2008년 세계 금융위기를 유발한 그 이데올로기 아닌가"라고 말했습니다. 메시지의 핵심은 기득권을 가진 주류 권력층과 경제학이 대학 강단을 독점 및 점령하는 것에 대한 거부를 의미합니다. 당시 강의실 밖으로 나간 학생들은 전체 수강생 중 약 10%에 불과했지만, 학생들이 맨큐 교수에게 저항했다는 사실만으로 사회적 관심이 높았습니다.

하버드대학교 학생들의 토론 모습
출처: THE Harvard Crimson

'미래를 위한 금요일(Friday for future)'
캠페인 시위 모습
출처: 매거진한경(2019. 03. 26.).

기후를 위한 결석 시위를 하는 청소년들의 모습
출처: 오마이뉴스(2019. 09. 27.).

최근에는 기후 위기에 따른 청소년들의 수업 거부 사례가 나타나고 있습니다. 2019년 3월, 100개국 이상의 청소년들은 '미래를 위한 금요일(Friday for future)'이라는 이름으로 수업을 빠지고 거리로 나왔습니다(매거진한경, 2019. 03. 26.). 이 캠페인은 청소년이 주도해서 기후 위기를 둘러싼 심각한 환경문제를 공론화하고, 정치인과 기업인에게 기후 위기의 심각성을 알렸다는 점에서 의미가 있습니다.

우리나라에서도 기후 위기의 심각성을 알리기 위해 500여 명의 청소년들이 수업을 거부하고 거리로 나왔습니다. 오마이뉴스(2019. 09. 27.)에 따르면, 집회에 참여한 청소년 기후 행동 활동가이자, 이번 집회의 기획자인 김00(17세) 학생은 '청소년들이 거리로 나온 이유'에 대해 '절박함'이라고 답했습니다. 그는 "저희는 지금 정책 결정권자들에 의해 인생이 결정되는 상황이다. 이들의 결정이 우리의 미래를 결정하는 것이다"라며, "하지만 정작 20, 30년 후 그들은 없을지 모른다. 그래서 결국 우리의 미래이기 때문에 이렇게 결석까지 감행하며 그들(정치권)에게 책임을 묻고 있는 것이다"라고 말했습니다.

청소년의 목소리는 기후 위기뿐만 아니라, 학교의 교육권과 관련해서도 나타나고 있습니다. 2005년 평택의 한 고등학교에서는 부당한 직위해제를 당한 교사를 위해 학생들이 수업을 거부하는 집단행동을 했습니다. A 교사가 전교조 홈페이지에 학교와 특정인을 비방하는 글을 올리고 직위에서 해제되어 수업에 들어오지 못하자, 학생들이 항의한 사례입니다(평택신문, 2005. 03. 09.). 또한 전남에 위치한 모 대학에서는 B 교수의 전문성 부족, 부실한 수업 등에 대한 항의로 학생들이 수업을 거부하기도 했습니다.

이렇듯 청소년의 사회 참여 활동은 내용과 범위가 다양해지고 있습니다. 다만 청소년의 사회 참여가 수업을 거부하는 방법적 측면과 명확한 사실에 기반한 내용적 측면이 적절한지에 대한 우려도 있는 것이 사실입니다. 쉽게 말해서, "아직 뭘 모르기 때문에 그러는 것이다"라는 반론을 제기하는 목소리도 있습니다. 필자는 이 책에서 제시하고 있는 '청소년 연구 프로젝트 글쓰기'를 통해 청소년의 목소리를 다듬어서, '아직 뭘 모르기 때문에 그러는 것이다'와 같은 꼰대 발언에 답하는 것을 돕고자 합니다. 나아가 성숙한 청소년은 일부 어른들의 부적절한 발언도 현명하게 해석할 거라고 믿습니다. 지금 청소년은 사회 참여를 하고 목소리를 낼 수 있는 전환의 시기에 와 있습니다. 필자는 우리의 미래가 청소년의 목소리에 달려 있다고 감히 말하며 지지합니다.

09

한국에도 그레타 툰베리가 있다
: "한국의 그레타 툰베리는 바로 당신입니다"

환경 운동가 그레타 툰베리(Greta Thunberg)는 기후 위기를 위한 결석 시위를 처음 이끌었던 10대 인물로 유명합니다. 15살 그레타는 스웨덴 의회 건물 밖에서 결석 시위를 홀로 시작했습니다. 이유는 학교에서 기후 위기에 관한 수업을 들었는데, 빙하가 녹아 북극곰이 죽어가는데도 사람들이 무관심한 사실에 충격을 받았기 때문입니다. 충격은 그레타를 움직이게 했습니다. 가장 먼저 자신과 가까운 부모님의 생활방식을 변화시켰습니다. 그레타의 부모님은 기후 위기와 관련한 연구자료와 정보를 수집해 공부하던 그레타의 행동과 말을 이해하기 시작했습니다. 그 결과 그레타의 기후 위기에 대한 관심과 집념은 가족 구성원 모두를 활동가로 거듭나게 합니다.

그레타는 변하지 않을 것 같았던 가족 구성원의 생활방식이 변화하는 경험을 하면서 기후 위기 극복에 대한 희망을 보았다고 합니다. 부모님이 변화하기 어렵다고 말한 전기차 사용, 재활용, 비행기 탑승 거부, 채식 등에서의 변화는 특별했습니다. '불가능'이 '가능'으로 바뀔 수 있다는 것을 확인했기 때문입니다. 그레타는 가족이 변화한 것처럼, 세상도 서서히 변화할 수 있을 거라는 믿음을 가지기 시작했습니다. 이후, 다보스에서 열린 세계경제포럼에서 "나는 당신이 당황하길 바란다. 매일 내가 느끼는 공포를 당신도 느껴줬으면 좋겠다"라는 연설을 통해 주목받았으며, 노벨평화상 후보에도 올랐습니다(오마이뉴스, 2021. 06. 18.). 그레타의 활동은 한국의 청소년들에게도 자극을 주었습니다. 이○○(18) 학생은 '기후 위기를 위한 결석 시위'에서 "(결석 시위를 처음 시작한) 그레타 툰베리의 영상을 보면, '당장 우리의 생존이 걸려 있는데 이를 알고서도 학교에 앉아 있는 게 중요하냐'고 한다. 그 말에 큰 감명을 받았다"라고 말했습니다(오마이뉴스, 2019. 09. 27.).

필자의 사회 참여 경험을 이야기해 보겠습니다. 필자는 2010년 5월 대학생이었습니다. 당시 '미디어법', '미디어 악법', 'MB법'으로 알려진 법을 국회가 통과시키는 과정에 관심이 있었습니다. 방송국에서는 국회의사당의 모습을 생중계했습니다. 몸싸움하고 고성을 지르는 비이성적이고 반인간적인 정치인들의 난투극을 목격합니다. 국민을 대표한다는 어른들이 모여서 본보기가 될 수 없는 모습을 공식적으로 하고 있었습니다. 일부 국회의원은 나라를 위해서, 국민을 위해서 어쩔 수 없는 행동이었다고 말했습니다. 하지만 그 모습이 온전히 국민을 위한 모습일지는 국민이 판단할 몫입니다. 필자는 국민의 대표들이 모여 몸싸움하는 한심한 모습을 보고, 투표가 중요하다는 것을 경험했습니다. 마침, 같은 해 '전국동시지방선거'가 있었고, 필자는 새벽에 잠자던 지인을 깨워 투표 참여 독려 캠페인을 함께 기획했습니다.

전단지를 제작해서 투표 참여의 중요성을 알리기 시작했습니다. 투표 참여를 통해서 자신의 의견을 보여주는 행위가 중요하다고 생각했기 때문입니다. 당시 일반사회교육과에 재학 중이던 필자는 사회 및 정치 현상의 본질을 파악하고 고민하는 민주시민을 양성하는 교육이 중요하다고 생각했지만, 이를 행동으로 보여주는 데 역량의 한계가 있었습니다. 민주시민과 투표에 대해 교육을 하기에는 지식이 부족하고 방법도 알지 못했습니다. 그래서 전단지를 만들어 학교 캠퍼스 안팎에서 배포했던 것입니다.

당시 전단지를 나눠주고 게시판에 붙이면서 가슴이 뛰었던 것을 생생하게 기억합니다. 동시에 효과적인 방법으로 접근하지는 못했다는 아쉬움도 기억합니다. 사회 참여 행동은 하고 있지만, 이 방법이 적절한지에 대해 판단할 수 있는 역량이 없었기 때문입니다.

이후 필자는 신문사 기자가 되었습니다. 그리고 고민이 깊었던 시기인 2014년, 우리나라 국민이면 누구나 기억하고 있을 '세월호 참사'를 경험합니다. 2014년 4월 16일, 당시 산티아고 순례길을 걷고 있던 필자는 세월호 참사 소식을 스페인 지역 뉴스를 통해 들었습니다. 길에서 만난 한 여행자는 저에게 "모두 생존할 수 있을 거야. 저렇게 많은 사람이 구조하고 있잖아"라고 말했습

필자의 2010년 제5회 전국동시지방선거 투표 참여 독려 캠페인 인터뷰 모습

니다. 저 역시 믿었습니다. 그런데 현실은 상식을 벗어나고 있었습니다. 결과적으로 세월호는 무려 305명의 꿈을 희생시키는 참사로 기록되었습니다. 필자는 길을 걸으며 답답한 마음과 우울한 기분에 아래와 같이 여러 편의 글을 쓰기도 했습니다. 그중 『도네이션

(Donation)』이라는 제목의 글을 소개합니다.

도네이션(Donation)

길을 걷다가 세월호 사고 소식을 들었다.
걷는 내내 먹먹했던 마음이 뱉어낸 생각.

"내가 할 수 있는 일이 있을까?"

그러다 산티아고 길 곳곳에 무인으로 만들어 놓은 도네이션이 생각났다.

"도네이션을 해보자"

그렇게 열흘 전부터 준비한 끝에, 피자가게에서 박스를 주워 도네이션 함을 만들고, 길을 걸으며 써놓은 메모를 도화지에 옮겨 적고, 스페인 신문에 게재된 세월호 기사를 붙였다. 간단할 줄 알았는데 손이 많이 가던 차에 여행자 숙소에서 만난 친구들이 함께 도왔다.

"과연 할 수 있을까?"
친구들과 함께 했던 생각.
여행자들 주머니에 여윳돈이 있을 리 없었지만 돈 걱정은 무시했다. 돈이 필요해서가 아니라 그들과 마음을 나눌 기회가 필요했으니까.

도네이션 당일 아침. 비가 내리는 가운데 글과 신문을 붙여놓은 도화지와 모금함을 들고 길을 나섰다. 분명 어제 걸었던 길인데도 낯설었다. 아마도 양손에 들린 도화지와 모금함이 준 의무감 때문이었을 것이다.

"할 수 있을까"라는 걱정이 피부로 와닿자
"해야지"라는 말을 중얼거렸다.

한 시간 동안 세 사람이 다녀갔다. 어젯밤 숙소에서 만난 할아버지 여행자. 길을 지나던 단체 관광객 무리에서 잠시 빠져나온 일본인 여행자. 나머지 한 명은 경찰이었다. 경찰은 나에게 여기서 이러면 안 된다고 했다.

나: "여기서만 아니면 돼요?"
경찰: "네, 우선 여기를 나가 주세요."

광장을 나와 길을 서성거리다, 길거리 화가 아저씨에게 허락을 받고, 그 옆에 자리를 잡았다. 많은 여행자들이 다가와 세월호 참사에 대해 물었고 준비한 글과 기사를 보며 이야기를 나누었다. 그렇게 도네이션함에는 기부를 하는 사람들의 마음이 모아지고 있었다. 그러다 문득 부르고스(Brugos) 도시에 있는 한 대형마트 앞에서 만났던 동전을 구걸하던 부랑자 아저씨가 생각났다. 부랑자 아저씨가 필요한 게 돈이었다면 내게 필요한 건 이런 거였을까.

많이 부족할 거지만
앞으로도 나는 아이들을 위해
내가 할 수 있는 일을 고민하며
마음을 전하고 싶다.

출처: 홍지오(2018: 188-192).

　당시에는 글로도 답답함을 해소할 수 없었습니다. 이해할 수 없는 결과였기 때문입니다. 국가가 책임지지 못한 아이들과 자식을 잃은 부모의 모습이 머릿속에서 떠나지 않았습니다.

"나는 무엇을 할 수 있을까?"

　순례길의 목적지에 도착해서 기부를 계획했습니다. 세월호 관련 기사를 수집해서 패널에 붙이고 다른 여행자들에게 참사 소식과 함께 답답한 마음을 전하며 기부를 진행했습니다. 기부금은 세월호 유가족에게 도움을 줄 수 있다고 판단한 단체에 전액 기부했습니다. 매우 부족했습니다.

　당시 필자는 사람들에게 세월호 참사를 객관적이고 올바르게 전달할 방법을 몰랐습니다. 한국 뉴스 기사를 수집하고, 스페인 신문을 오려 붙여서 이야기했지만, 스페인 신문에서 뭐라고 말하는지 정확하게 알지도 못했습니다. 무식한 용기였다는 생각이 드는 이유입니다.

세월호 도네이션 활동 모습. 산티아고 데 콤포스텔라 대성당 앞에서

청소년은 사회에 목소리를 낼 기회와 역량이 있습니다. 다만 학교에서는 여전히 교과서 중심의 지식 전달을 위한 교육이 이루어지고 있고, 사회는 청소년들의 목소리에 귀를 기울일 준비가 부족합니다.

청소년의 목소리가 세상에 전해질 방법이 필요합니다. 목소리를 전하기 위해서는 사회가 받아들이는 방법과 내용으로 제시해야 합니다. 예를 들어, 청소년 개인의 생각을 말하기 위해서는 명확한 근거와 함께 제시해야 합니다. 근거를 명확하게 제시하기 위해서는 지식, 정보 등과 같은 자료를 수집하고, 분석한 내용과 경험에 기반해야 합니다. 앞서 언급한 그레타 툰베리, 연구자처럼 말입니다. 사회는 근거가 없는 말하기를 무의미하게 받아들일 가능성이 높습니다.

한국의 청소년은 그레타 툰베리와 같은 잠재 가능성이 있는 존재입니다. 필자는 우리 청소년의 이야기가 사회에서 공허해지지 않도록 방법을 제시하고자 합니다. 무지했던 청소년 시절을 보낸 필자와는 다르게, 독자 여러분은 현명한 존재이기 때문입니다.

"한국의 그레타 툰베리는 바로 당신입니다."

Tell me and I forget,
Teach me and I remember,
Involve me and I learn.

- Benjamin Franklin -

"청소년이 글을 쓴다면"

할 말이 없는 사람은 말을 하지 않고, 쓸 이야기가 없는 사람은 글을 쓰지 않는다

할 말이 없는 사람은 말을 하지 않습니다. 쓸 이야기가 없는 사람은 글을 쓰지 않습니다. 당연한 말을 왜 할까요? 사람들은 할 말이 없는 사람에게 말하기를 강요하고, 서툴면 말을 잘 못하는 사람으로 판단합니다. 사람들은 쓸 이야기가 없는 사람에게 글쓰기를 강요하고, 잘 쓰지 못하면 글을 잘 못쓰는 사람으로 판단합니다. 할 말이 없고, 쓸 이야기가 없는 사람은 무엇인가에 관해 관심이 없는 것이지, 말을 못하거나 글을 못쓰는 것이 아닙니다. 하고 싶은 이야기가 있으면 유창한 말하기나 수려한 글쓰기는 아니더라도, 누구나 언제든지 할 수 있습니다. 특히 경험은 하고 싶은 이야기를 자연스럽게 만들어냅니다. 경험을 통해 사고(思考)를 하고, 이야기가 쌓이기 때문입니다. 사고(思考)는 현상에 대해 생각하고 판단하며 문제 해결에 접근하는 이성적인 인식의 과정을 말합니다. 만약 경험했는데도 할 이야기가 없다면, 그뿐입니다. 왜냐하면 사고(思考)를 할 정도로 관심 있거나 유의미한 경험을 하지 못했기 때문입니다.

연구 프로젝트 글쓰기는 사고(思考)하고 표현하는 방법입니다. 독자의 마음속에서 불같이 솟구치는 일을 경험하고 표현할 기회를 제공합니다. 불같은 일은 아니더라도, 자신이 평소 답답하게 생각했던 일에 동기를 부여해서 더 많은 의미와 경험을 제공합니다. 이 책은 청소년이 연구 프로젝트를 통해서 경험하고, 표현할 수 있는 가능한 모든 방법을 안내합니다. 결과는 독자의 동기와 의지에 달렸습니다.

> "우리가 학교에서 공부하는 동기와 이유는 무엇일까요?"

많은 사람이 "현실적으로 말하자면, 대학입시나 취업이죠"라고 말할 가능성이 높습니다. 청소년이 글을 잘 쓰는 방법을 배우는 이유도 대학입시와 취업이 높은 비중을 차지합니다. 그 결과 청소년들의 글쓰기 실력과 자기소개서 내용은 입시학원에서 컨설팅한 것처럼 비슷한 스타일을 보인다고 합니다.

"대학입시에 합격하고 대학에 가면 달라질까요?"

우리는 대학에 입학하면 취업을 위해 토익을 공부합니다. 토익을 잘하는 방법은 무엇일까요? 토익 고득점을 단기간에 받기 위해서는 미국이나 영국보다 한국에서 배워야 한다는 이야기가 있습니다. 토익은 영어를 사용하는 환경보다 요령이 더 중요한 시험이기 때문입니다. 한국에서 토익학원에 가면 영어를 잘하는 방법보다 시험을 잘 보는 요령을 배웁니다. 강남의 유명한 A 강사는 연구실을 만들어 많은 조교를 시험에 응시하게 한 후, 암기해온 문제를 구현해서 자료를 모으고 분석합니다. 토익은 문제은행 방식으로 유사한 유형의 문제를 재출제하기 때문에, 문제의 경향성을 파악하고 풀이 요령을 알면 고득점을 받을 가능성이 높습니다. 일부 학습자는 토익을 영어 공부라고 생각합니다. 물론 토익은 비즈니스 영어 단어, 회화, 독해력 등의 실력을 높여서, 근본적으로 영어 실력이 향상하기는 합니다. 하지만 영어 학습의 관점에서는 한계가 있는 시험입니다. 시험을 위한 시험, 자격을 위한 시험이기 때문입니다. 그 결과 토익 강의를 듣다 보면, 문제를 다 보지 않고도 정답을 찾는 요령을 배우는 경우가 비일비재합니다. 토익은 영어 공부의 함정이고, 취업의 함정입니다. 회사에서도 토익 점수가 높으면 외국 바이어(Buyer)와 의사소통을 잘할 것이라는 믿음은 없어진 지 오래라고 합니다.

결국, 대학에 와서도 취업을 위한 공부를 한다면, 대입 전과 다를 것이 없습니다. 중요한 것은 대학에서 무엇을 경험하느냐입니다. 경험은 풍부한 이야기와 사전지식을 제공하고 사고(思考)로 이어집니다. 얕은 지식과 요령은 사고(思考)로 이어지지 못하는 한계가 있습니다. 따라서 앎의 경험을 통한 사고(思考)가 필요합니다. 앎은 경험으로부터 출발하기 때문에, 아는 만큼 보이고 아는 만큼 들을 수 있습니다.

할 말이 많은 사람은 말을 합니다.
쓸 이야기가 많은 사람은 글을 씁니다.

자연스럽게 말을 잘하는 사람으로,
글을 잘 쓰는 사람으로 성장할 가능성이 높습니다.

청소년 연구 프로젝트 글쓰기는 입과 손이 근질근질하여 말할 수밖에 없고 쓸 수밖에 없는 사람으로 성장하도록 도울 것입니다.

"우리들의 문제는 현장에 답이 있다"라는 말이 있습니다. 문제의 답을 찾기 위해서는 현장에 가야 한다는 의미입니다. 필자는 춘천 MBC 보도팀 인턴을 하면서 박대용 기자를 만났습니다. 박대용 기자는 서울춘천고속도로 개통식 현장에 가면서 말했습니다.

"살다 보면 사회의 여러 이벤트를 마주합니다. 그런 이벤트를 TV로만 보는 것보다 직접 현장을 가보는 게 좋아요."

글을 쓰기 위해서는 이야깃거리가 필요합니다. 이야깃거리는 길 위에서 만들어집니다. 현재 필자는 박대용 기자의 말의 의미를 깨닫고 길 위에서 발품을 팔며 연구하고 글을 쓰고 있습니다. 독자 여러분도, 길 위에서 경험한 이야기를 써보기 바랍니다.

하버드대학교 에세이에는 글쓰기와 스토리가 있다

하버드대학교(이하 하버드대)를 졸업하고 40대에 접어든 직장인 1,600여 명에게 두 가지 질문을 했다고 합니다(송숙희, 2018: 26에서 재인용).

> "현재 당신이 하는 일에서 가장 중요한 것은 무엇인가요?"
> "대학 시절 가장 도움이 된 수업은 무엇인가요?"

학생들은 "글쓰기"라고 대답했습니다. 성공을 위해서는 글쓰기가 매우 중요하다고 회상합니다. 하버드대 합격률은 약 5%입니다. 합격의 높은 벽을 넘을 수 있는 결정적인 잣대는 '에세이'입니다. 하버드대 입학심사위원이었던 낸시 소머스 교수는 다른 지원자들과 차이를 벌리는 결정적인 기회는 에세이에 있다고 말합니다.

한국의 대학과 사회에서도 글쓰기는 중요합니다. 책쓰기 코치 송숙희 작가는 글쓰기의 중요성을 강조하며 활동하고 있습니다. 송 작가의 『150년 하버드 글쓰기 비법(송숙희, 2018)』은 중국, 대만, 태국에서도 출간하여 10만 명 이상의 독자에게 선택받은 베스트셀러로, 글쓰기에 대한 대중의 높은 관심을 보여주는 대표적인 사례입니다.

> "그렇다면, 어떤 사람이 글쓰기를 잘할 수 있을까요?"

쓰고 싶은 이야기가 있다면 누구나 잘할 수 있습니다. 누구나 잘할 수 있지만, 대학입시를 위해 에세이를 쓰는 것을 돕는 사교육과 대행업체도 성행하고 있습니다. 그곳에서는 대학입시에 적절한 글쓰기 요령을 배울 수 있기 때문입니다. 별것 아닌 것 같은 이야기도 그럴듯하게 꾸며주고, 코칭을 통해 대학입시에 필요한 경험을 만들어주는 요령을 제공합니다. 하지만 자신의 이야기는 사교육과 대행업체가 만들어 줄 수 없습니다. 내용의 깊이는 면접 때 밝혀집니다.

글쓰기는 내용이 중요합니다. 방법은 이 책에서도 소개하고 있지만, 아주 기본적이며 단순합니다. 글쓰기 실력은 내용이 결정합니다. 즉 이야기를 할 수 있는 경험과 내용이 있는 사람이 글을 잘 씁니다. 필자 역시 학교 교육을 통해, 문장에서 주어로 '나'를 쓰지 말기, 단문으로 쓰기, 접속사 쓰지 말기 등의 글쓰기 요령을 수없이 배웠습니다. 그런데 펜을 들기만 하면 막막했습니다. 무엇부터 어떻게 써야 할지 시작조차 할 수 없었기 때문입니다. 배운 대로 하자면, 서론은 글의 첫 단추이니까 매력적이고 흥미로울 만한 이야기로 시작해야 합니다. 문장은 '나'를 주어로 쓰지 말고 형용사는 최소화하며, 단문으로 쓰면서 매끄럽게 연결해야 합니다. 이렇듯 글쓰기 요령은 공식처럼 입에서 줄줄 나오지만, 손은 움직이지 않습니다.

"무엇을 써야 하지?"

이야기가 머릿속에서 도무지 떠오르지 않습니다. 학교나 학원에서는 책을 통해 글쓰기 요령을 가르쳐 주지만, 써야 하는 내용은 경험 또는 사고(思考)하지 못하기 때문입니다. 하지만 학교나 학원에서는 글을 쓰지 못하는 학생은 글쓰기 방법을 모른다고 판단하고, 글 쓰는 방법을 가르치는 일을 다시 반복합니다. 청소년들이 에세이를 쓰기 위해서는 글을 잘 쓰는 요령도 중요하지만, 자신의 이야기를 할 수 있는 경험(내용)이 중요합니다. 청소년 연구 프로젝트 글쓰기는 생활 속에서 어떤 현상을 보고 문제를 인식하는 순간부터 시작합니다. 그 결과 무엇을 써야 할지 알게 됩니다.

누구나 할 수 있는 연구 프로젝트 글쓰기

"어른만 연구자가 될 수 있을까요?"
"박사학위가 있어야 연구자가 될 수 있을까요?"
"연구 기관에 소속되어야 연구자가 될 수 있을까요?"

"아니요!"

연구 프로젝트는 누구나 할 수 있습니다. 관련 지식과 연구 방법을 알고 있다면 말입니다. 청소년도 연구자가 될 수 있습니다. 특히 청소년과 교육 분야는 누구보다 청소년이 전문가이고, 청소년의 관점과 참여가 필요한 영역입니다.

일반적으로 연구자는 특정 학문에 관한 관심으로 시작한 대학원 학위과정을 통해, 이론과 연구 방법을 깊이 있게 공부하고, 그 결실을 박사 논문으로 맺으며 학위를 받습니다. 박사학위는 해당 분야에 대해서 전문가임을 증명하는 자격증과 같습니다. 물론 박사라고 해서 모두 전문가는 아닙니다. 박사과정을 어떻게 공부했는가에 따라 개인차가 크기 때문입니다. 또한, 자신의 전공 분야 말고는 잘 모르는 경우도 많습니다. 특히 청소년에 대해서는 모르는 영역이 있을 수밖에 없습니다. 교육정책 실행 과정에서 청소년의 생각은 더욱 알기 어렵습니다. 필자는 자유학기제를 연구하면서 정책을 경험해보지 못한 세대이기에 청소년들의 이야기가 가장 궁금했습니다. 교사, 학부모, 행정가 등의 어른들은 자유학기제의 개념과 운영 방법에 대해서는 알지만, 정책이 이루어지는 과정에서 청소년들이 무엇을 경험하고 느끼며 학습하는지는 알지 못합니다. 당연합니다. 하지만 알려고 노력하는 어른과 알려고도 하지 않는 어른 간에는 큰 차이가 발생합니다. 어느 쪽 어른이 더 많은지는 생각해볼 문제입니다.

교육을 연구하는 사람은 대개 청소년이 교육의 중심 주체라고 생각합니다. 하지만 청소년의 생각과 요구를 이해하지 못하는 상황에서 교육정책을 만들고 연구합니다. 하나의 교육정책을 추진하기 위해서는 고려해야 하는 많은 변수가 있기 때문입니다. 그 결과 교육의 주체는 이론적으로는 청소년이라고 명시하지만, 실제로는 객체로 존재하는 경우가 많습니다.

　　사회 분야도 마찬가지입니다. 사회문제를 학교 교육을 통해 해결하려는 노력이 많이 나타납니다. 예를 들어, 4차 산업혁명 시대나 코로나 뉴노멀 시대가 도래하면서 이에 대한 해결을 교육에서 찾는 정책과 연구가 다수 보고되고 있습니다. 최근 대학에서는 역량 중심 교육을 강조하고 있습니다. 교육부와 한국직업능력연구원에서는 대학생들의 핵심역량 수준을 파악해 진로개발과 대학 교육역량 강화를 지원하기 위해 학생 역량 개발 진단 도구인 K－CESA를 도입했습니다. K－CESA는 크게 의사소통, 대인관계, 글로벌, 자기관리, 자원·정보·기술의 활용, 종합적 사고력 등의 역량을 말합니다. 중요한 것은 학생 역량 개발 진단 도구가 학교 현장에서 어떻게 활용되고 있느냐의 문제입니다. 먼저, 역량에 대한 개념이 불명확하고, 측정 방법도 부재한 상황임을 지적할 수 있습니다. 교수자는 역량을 어떻게 고려해서 교육해야 하는지도 모르는 상황에서, 주관적이고 명시적으로 내가 가르치는 과목은 이 역량을 기를 수 있을 것 같다고 강의계획서에 기재하는 행태가 이어지고 있습니다. 오늘날 일부 대학의 실제 모습입니다.[4] 따라서 청소년은 교육 실험 과정의 대상이고 객체일지도 모릅니다. 교육 현실을 말하다 보니, 너무 암울하고 부정적인 이야기를 한 것은 아닌지 걱정이 듭니다. 그런데도 언급한 이유는 하나입니다.

> **"청소년의 참여가 중요하기 때문입니다."**

　　청소년 연구 프로젝트 글쓰기는 기존의 관행과 관습에 매력적인 질문을 던집니다. 관행과 관습에 매몰된 어른들의 뒤통수를 얼얼하게 할 것입니다. 우리나라 교육과 사회가 올바르게 변화하는 방법은 청소년이 진짜 주체가 되는 것입니다. 연구 프로젝트 글쓰기를 통해 현상과 관련한 지식을 탐색하고, 연구 방법과 글쓰기를 한다면, 훌륭한 청소년 연구자이자 주체가 될 수 있습니다. 세상은 여러분이 필요합니다.

---

4 물론 교수 스스로 자신의 과목과 역량을 연계하여 분석하고 해석하며 적용하는 사례도 있습니다.

청소년 연구 프로젝트 글쓰기는 생활 속에서 연구하는 행위입니다.
따라서 연구에 대한 접근이 가벼워야 합니다. 삶의 대부분이 연구이기 때문입니다.

사람과 물체가 연구 대상이고, 말하고 듣는 이야기가 연구 내용이며,
발견한 메시지가 연구 결과입니다.

- 홍지오 -

13 청소년이 주인공인 연구 프로젝트 글쓰기

청소년은 사회를 바라보는 낯선 눈(관점)을 가지고 있습니다. 어른도 그랬습니다. 다만 사회에 적응하고 익숙해지면서 어느 순간 표준화된 눈(관점)을 갖는 경우가 많아졌습니다.

"그래서, 문제가 있나요?"

세월호 참사는 표준화된 눈(관점)을 가진 어른의 잘못을 여실히 보여줍니다. "가만히 있으라"라는 말은 표준화된 질서를 청소년에게 강요하는 어른의 눈(관점)을 상징합니다. 학교와 사회에서 어른의 말을 잘 들어야 착한 사람이고, 사회에 필요한 사람으로 성장할 수 있다고 배운 결과입니다.

현실이 이렇다 보니, 낯설게 바라보는 청소년의 눈(관점)은 매우 중요한 의미와 가치가 있습니다. 청소년 시기에는 표준화된 눈을 갖기 전, 자신의 가치관과 인식을 올바르게 정립할 수 있습니다. 그 과정에서 어른들의 관행적·관습적인 생각을 상징하는 "가만히 있으라"라는 말을 당연하지 않게 보는 눈(관점)을 가질 수 있고, 사회에 대한 의문을 제기할 수 있습니다. 청소년이 연구 프로젝트 글쓰기를 통해 성장할 가능성을 발견할 수 있는 부분입니다. 청소년이 이해하지 못하는 사회에 대해서, 알기를 포기하고 순응하기를 바라는 어른은 없을 것입니다. 하지만 학교와 사회에는 안전과 안정을 위해서 질서를 만들고 순응하기를 바라는 일이 비일비재(非一非再) 합니다. 문제는 적응과 순응할 기회도 없이 강제적으로 이루어지는 과정입니다. 만약 청소년이 그 과정을 연구 프로젝트 관점에서 바라보면 어떤 변화가 일어날까요? 청소년은 학교와 사회에서 발견한 현상을 연구 대상으로 설정하고, 관찰·이해·해석하는 과정을 통해, 자발적 순응과 발전할 힘을 가질 수 있습니다. 또한, 청소년은 연구 프로젝트를 생활화하는 '연구 생활자'로서, 학교와 사회의 공동체 일원으로 참여하고 성장할 것입니다.

사회는 무엇이 문제인지 판단이 어려운 딜레마 현상이 발생합니다. 예를 들어, 우연히 길에서 어려운 사람을 만났다고 생각해봅시다. 내가 그 사람을 도와서 지금 당장 배고픔을 해결해 줄 수도 있습니다. 반면에 그 사람은 또다시 도움에 의지해서 배고픔을 해결하려고 할지도 모릅니다. 그 결과 평생 남에게 의지하는 삶을 살고, 자립할 힘을 잃을 수 있습니다. 나의 도움이 그 사람의 삶에 부정적인 영향을 미치는 꼴입니다.

"이런 상황이라면, 어려운 사람을 돕는 게 좋은 행위일까요? 나쁜 행위일까요?"

100% 정답은 없습니다. 개인의 선택입니다. 중요한 것은 선택이 이루어지는 과정입니다. 청소년 연구 프로젝트는 현명하게 선택하는 과정을 돕는 도구입니다.

> "과정에 적극적으로 참여하시고, 각 과정에서 부족함을 지적받는 것을 두려워하거나 기분 나빠하지 마십시오. 자세를 고치는 것만이 좋은 이야기꾼이 되는 비결입니다. 제가 아는 비결 아닌 비결은 이것이 전부입니다."
>
> 출처: 김탁환(2011: 28).

청소년 연구 프로젝트 글쓰기를 통한 진로 탐색

청소년 연구 프로젝트 글쓰기는 진로 탐색을 하는 데 좋은 방법입니다. 필자가 좋다고 말하는 이유는 증인이 있기 때문입니다. 필자는 청소년 연구 프로젝트 글쓰기를 이야기하면서, 이 책에 등장하는 수많은 인물과 비슷한 상황을 빈번하게 발견했습니다. 필자와 그들이 증인입니다. 독자는 연구 프로젝트 글쓰기를 통해 진로 탐색의 기회를 갖기 바랍니다. 청소년의 진로 탐색은 매우 중요한 과제입니다. 어른들도 마찬가지입니다. 50대 대기업 과장도 앞으로 어떻게 살아야 할지, 진로를 탐색하는 것이 현실입니다.

독자는 이런 대화를 해보았나요? 실제 대화 내용입니다.

선생님:　　"너는 꿈이 뭐니?"
학생:　　　"아직 없어요. 선생님의 꿈은 뭐에요?"

선생님이 학생에게 질문했는데 되묻는 학생의 질문에, 선생님의 말문은 막혔다고 합니다.

"당신의 꿈은 무엇인가요?"

우리는 평생 이런 질문을 받지만, 한 번도 제대로 된 대답을 못 하고 떠날지도 모릅니다. 살면서 고민할 기회도 많이 없었으니, 답변하기 어려운 것이 당연합니다. 꿈은 어떻게 가질 수 있을까요? 분명한 것은 고민의 과정 없이는 가질 수 없습니다. 고민의 과정은 생각보다 힘들고 어렵습니다. 필자는 좋아하는 일, 관심이 있는 직업을 알지 못해서, 취업을 준비할 때 고민이 깊었습니다. 그 과정에서 휴학도 여러 번 하고, 여행도 많이 다녔습니다. 그때 가장 많이 들었던 질문이, "하고 싶은 일이 뭐야?", "관심이 있는 일은 찾았어?", "힘들 텐데, 요즘 어떻게 지내?"라는 말이었을까요? 아닙니다.

필자가 진로를 고민하는 과정에서 가장 많이 들었던 질문은 단순합니다.

"취업은 했어?"

"공무원 시험은 어때?"

고민하는 시간과 과정은 주변인들의 무심한 질문을 버티고 견뎌내야 하는 힘든 일이기도 합니다. 만약 주변인들의 말을 듣고 당장 어디라도 취업했다면, 당장 공무원 시험을 공부했다면, 필자는 지금 이 책을 쓸 수 없었을 것입니다. 주변인들은 걱정스러운 마음에 안정을 찾을 수 있는 이야기를 합니다. 하지만 고민이 끝나기 전까지는 주변인들의 걱정스러운 마음을 잠시 무시하는 용기가 필요합니다. 경력도 자신이 하고자 하는 분야에 맞는 일을 해야 경력입니다. 급한 대로 취업이 가능한 회사에서 시간을 보내고서는 경력을 쌓을 수 없습니다. 따라서 진로 고민은 스스로 방향과 방법을 설정하는 중요한 시간입니다. 주변인은 중요한 시간의 깊이를 알기 어려우니까, 우리는 그들을 잠시 무시하는 용기를 내야 합니다.

학교 밖에는 수많은 꿈이 걸어 다닙니다. 앞서, 많은 사람은 꿈에 관한 질문에 대답하지 못한다고 말했습니다. 그런데 꿈이 무엇인 줄 알고, 함부로 수많은 꿈이 걸어 다닌다고 말할까요. 꿈을 볼 수 있는 눈이 없기에, 앞뒤가 맞지 않는 말일 수 있습니다. 반면에 꿈을 볼 수 있는 눈을 가진다면 사람들의 꿈을 헤아릴 수 있습니다. 필자는 신입사원을 교육하는 대기업의 인재원에서 인턴을 했었습니다. 어느 날 부서 과장과 산책을 하는데, 과장이 대뜸 삶의 낙이 없다고 말했습니다. 대학에 가면 과장을 부러워할 학생들이 많습니다. 대기업 과장이고 연봉도 높기 때문입니다. 이제 막, 대학을 수료한 필자에게 삶의 낙이 없다는 과장의 말은 다소 충격이었습니다. 지금 와서 생각해보니, 과장은 꿈이 없었던 것 같습니다. 미래에 무엇을 하며 행복할 수 있을지 몰랐던 것입니다.

대학교수는 어떨까요. 마찬가지입니다. 그동안 필자는 교수라고 하면 연구실에서 공부하고 학생들을 지도하는 모습만 보았던 것이 전부였습니다. 그런데 교수가 되어 오랜 교수 생활을 한 사람들을 보니, 그들의 삶이 참 팍팍하고 퍽퍽해 보입니다. 일부 교수는 원하는 연구를 하지 못합니다. 보직과 전공에 따라 차이는 있지만, 보고서를 쓰고 회의에 참석하느라 바쁜 하루를 보냅니다. 필자 역시 하루에 3~4개의 회의를 하고 연구실에 오면, 어느새 저녁입니다. 저녁에 꾸역꾸역 쓰는 글은 연구가 아닌 보고서 작성의 비중이 높습니다. 개인이 하고 싶은 연구를 꾸준히 하는 교수는 많지 않습니다. 교수의 꿈은 무엇일까요? 아마도 앞서 등장한 교사나 과장과 마찬가지로, 교수의 말문도 막힐 것 같습니다.

이제 꿈에 대해서 다른 이야기를 해보겠습니다. 길을 지나는데 많은 '꿈'이 걷고 있습니다. 하지만 그 꿈이 우리가 생각하는 꿈일까요? 아닙니다. 그것은 '직업'입니다. 길 위에는 많은 직업이 걸어 다닙니다. 우리는 노력한 만큼 직업을 가질 수 있습니다. 꿈은 직업을 넘어선 한 사람의 삶을 의미합니다. 그 사람의 삶이 궁금하다고 해서 길을 지나가는 사람을 붙잡고 물어볼 수는 없습니다.

"그렇다면, 어떻게 알 수 있을까요?"

스스로 경험해야 합니다. 다양한 직업을 통해서, 여행을 통해서, 크고 작은 조직 및 단체 활동 등을 통해서 직간접적으로 경험해야 합니다. 자신에게 정체성이 생기고 꿈이 만들어질 때까지 경험해야 합니다. 여기서 경험은 '직업'이고, 정체성은 '나'이며, 꿈은 '삶'을 의미합니다.

"청소년은 자신의 정체성을 확립하고 꿈을 갖기 위해
지금 당장 무엇을 경험할 수 있을까요?"

필자는 경험의 출발로 '청소년 연구 프로젝트 글쓰기'를 통해 사람과 사회를 만나고, 경쟁에 무뎌질 것을 강조합니다. 경쟁에 무뎌져야 한다는 말은 경쟁을 넘어서야 함을 의미합니다. 사회에서 경쟁은 필수입니다. 다만, 경쟁에 몰두하지 말고, 잘하고 못하고의 기준을 '남'이 아닌 '나'로 만들어야 합니다. 그렇게 자신의 꿈에 다가갈 수 있는 진로 탐색을 하기 바랍니다.

"고등학교를 졸업하고 대학에 가면 꿈이 생길까요?"
"대학을 졸업하고 취업하면 꿈이 생길까요?"

꿈도 꾸어본 사람이 꿀 수 있습니다. 그 시작이 청소년 시기라면 더할 나위 없는 삶을 살 수 있습니다.

고민합시다.

경험합시다.

무엇보다도 아깝지 않을 시간과 기회를 누려봅시다.

고민과 경험이야말로, 진짜 진로 탐색입니다.

> "청년의 나이대에서 요청되는 윤리의 핵심은 바로 자기 자신에 대한 용기입니다. 자신의 인격과 그에 따른 책임을 향한 용기, 스스로 판단하고 스스로 일하며 자신의 생명력과 그것이 지닌 미래 지향적 힘을 발휘하고자 하는 용기 말입니다. (중략) 청년은 스스로 생각하고 판단하는 법을 배워야 합니다. 그는 이미 완제품처럼 주어져 있는 이론적 또는 실천적 처방에 대한 건강한 불신을 품어야 합니다."
>
> 출처: Romano Guardini.(2008).

우리는 살면서 항상 좋아하는 일만 할 수 없고, 항상 웃을 수만도 없습니다.
자연스러운 삶의 모습입니다.

자연스러운 삶의 모습에서 경험하는 행복은
우리가 살면서 경험할 많은 어려움에
용서할 힘을 주고,
이겨낼 힘을 주며,
행복하게 살아낼 힘을 줍니다.

청소년은 자연스러운 삶의 모습에서 꼭 행복을 경험하기 바랍니다.
진학과 진로가 고통이 아니라
행복을 경험하는 첫 단추가 되기를 바랍니다.

- 홍지오 -

IB 교육의 핵심은 연구 프로젝트 글쓰기 ✏️

　　최근 한국에서는 IB(International Baccalaureate) 교육에 대한 관심이 높습니다. 교과 간 융합, 초학문적 접근 등을 기반으로 하는 통합교육을 강조하는 한국 교육과 IB 교육의 방향이 일치하기 때문입니다. 또한 성장 중심 교육의 관점에서 보면, IB 교육은 모두가 천편일률적으로 달성해야 하는 성취기준이 없고, 교과서의 제약도 없는 등 공교육의 대안으로 논의하기에 적절하다는 접근입니다. 이렇듯 오늘날 한국 교육의 문제를 해결하기 위한 대안으로 논의되고 있는 IB 교육은 공교육의 질을 국제학교 수준으로 높일 것이라는 기대와 관심을 받고 있습니다.

　　IB 교육은 국제학교 교육을 추진하면서 나타난 문제점을 해결하기 위한 체제로, 각 나라 학생이 대학을 진학하기 위해 학력을 인정받는 디플로마(Diploma)를 수여하는 국제공인 교육과정 IBDP(International Baccalaureate Diploma Programme)입니다(이혜정 외, 2017: 21). 고등학교 학생들은 IB 교육을 통해 지식이론(Theory of knowledge), 연구 소논문(Extended Essay), 창의·체험·봉사(Creativity·Activity·Service) 등의 핵심필수 과정을 학습합니다. 특히 연구 소논문(Extended Essay)은 자기 주도 학습을 바탕으로 한 탐구 능력의 함양을 목표로 하며, 청소년 연구 프로젝트 글쓰기와 유사합니다. 교육과정을 살펴보면, IB 교육을 받는 학생들은 22개의 주제 중 자신이 탐구할 주제를 선택합니다. 주제를 정한 후에는 담당교사의 지도와 자기 주도성을 바탕으로 4,000자 이하의 연구 소논문을 작성합니다. 평가는 연구 주제, 방법, 전개의 논리성, 분석 수준 등을 기준으로 합니다. 연구 소논문 쓰기는 기존의 교과서 틀 안에서 한정했던 학문의 영역과 내용을 확장하고, 삶과 연계한 탐구를 통해 실질적으로 필요한 학습을 주도하도록 합니다. 이렇듯 학생들은 IB 교육을 통해 아래에서 제시하는 학습자상(Learner Profile)의 모습으로 성장합니다.

IB 학습자 헌장

- Inquirers (탐구하는 사람)
- Thinkers (생각하는 사람)
- Principled (원칙이 서 있는 사람)
- Caring (남을 배려하는 사람)
- Reflective (성찰할 줄 아는 사람)
- Knowledgeable (지식을 갖춘 사람)
- Communicators (소통할 줄 아는 사람)
- Open-minded (열린 마음을 지닌 사람)
- Balanced (균형을 갖춘 사람)
- Risk-takers (위험을 감수할 수 있는 사람)

IB 교육은 현재(2023년 1월 기준) 전 세계에서 1,950,000명의 학생, 5,600개교, 159개국이 참여하고 있습니다(IBO 홈페이지). 국내에서는 IB 교육을 도입하는 학교의 확대와 함께, 대입개편 과정에서 대안으로 논의되기도 합니다. 이미 10년 넘게 IB 교육을 운영하는 경기외국어고등학교는 국내외 대학을 불문하고 우수한 성과를 내고 있으며, 해외유학에 상응하는 교육과정으로 압도적인 대입 실적을 거두고 있습니다(베리타스 알파, 2022. 11. 10.).

최근에는 제주의 표선고등학교(이하 표선고) 사례가 주목받고 있습니다. 제주도교육청에서는 IB 교육의 도입을 적극적으로 추진하여 성공적인 출발을 했으며, 표선고는 우수한 사례를 보여주며 선도적인 역할을 하고 있습니다. '2021 IB 교육 프로그램 이해를 돕기 위한 온라인 백문백답(百問百答)' 행사에서, 표선고 이재영 전 교감은 IB 교육을 "무엇을 알고 있는가?'에서 '내가 아는 것으로 무엇을 할 수 있는가?'로의 전환"이라고 설명합니다(제주도교육청 유튜브 채널, 2021. 11. 24.). '내가 아는 것으로 무엇을 할 수 있는가'는 앎의 과정(Knowledge Knowing)으로 학습의 전환이 이루어지는 교육을 의미합니다. 학생들은 IB 교육을 통해 삶에서 필요한 쓸모 있는 지식을 배우고 경험하며 실천할 수 있는 교육을 받고 있습니다.

내가 아는 지식(Knowledge)은 무엇인가 → 내가 아는 지식으로 무엇을 할 수 있는가 → 삶에 쓸모 있는 지식을 학습한다 → 나는 학습한 지식을 알고 있다 → 내가 아는 지식으로 무엇을 할 수 있는가 → 삶에 쓸모 있는 지식을 학습한다.

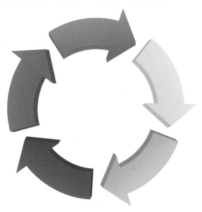

　　행사에 참여한 정○○ 학생은 국제중학교에 다닌 후, 표선고에 재학 중입니다. 학생은 IB 교육의 장점에 대해 "지식을 외우는 것이 아니라, 그 지식을 활용하는 방법을 배우는 것"이라며, "정보화 시대에 필요한 정보는 바로바로 찾아볼 수 있는데, 그 정보 중에서 필요한 정보를 구분하고 분석하고 활용하는 것이 정말 중요하다고 생각합니다"라고 말합니다. 박○○ 학생은 표선고에 진학하기 전에 갖추어야 할 것에 대한 질문에 "10권 이상의 책을 읽어보았으면 좋겠습니다. 표선고를 다니면서 느낀 점으로 문장형식이 매우 중요하다는 것을 깨달았습니다. 그 예로는 보고서나 에세이 쓰기에서 문장형식이 바탕이 잘 되어 있다면 수월하게 풀리기 때문입니다"라고 대답하며, 연구 프로젝트 글쓰기의 중요성을 강조합니다.

　　표선고 학생들은 연구 소논문 쓰기뿐만 아니라, 다양한 프로젝트를 수행하고 있습니다. 연구 소논문과 프로젝트 수행을 통해 자기 주도성을 향상하여, IB 교육이 말하는 학습자 상에 부합하는 학생으로 성장합니다. 특히 표선고의 '융합탐구 프로젝트' 산출물은 학생들이 팀을 만들어 다양한 주제의 프로젝트를 수행한 내용을 담고 있습니다. 고등학교 2학년 학생들이 만들어낸 결과물은 대학생의 결과물과 구분이 어려울 정도로 훌륭합니다. 결과물의 주제를 보면, 아래 〈표〉와 같습니다.

1. 유수(流水): 영화 시사회에 오신 걸 환영합니다.
2. Fatima
3. 프로파간다: 대중 심리를 조종하는 선전 전략
4. '타인의 고통'에 대하여
5. 유전자 편집의 기회가 있다면? 한다 vs 안 한다
6. 고등학생을 대상으로 멸종위기 동물 관심 촉진을 위한 인포그래픽, 영상매체, 동화책의 홍보 효과 고찰
7. 제주도 사고다발지역을 기반으로 소방서와 경찰서를 효율적으로 설치하는 방안에 대한 연구
8. 수도권 집중화의 원인 분석 및 해결 방안
9. 인간 허위의식의 스토리텔링: 그리스로마 신화의 현대적 변용
10. 유토피아와 디스토피아
11. 자가진단키트, 그것이 알고 싶다
12. 일상생활에서 녹조류 식물을 활용한 대기 중 CO_2 감소
13. 애국(愛國)의 의미는 무엇인가?
14. 자동차 바퀴에 열전소자를 부착했을 때의 전기에너지 활용
15. 유수분에 영향을 주는 요인은 무엇인가?
16. 구글의 음성인식 데이터 수집에 대한 법·윤리적 문제탐구

출처: 표선고등학교 홈페이지(2021).

16개의 프로젝트 중 3번 프로젝트를 살펴보겠습니다. '프로파간다: 대중 심리를 조종하는 선전 전략' 프로젝트는 제주도에서 논란이 있는 '제2공항 건설 찬반' 사례를 다루고 있습니다. 프로젝트 내용은 '주제를 주목한 이유', '프로파간다의 개념', '탐구내용', '결과 및 성찰' 등으로 구성했습니다. 프로파간다(propaganda, 선전)는 허위 사실을 바탕으로 대중의 심리를 조종하여 선전하는 전략을 의미합니다. 학생들은 프로파간다 개념을 제2공항 찬반 사례에 적용해서 탐구했습니다. 학생들이 설계한 실험은 다음 [그림]과 같습니다.

학생들은 실험 설계에 따라 주제 설정, 유인물 제작, 인터뷰 등을 수행하면서, 찬성과 반대의 입장에 대해 비판적 태도와 사고의 필요성을 강조합니다. 프로젝트 결과를 보면, 프로파간다는 영향을 주지만 무조건적 지지는 받지 못하고, 선전은 오히려 부정적인 영향을 줄 수도 있다는 결론에 도달하는 등 자신들이 성찰한 내용을 제시합니다.

실험설계

대상: 표선고 2학년 학생 10명
목적: 프로파간다는 과연 선동, 즉 사람의 생각에 대한 변화를 이끌어 낼 수 있을까?

"제주 제2공한 찬성" 의견을 담은 프로파간다 제작

↓

프로파간다를 배포하기 전에 표선고 2학년 학생 10명을 대상으로
주제에 대한 의견 제1차 인터뷰

↓

긍정적인 측면인 교통 인프라 구축, 일자리 창출, 관광 활성화에 대한
총 3개의 프로파간다 제작

↓

4일간 2학년 각 반, 2층 복도에 게시

↓

제1차 인터뷰를 진행했던 동일한 대상으로 프로파간다를 본 후 생긴 변화에 대한
제2차 인터뷰 진행

↓

결론 도출

출처: 표선고등학교 홈페이지(2021).

필자는 학생들의 프로젝트 활동 내용을 참고하여 칼럼을 쓰기도 했습니다. 칼럼 내용의 일부는 다음과 같습니다.

제주에서 개발과 보존이 공존할 방법은 무엇이 있을까. 지난해 표선고에서는 학생들이 제2공항 사례를 바탕으로 프로파간다(propaganda, 선전) 프로젝트를 발표했다. 프로파간다는 허위 사실을 바탕으로 대중의 심리를 조종하여 선전하는 전략이다. 학생들은 제2공항을 찬성과 반대하는 입장에 대해 비판적 태도와 사고의 필요성을 강조했다. 제주에서 개발과 보존이 공존할 방법을 아이들이 제시한 것이다.

출처: 제민일보(2023. 01. 09.).

IB 교육의 핵심은 연구 프로젝트 글쓰기입니다. 교육은 꼭 학교 안에서만, 꼭 교사를 통해서만 이루어지지 않습니다. 가장 중요한 주체는 학습자 자신이며, 학습자의 자기 주도성을 바탕으로 하는 학습이 효과적입니다. 오늘날 세계 교육의 방향과 IB 교육에서 말하는 학습자 상은 자기 주도성 역량을 가진 학생으로의 성장을 강조합니다. 본 책은 청소년 연구 프로젝트 글쓰기 수행을 위한 필수적 방법, 전략, 노하우, 워크북 등의 지식, 정보, 자료를 아낌없이 공유하고 도울 것입니다.

청소년을 위한 연구 프로젝트
(Research Project for Youth)

우리가 지금 직면하고 있는 문제는
그 문제가 만들어졌을 때와 같은
사고방식으로는 절대 해결할 수 없다.

- 아인슈타인 -

01

청소년을 위한 연구 프로젝트
(Research Project for Youth)란?

청소년을 위한 연구 프로젝트(Research Project for Youth: RPY)는 청소년이 사회 참여를 실행하기 위한 연구 방법(Youth Social Participation Action Research)으로 프로젝트(Project)를 수행하는 것을 의미합니다. 프로젝트는 교육 실제에서 계획, 실행, 평가, 피드백 등 일련의 과정을 통한 실천 활동으로, 문제해결의 과정에서 지식과 경험을 학습하는 것을 말합니다. 청소년을 위한 연구 프로젝트는 기존의 청소년 참여 실행 연구(Youth Participatory Action Research)와 유사한 개념과 방향성 그리고 기능을 가집니다. 독자는 참여 실행 연구에 대해서 들어본 적 있나요? 참여 실행 연구는 사회적으로 억압받는 계층(경제적 약자, 소수 유색 인종, 여성, 성적 소수자 등)을 둘러싼 사회 문제를 연구하고 교육이 이루어지는 과정을 통해 지식 창출과 사회 변화를 모색하는 행위입니다(Hall, 1992: 17; 남채봉, 2013: 34에서 재인용).

세계의 청소년들은 참여 실행 연구를 통해 많은 실천을 하고 있습니다. 미국에서는 사회, 문화, 경제적으로 소외된 흑인이나 라틴계 출신 청소년들을 주축으로 청소년 주도 참여 연구(Youth-led Participatory Research), 청소년 주도 연구(Youth-led Research), 청소년 참여 평가(Youth Participatory Evaluation), 청소년 참여 실행 연구(Youth Participatory Action Research) 등 다양한 개념을 정립하고, 청소년의 교육, 복지, 개발 등에 관한 연구를 활발하게 진행하고 있습니다(남채봉, 2013). 참여 실행 연구의 중요한 특징은 연구자를 성인 및 전문가로 한정하지 않고, 연구자와 연구 대상의 경계가 없습니다. 예를 들어, 청소년이 연구 주체로 활동할 수 있고, 연구 대상으로도 참여할 수 있습니다. 참여 실행 연구에 참여하는 청소년은 연구에 대한 아주 기본적인 지식만으로도 연구를 수행할 기회와 역량을 갖습니다.

필자는 청소년의 사회 참여를 실행하기 위한 연구 방법(Youth Social Participation Action

Research)에서 '사회(Social)'를 강조합니다. 최근 청소년의 정치 및 경제 참여는 중요한 화두로 떠오르고 있습니다. 고3은 이전 세대와는 다른 특징이 있습니다. 정치 참여의 기회가 있고, 주식과 재테크에도 관심이 많은 세대입니다. 과거 청소년은 정치와 경제 활동에서 보호 대상인 객체로 존재했습니다. 정치와 경제 활동은 청소년이 아닌, 어른들이나 하는 활동으로 인식했고, 그럴 수밖에 없는 환경이었습니다. 오늘날 청소년은 정치와 경제 활동을 포함한 다양한 활동에 참여할 수 있는 권리와 환경 속에서 살고 있습니다. 청소년은 자신을 둘러싼 사회환경에서 주체로 탐구할 수 있는 역할과 책임도 부여받고 있습니다. 즉 청소년이 주체로서 역할을 할 수 있는 시대입니다.

"그렇다면, 학교에서는 청소년이 사회에서 주체적인 역할을 할 수 있는
방법과 지식을 교육하고 있을까요?"

"그렇습니다"라고, 아무도 자신 있게 말할 수 없을 것입니다. 학교 교육이 사회 변화를 따라가지 못하는 현실 때문입니다. 원인은 교사 질의 문제가 아닙니다. 학교를 둘러싼 환경 변화에 폐쇄적인 교육 조직의 문제입니다. 조직은 개인이 바꿀 수 없지만, 구성원들의 노력으로 변화를 점차 확대할 수 있습니다. 일부 교사는 교육대학원에 진학해 학교 현장에 대한 전문성을 강화하여 조직의 혁신을 고민합니다. 또 다른 교사는 교직을 그만두고 교육학자로서 학교 현장에 기반한 연구를 하고 이론을 정립하는 역할을 하기도 합니다. 이렇듯 소수이지만 노력하는 교사가 있습니다.

이제, 청소년의 차례입니다. 청소년의 정치와 경제 참여가 이루어지는 과정을 보면, 어떤 배움을 통해 이렇게 성장했는지 궁금할 때가 있습니다. 출발점은 아동기(6세에서 12세 무렵)부터 자연스럽게 형성하는 사회적 관계입니다. 사회적 관계는 사회 참여를 통해 이루어집니다. 예를 들어, 학교에서는 주번의 역할, 미화 분장의 역할, 반장의 역할 등이 있습니다. 학급에서의 역할은 책임이 따릅니다. 반장이 되면 학급 대표로서 역할과 책임이 생깁니다. 반장은 학급회의에서 급우들의 의견을 듣고 전교 회의에 참석하여 전달하는 등의 활동을 합니다. 만약 전교 회의에서 의견을 제시하지 못해 급우들에게 불편이 발생하면 책임이 따릅니다. 이렇듯 자신을 둘러싼 학급 조직과 환경과 관계하는 활동은 사회적 관계 활동(Social Relation Activity)입니다. 청소년의 사회적 관계 활동으로 시작한 참여는 정치, 경제, 문화 등으로 점차 확장되고, 청소년은 객체에서 주체로 전환됩니다.

청소년의 사회 참여는 매우 중요합니다. 흔히 조직을 혁신하기 위해서는 아래로부터의 움직임이 필요하다는 말이 있습니다. 아래는 조직의 최하위 단위를 말합니다. 흔히 동네 문화센터에 가면 사무실 앞이나 현관 주변에서 조직도 그림을 볼 수 있습니다. 조직도의 맨 아래에는 팀(부서)과 팀(부서)의 구성원이 나열되어 있습니다. 센터 조직이 변화하기 위해서는 조직도 맨 위에 있는 '센터장'이나, 바로 아래에 있는 '과'가 아니라, 맨 아래에 있는 '팀(부서) 구성원'의 변화 목소리와 행동이 필요합니다. 하지만 오늘날 조직은 여전히 위로부터의 혁신으로 빈번하게 이루어집니다. 그 결과 아래의 동의와 동기 없는 혁신은 실패하기도 합니다. 위에서는 매번 혁신의 필요성을 강조하지만, 정작 혁신은 다람쥐 쳇바퀴 돌 듯 나아가지 못하고 제자리걸음만 하는 꼴입니다.

일반적인 조직도

```
                        센터장
              ┌───────────┴───────────┐
             1과                      2과
          ┌───┴───┐              ┌───┴───┐
         A팀     B팀            C팀     D팀

        팀장1    팀장2           팀장3    팀장4

        팀원1    팀원1           팀원1    팀원1
        팀원2    팀원2           팀원2    팀원2
        팀원3    팀원3           팀원3    팀원3
        팀원4    팀원4           팀원4    팀원4
        팀원5    팀원5           팀원5    팀원5
```

교육의 혁신은 학교 학생들의 변화를 요구하는 목소리와 행동에서 시작해야 합니다. 마찬가지로 사회의 혁신은 마을 아이들의 목소리와 행동에서 시작해야 합니다. 즉 어른들과 청소년의 움직임이 조화롭게 이루어져야 필요한 혁신의 변화를 만들어 낼 수 있습니다. 책에서 제시하는 '청소년을 위한 연구 프로젝트'는 청소년의 사회 참여 방법을 알려줍니다.

독자의 이해를 돕기 위해, 다음 절에서는 '청소년을 위한 연구 프로젝트'의 출발점인 '질적 연구 방법(Qualitative Research Method)'에 대해 살펴보도록 하겠습니다.

질적 연구 방법(Qualitative Research Method)이란?

1. 질적 연구 방법에 대한 이해

질적 연구 방법에 대한 이해는 양적 연구 방법과의 비교를 통해 접근하는 것이 효과적입니다. 일반적으로 연구 방법은 '양적 연구 방법(Quantitative Research Method)'과 '질적 연구 방법(Qualitative Research Method)'으로 구분합니다. 양적 연구 방법은 양(量)으로 표현하는 수량, 수치 따위를 가지고 연구자가 세운 가설을 증명합니다. 가설을 연구 결과로 도출한 통계 수치를 통해 검증하는 방법입니다. 질적 연구 방법은 연구자가 현상이나 개념에 깊이 들어가서 사람들의 이야기를 통해 개념과 현상을 분석적으로 보여주는 방법입니다. 다음 〈표〉는 많은 학자를 통해 나타난 각 연구 방법의 패러다임, 배경 철학, 연구 성격 및 목적, 분석 접근 등의 내용을 비교·정리하여 보여줍니다. 〈표〉에서 제시한 내용은 학술적 용어를 사용하고 있어서 다소 이해하기 어려울 수 있습니다. 〈표〉를 참고로, 필자가 쉽게 설명하겠습니다.

먼저, 패러다임은 한 시대를 대표하는 큰 그림을 보여주는 체계나 틀을 말합니다. 연구자들이 현상을 분석하고자 할 때 주로 사용한 '시대의 대세', '트렌드(Trend)'를 '패러다임'이라고 이해하기 바랍니다. 양적 연구 방법의 구조기능적 패러다임은 현상을 볼 때 구조적이고 기능적인 차원으로, 체계적인 접근이 중요하게 이루어지는 것을 의미합니다. 반면에 질적 연구 방법의 해석적 패러다임은 현상을 볼 때 현상이 가지고 있는 본질에 대한 해석적 접근을 의미합니다. 제2차 세계대전(1939~1945년) 이후, 그리피스(Griffiths) 학자는 미국의 논리 실증주의적 접근으로 구조기능적 패러다임을 강조했으며, 당시 패러다임에 따라 양적 연구 방법을 주로 사용합니다. 이후 1970년대 그린필드(Greenfield) 학자는 기존의 구조기능적 패러다임으로 대표하는 논리실증주의적 접근을 비판하고, 해석적 패러다임

양적 연구 방법과 질적 연구 방법

구분	양적 연구 방법	질적 연구 방법
패러다임	구조기능적 패러다임	해석적 패러다임
배경 철학	논리실증주의	현상학
가정	사회적 사실은 객관적인 실재를 가짐 (변인 파악과 변인 간 관계 측정이 가능)	실재는 사회에서 구성됨 (복잡한 사회에서 변인은 설정하기 어려움)
연구 성격	객관적인 정보의 산출	현상의 질(왜(why), 어떻게(how) 질문에 대한 답을 구명
연구 목적	예측과 재현	(특정한 맥락, 상황에 대한) 이해와 해석
분석 접근	연역적인 분석	귀납적인 분석
연구 논리	• 통제와 확실성의 원리 • 경험적으로 증명할 수 있는 법칙·명제의 구성 • 가치 중립된 객관적 지식의 추구 • 효율성과 경제성의 중시 • 사회 현상을 자연현상으로 간주	• 대화에 의한 이해와 의사소통의 강조 • 인간을 능동적인 지식 창출자로 봄 • 일상생활 속에 담겨져 있는 의미와 가정을 중요시 • 간주관적으로 구성된 현실과 그것의 사회적 맥락을 중시 • 언어생활 속에 포함된 의미에 관심
연구자·연구 참여자 관계	분리 가능	상호영향이 필연적인 존재
연구자의 가치 개입	체계적인 연구 설계를 통해 막을 수 있음	필연적으로 개입될 수밖에 없음
연구 방법	가설의 검증과 반증: t검정, 상관분석, 요인분석, 회귀분석, 구조방정식 등	자연주의적 질적 방법: 사례연구, 실행연구, 문화기술지, 현상학 연구, 근거이론, 생애사적 연구, 내러티브 탐구 등

출처: 김영천 외(2019: 22); 신현석(1994: 98); 유기웅 외(2019: 32-44); Wills(2007: 188-203)에서 재구성.

인 현상학적 접근을 주장합니다. 그린필드는 사회 현상이 더욱 복잡해지는데 이를 구조적, 기능적으로 접근하는 것은 한계가 있다고 말합니다. 이후 연구 방법론적 갈등과 혼란은 오늘날까지도 이어지고 있습니다.

연구 방법론에 관한 갈등과 혼란은 소모적입니다. 연구자가 사회 현상의 본질을 알기 위해 적절한 연구 방법을 사용하면 간단하게 해결할 수 있는 문제이기 때문입니다. 만약 연구자가 사회 현상을 분석하고 해결방안을 도출하고자 하는데, 양적 연구 방법만으로는 한계가 있다면, 또는 질적 연구 방법만으로는 한계가 있다면, 양적·질적 연구 방법을 모두

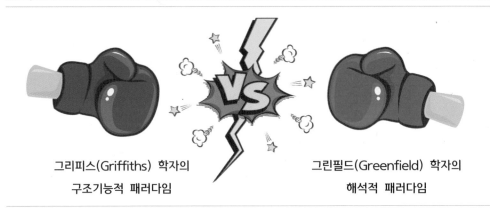

그리피스(Griffiths) 학자의
구조기능적 패러다임

그린필드(Greenfield) 학자의
해석적 패러다임

적용한 혼합연구방법(양적 연구 방법 + 질적 연구 방법)을 사용하는 방법도 있습니다. 즉 연구에서 중요한 것은 연구 방법의 선택 문제가 아니라, 현상 자체입니다. 연구 방법의 선택은 현상에 접근하는 연구자의 몫입니다.

다음으로, **연구자와 연구 참여자와의 관계**를 보면, 양적 연구 방법에서는 연구자와 연구 참여자를 분리가 가능한 것으로 보고 대상화하지만, 질적 연구 방법은 두 주체 간 상호작용이 필연적으로 존재합니다. 연구 방법에 따른 데이터 분석 과정을 보면, 양적 연구 방법은 주로 설문 조사를 통해 문항당 1부터 5까지 숫자로 체크된 데이터를 모아서 분석합니다. 질적 연구 방법은 연구 참여자와 만나 인터뷰를 하고, 행동을 관찰하는 등의 과정을 기록한 데이터로 분석합니다. 따라서 질적 연구 방법에서는 연구 대상이라는 표현보다, 연구 참여자라는 표현을 사용합니다.

또한, 일반적으로 **양적 연구 방법**은 체계적인 설계를 통해 **연구자의 가치 개입 없이** 가설을 객관적으로 검증할 수 있다고 합니다. 반면에, **질적 연구 방법은 연구자의 가치 개입이 필연적입니다.** 질적 연구 방법은 연구 문제를 설정하고 인터뷰를 하기 위한 질문지를 만드는 등의 연구 과정에서 연구자의 가치는 자연스럽게 개입합니다. 그러나 앞서 개입이 없다고 이야기되는 양적 연구 방법도 가설을 세우고 통계 분석을 하는 등의 과정에서 연구자의 개입은 자연스러운 일입니다. 실제로 일부 연구자는 통계 분석 과정에서 설문 조사 대상자 선정을 조작적으로 수행하여 연구자가 의도한 결과가 나올 수 있도록 운영하는 잘못된 행위를 하기도 합니다. 생각해보면, **연구자의 가치가 개입하지 않은 연구는 없는 것 같습니다.**

흔히 '통계의 거짓말', '통계의 함정', '통계의 오류'라는 말을 한 번쯤 들어봤을 것입니다. 예를 들어, 뉴스에서 통계 수치를 근거로 자신의 의견을 전달하는 정치가, 기업가, 언론인 등을 볼 수 있습니다. 그들 중 일부는 자신에게 유리하도록 조작한 통계 수치를 근거로 제시합니다. 언론사는 선거 기간이 다가오면 유력 후보들의 지지율 관련 여론 조사 결과를 발표합니다. 문제는 언론사마다 지지율 간 큰 차이가 발생하는 상황입니다. 이렇듯 주체(연구자)의 가치가 개입되지 않는 100% 객관적인 데이터와 연구는 없습니다. 중요한 것은 대표성 있는 연구 참여자들과 타당한 연구 과정을 거쳐, 최대한 객관성을 가진 연구결과를 보여주기 위해 노력하는 연구자의 자세입니다.

질적 연구 방법은 왜(why), 어떻게(how) 등의 질문을 통해 현상에 대한 답을 구하고, 특정한 맥락과 상황에 대한 이해 및 해석에 접근하는 연구 방법입니다. 앞서 설명한 것처럼, 객관적으로 존재하는 현상을 거부하고, 개인의 주관적인 인식과 가치에 따라 구성한 의미로서의 현상과 인간의 상호작용에서 비롯한 합의된 의미로서의 현상을 강조합니다. 특히 질적 연구 방법은 주관성과 상대성의 가치를 인정하는 유연성을 통해, 현상에 대한 유연한 접근이 가능합니다. 현상은 문화기술지, 근거이론, 사례연구, 현상학 연구, 실행연구 등의 방법으로 접근하여 해석할 수 있습니다. 한편 양적 연구 방법은 객관적인 정보를 산출하는 성격과 예측 및 재현을 위한 목적이 있습니다. 따라서 양적 연구 방법은 한 개인의 주관적인 의견에서 나아가 어떤 객관성을 증명하는 방법으로, 자료의 특징을 수치로 산정한 통계 자료를 통해 이루어지는 연구 방법입니다.

양적 연구 방법과 질적 연구 방법은 수학 시험과 논술 시험에 비유하면 이해하기 더욱 쉽습니다. 수학 시험지를 받고 문제의 정답이 있을 것으로 예측한 수험자는 수학 공식이라는 도구를 사용해 문제를 풀고 답안을 선택 및 작성합니다. 작성한 답이 이미 존재했던 답(가설)과 일치하면, 수험자의 답을 통해 수학 문제에 이상이 없음이 증명됩니다. 즉 양적 연구 방법은 수험자가 문제의 답이 반드시 있을 것이라는 자신의 예측에 대해, "문제를 풀어보니 답이 나왔어. 나의 예측이 맞아. (또는 나의 예측이 틀렸어) 이렇게 숫자(Number)가 보여주잖아"라고 말하는 것입니다. 반면에 논술 시험은 주어진 지문과 문제를 읽고 수험자의 메시지를 일반적으로 서론, 본론, 결론의 형식으로 제시합니다. 이를 질적 연구 방법에 적용해 보면, 연구자는 관심이 있는 사회 현상을 중심으로 주제를 설정하고, 연구 과정을 통해 현상에 접근하여 대표성 있는 연구 참여자의 목소리를 분석해 형식에 맞게 기술합니다. 특히 논술 시험(질적 연구 방법)과 수학 시험(양적 연구 방법)의 가장 큰 차이는 분석 도구입니다. 수학 시험은 수학 공식이라는 도구를 활용해 문제를 푼다면, 논술 시험은 수험자 자신이 도구가 되어 문제를 풉니다. 이렇듯 많은 연구자는 양적 연구 방법과 질적 연구 방법 간 차이를 고려하여 연구 도구를 선택하여 사용합니다.

연구자는 관심이 있고 해결하고 싶은 '현상'에 따라 적절한 연구 방법(도구)을 선택해서 사용합니다. 청소년 연구 프로젝트는 청소년이 사회 현상에 관심을 가지고 깊숙이 들어가서 사고하는 학습 과정과 경험을 위해 개발한 연구 도구입니다. 따라서 청소년 연구 프로젝트의 뿌리라고 할 수 있는 질적 연구 방법에 대한 이해가 중요합니다.

2. 질적 연구 방법의 7가지 특징

질적 연구 방법의 대표적인 학자로 Robert K. Yin 박사[1]가 있습니다. Yin 박사는 질적 연구의 다섯 가지 특징을 제시합니다(Yin, 2011). 필자는 Yin 박사가 제시한 특징을 보완하고 두 가지 특징을 더하여, 아래와 같이 **'질적 연구의 7가지 특징'**을 제시합니다.

질적 연구 방법의 7가지 특징

1. 질적 연구 방법은 현실 세계 속에서 다수에 의해 가려진 소수의 삶이 가진 가치와 의미를 연구합니다.
2. 질적 연구 방법은 사람들(연구 참여자)의 견해와 관점을 포착하여 제시합니다.
3. 질적 연구 방법은 사람들이 사는 세상의 다양한 요인과 맥락을 보여줍니다.
4. 질적 연구 방법은 인간의 사회적 행동과 현상을 설명하는 데 도움이 될 만한 기존의 개념 또는 새로 등장하는 개념에 대한 통찰력을 제공합니다.
5. 질적 연구 방법은 단일한 자료 출처에 의존하기보다는 다양한 자료 출처를 확보하려 노력합니다.
6. 질적 연구 방법은 현상이 가진 본질에 접근하도록 돕습니다.
7. 질적 연구 방법은 연구자와 연구 참여자가 함께 수행합니다.

---

1 Yin 박사는 200여 편에 달하는 연구를 수행했으며, 대부분의 주제는 질적 연구입니다. 그는 사회과학 연구를 주로 하는 코스모스사(COSMOS Corporation)의 대표를 맡고 있습니다. 최근 국제연합 개발 계획(United Nations Development Programme: UNDP)의 위촉을 받아 UNDP 직원들이 프로그램 평가에 질적 연구를 적용할 수 있도록 돕는 역할을 수행하고 있습니다. 또한 매사추세츠 공과대학교 (MIT) 도시공학과에서 연구 방법 과목을 강의해 왔으며, 코펜하겐 대학교에서 박사과정 학생들의 논문을 지도하고 있습니다. 현재 아메리칸 대학교(American University) 국제학부의 석좌 상임학자이기도 합니다. Yin 박사는 지금까지 6권의 책을 집필하고, 4권의 책을 편집했으며, 100편에 달하는 학술지 논문을 발표했습니다. 그의 연구는 초등 및 중등 교육과 중등 이후 교육, 건강 증진, HIV/AIDS와 물질남용 예방, 조직개발과 프로그램 평가, 마을과 공동체 및 도시개발, 기술혁신과 의사소통 등의

첫째, 질적 연구 방법은 현실 세계 속에서 다수에 의해 가려진 소수의 삶이 가진 가치와 의미를 연구합니다.

　만약 연구자가 만들어 놓은 틀과 질문에 따라 연구 참여자의 일상을 기록한다면, 적절하지 못한 일상을 기록할 가능성이 있습니다. 예를 들어, 연구자가 통계 결과에 따라 평균값으로 나타난 다수의 의견을 바탕으로, 연봉이 1억인 사람이 2천만 원인 사람보다 삶의 행복감과 만족감이 높다는 틀과 질문을 한다면 어떤 일이 발생할까요. 연봉을 기준으로 본다면, 2천만 원을 받는 사람과 1억을 받는 사람의 실제 생활 모습은 다를 가능성이 있습니다. 하지만 연봉의 차이는 개인의 행복과 불행으로 판단할 수 있는 기준으로 적절하지 않을 수 있습니다. 저마다의 삶이 가진 가치와 의미에는 차이가 있기 때문입니다. 따라서 연구자가 만들어 놓은 가설(연봉이 높을수록 삶의 행복감과 만족감이 높다)을 바탕으로 한 틀과 질문은 2천만 원 연봉을 받는 사람의 삶의 가치와 의미를 제대로 기록하기 어렵습니다. 더하여, 연봉 1억을 받는 연구 참여자보다 2천만 원을 받는 연구 참여자가 더 행복감을 느끼는 사례에는 접근조차 못 할 것입니다. 질적 연구 방법은 한 사람으로부터 출발합니다. 질적 연구 방법은 소수의 삶에 침범하지 않고 가치와 의미에 접근하는 방법입니다. 한 사람의 세계가 전부일 수도 있고, 다른 연구 참여자와 함께 그들만의 세계가 가진 가치와 의미를 보여줄 수도 있습니다.

> "질적 연구 방법은 빠르고 복잡하며 경쟁 우위의 사회에서
> 보이지 않는 가치와 의미를 연구하는 도구입니다."

둘째, 질적 연구 방법은 사람들(연구 참여자)의 견해와 관점을 포착하여 제시합니다.

　질적 연구 방법은 사람들(연구 참여자)의 말과 행동을 통해서 견해와 관점을 포착하는 것이 중요합니다. 연구 참여자가 질문에 뭐라고 답하는지, 현장에서 어떤 행동을 하는지, 행동한 이유에 대해서 뭐라고 말하는지 등에 대해 인터뷰를 반복합니다. 이 과정을 통해 연구 참여자의 견해와 관점을 포착하고 분석합니다. 그 결과 연구자가 예상했던 견해와 관점이 아니라, 연구 참여자가 실제 현장에서 경험하고 있는 현상과 경험에 대해 의미를 부여할 수 있습니다.

　광범위한 영역을 다루어 왔습니다(Yin, 2011).

> "질적 연구 방법은 사회 현상 속 사람들로부터
> 의미 있는 포착을 하는 과정입니다."

셋째, 질적 연구 방법은 사람들이 사는 세상의 다양한 요인과 맥락을 보여줍니다.

질적 연구 방법은 사람들의 삶에 영향일 미치는 사회적·제도적·환경적 이야기를 다룹니다. 우리의 삶은 다양한 영향 요인을 통해 이루어집니다. 내가 사는 마을에는 어떤 어른들이 살고, 마음 편히 이용할 수 있는 도서관과 문화시설은 무엇이 있는지, 새롭게 시행하는 교육정책과 함께 대학 입학은 어떻게 변화하고 있는지, 아니면 꼭 대학을 다니지 않아도 인간답게 살 수 있는 사회인지 등 우리 삶은 크고 작은 다양한 요인으로부터 영향을 받습니다. 이렇듯 오늘날 사회는 다양한 요인과 맥락으로 인해 복잡하고 예측하기 어려운 세상입니다.

> "질적 연구 방법은 복잡한 세상 속 사람들의 삶에 영향을 미치는
> 다양한 요인과 맥락에 접근하는 연구 방법입니다."

넷째, 질적 연구 방법은 인간의 사회적 행동과 현상을 설명하는 데 필요한 기존의 개념 또는 새로 등장하는 개념에 대한 통찰력을 제공합니다.

질적 연구 방법은 사회적 행동과 현상을 기존의 개념에 적용하거나, 새로운 개념을 만들어서 설명할 수 있는 통찰력을 제공하는 연구 방법입니다. 예를 들어, 기존의 교육공동체 개념은 학교 중심으로 접근하는 경향이 있었습니다. 이후 혁신학교 운영과정에서 점차 학교와 지역사회 간 협력적 관계의 현상이 나타나면서, 협력적 관계를 중심으로 하는 교육공동체의 접근이 이루어지고 있습니다. 이 현상을 통해, 연구자들은 교육공동체와 관련한 다양한 질적 연구를 수행하여 교육공동체 개념에 대한 또 다른 관점의 통찰력을 제공합니다. 통찰은 교육에 대한 책임, 권한, 전문성이 학교에 있다는 기존의 지배적인 관점을, 학교·지역사회·가정이 함께 이루어내야 한다는 관점으로 전환을 이루어냅니다.

> "질적 연구 방법은 인간의 사회적 행동과 현상을 설명하기 위해
> 도움을 주는 개념을 정립하는 데 통찰력을 제공합니다."

다섯째, 질적 연구 방법은 단일한 자료 출처에 의존하기보다는 다양한 자료 출처를 확보하려 노력합니다.

질적 연구 방법은 현실 세계의 다양한 환경과 모습 속에 있는 사람들의 이야기를 보여주기 위해 노력합니다. 이를 위해서는 면담, 관찰, 문헌 등의 다양한 자료를 수집합니다. 만약 연구자가 단일한 자료를 가지고 연구를 수행한다면, 연구의 대표성과 신뢰성을 확보하기 어렵습니다. 또한, 단일한 자료를 통해 현상의 단면만을 분석한 내용에서 얻은 통찰력은 다양한 사회적 행동과 현상을 설명하는 데 한계가 있습니다.

> "질적 연구 방법에서 도출한 결론이 통찰력을 얻기 위해서는
> 많은 자료를 확보하여 다양성을 수반할 수 있도록 노력해야 합니다."

여섯째, 질적 연구 방법은 현상이 가진 본질에 접근하도록 돕습니다.

질적 연구 방법은 연구자 중심이 아닌 연구 현상을 중심으로, 연구 참여자와 현상이 가지고 있는 본질에 최대한 온전하게 접근하는 방법입니다. 연구자는 연구를 설계하면서 목적과 문제를 설정합니다. 그 과정에서 연구 참여자를 틀 속에 가두고 접근하는 오류를 범하기도 합니다. 특히 양적 연구 방법은 연구자가 설정한 연구 가설을 많은 연구 대상에게 설문 조사를 수행하여, 자신의 가설을 검증합니다. 그 결과 연구자는 자신이 설계한 연구의 틀 속에 현상을 가두는 제한적인 접근을 하여, 현상의 본질에 접근하는 데 한계를 가집니다. 반면에 질적 연구 방법은 연구 현상을 중심으로 수행되어, 연구의 틀로 인하여 나타난 제한점을 보완하고 해결하는 역할을 합니다. 그런데도 최근까지 연구는 질적 연구 방법보다 양적 연구 방법을 수행한 연구물의 양이 절대적으로 많습니다. 현상이 가진 본질에 대한 접근이 필요한 이유입니다.

> "질적 연구 방법은 연구 참여자와 현상을 최대한 있는 그대로
> 관찰하고 기록하며 분석하여 본질에 가까이 접근하는 연구 방법입니다."

일곱째, 질적 연구 방법은 연구자와 연구 참여자가 함께 수행합니다.

많은 연구는 연구자를 중심으로 이루어집니다. 일부 연구에서는 연구 참여자를 '연구 대상'이라고 부르며, 도구적 역할로 제한하기도 합니다. 양적 연구 방법에서 연구 대

상은 가설 검증을 위해 필요한 통계 데이터(사람들의 인식을 수치화한 내용)를 의미합니다. 반면에 질적 연구 방법에서는 연구 대상이 없습니다. 연구자와 연구 참여자 간 파트너십을 통해 수행하기 때문입니다. 질적 연구자는 자신이 잘해서 좋은 연구 결과가 나왔다고 말하지 못합니다. 연구 참여자의 중요성을 알기 때문입니다. 심지어 연구자의 지식과 통찰력이 떨어져도 연구 참여자가 좋으면 충분히 의미 있는 연구를 할 수 있습니다.

<blockquote style="text-align:center;">"질적 연구 방법은 연구자와 연구 참여자 간 파트너십이 중요합니다."</blockquote>

> "(질적 연구 방법 중) 실행연구는 연구자와 연구 참여자들의 상호작용과 소통을 통해서 이루어진다. 실행연구는 연구자와 연구 참여자가 연구의 주체와 대상이라는 관계가 아닌, 공동 연구자(Co-researcher)이자 문제 해결의 동반자(Partner)라는 관계성을 토대로 긴밀한 협력을 전제로 하는 활동이다."
>
> 출처: Stringer, 2004; 유기웅 외, 2019: 64에서 재인용

3. 질적 연구 방법의 5가지 유형 - 질적 연구 방법에 대한 접근

질적 연구 방법은 복잡한 사회 현상만큼 분석 및 해석의 과정도 다양합니다. 질적 연구 방법의 유형에는 문화기술지, 근거이론, 사례연구, 현상학 연구, 실행연구 등이 있습니다. 구분 기준은 연구의 필요성, 연구의 목적, 연구 문제, 연구 문제를 해결하는 방법(자료 수집, 자료 분석 등) 등입니다.

우선, 질적 연구를 수행하는 연구자는 현상에 대해 정해진 답이 없다는 인식을 해야 합니다. 질적 연구 방법은 탐구하고자 하는 현상, 연구자의 관점에 따른 연구 문제, 문제를 해결하기 위한 접근 방법 등에 따라 다양한 접근을 할 수 있습니다. 주의할 점은 연구자가 특정한 연구 방법 유형에만 집중해서는 안 된다는 것입니다. 연구에서 가장 중요한 것은 연구자가 접근하고 있는 현상의 본질이며, 해결하고자 하는 연구 문제입니다. 따라서 연구자는 특정한 연구 방법만을 가지고 현상에 접근하는 것이 아니라, 현상에서 요구 및 필요한 연구 방

법을 유연하게 적용하여 연구를 수행해야 합니다.

본 절에서는 질적 연구 방법의 5가지 유형을 분석한 후, 청소년을 위한 연구 프로젝트 실행 6단계를 제시합니다. '청소년 연구 프로젝트'는 기존의 질적 연구 방법 유형 5가지 중 하나를 특정해서 제시하지 않습니다. 청소년 연구자가 발견한 현상, 문제 인식, 연구 주제 등을 탐구하기 위해서는 다양한 연구 방법을 알고 유연한 접근이 필요하기 때문입니다. 한편, 일부 연구자는 연구를 시작도 하기 전에 연구 방법 공부에 매몰되어 허덕입니다. 그 이유는 연구 현상, 주제, 문제에 접근하기에 앞서 연구 방법에 관한 공부에 빠지기 때문입니다. 연구 주제와 문제도 명확하지 않은 상황에서 연구 방법에만 집중하니까, 자신의 연구에 대한 확신을 갖지 못하면서, 연구 자체를 어렵게 인식하기도 합니다. 끝이 없을 연구 방법 공부에서 벗어나지 못하고, 결국 연구를 어려워하는 사람을 보면 안타까울 때가 많습니다.

앞서 말했듯이, 연구자가 조금 부족해도 연구 참여자를 통해 훌륭한 연구를 할 수도 있습니다. 또한, 연구자는 연구를 시작하면서 특정한 방법을 정했더라도, 사회 현상은 복잡하고 변화 가능성이 있어서, 자신이 처음 선택한 방법으로는 해결할 수 없는 문제를 마주합니다. 연구 과정에서 흔히 있을 수 있는 자연스러운 상황입니다. 그러나 일부 연구자는 연구를 포기하거나, 자신이 선택한 연구 방법으로 문제를 자의적으로 분석 및 해석하여 해결하려는 잘못된 연구를 수행하기도 합니다. 예컨대, 연구자는 연구 방법을 사례연구라고 생각하고 수행하고 있는데, 그 과정에서 사례연구가 아니라 현상학 연구 방법으로 접근해야 하는 상황이 발생하기도 합니다. 연구자는 어떻게 해야 할까요? 답은 정해져 있습니다. 현상학 연구로 수행해야 합니다. 하지만 연구를 진행하는 과정에서 연구 방법을 바꾸는 일은 쉽지 않은 결정입니다. 야구 경기가 한창 진행 중인데 주심을 바꾸는 것이고, 국어 수업이 진행 중인데 갑자기 수학 수업으로 바뀌는 것과 같은 상황입니다.

왜 이런 일이 일어날까요? 연구자들은 다양한 질적 연구 방법을 제시하고 있습니다. 하지만 끊임없이 변화하는 사회 현상은 기존의 연구 방법만으로는 분석이 어려운 경우가 많습니다. 문제는 연구자가 기존에 만들어진 질적 연구 방법의 5가지 유형을 자신의 연구 틀로 생각하는 매우 흔한 상황에서 나타납니다. 정해진 틀에 맞춰 사회 현상을 선택적으로 보기 때문입니다. 연구자가 자신이 선택한 검은색 안경을 끼고 사회 현상을 보기 시작하면서, 검은색이 사회 현상의 전부인 것처럼 관찰하고 분석한 경우와 같습니다. 이와 마찬가지로, 다른 연구자는 빨간색 안경을 끼고 사회 현상을 보기 시작하면서, 빨간색이 전부인 것처럼 분석하고 이야기합니다. 사회 현상의 본질은 검은색, 빨간색, 노란색, 초록색, 파란색 등 다양한 색의 모습이 존재하는데, 연구자는 자신이 쓴 색안경으로 바라본 세상만을 이야기하는 꼴입니다. 사회 현상은 연구 방법(색안경)의 틀에 맞춰서 연구자가 분석할 수 있도록 친절하게 나타나지 않습니다. 연구자가 연구 방법을 사회 현상에 따라 다각적으로 적용해야 하는 이유입니다. 이렇듯 우리 사회는 하루가 다르게 계속 변화합니다. 사회 현상은 정치, 경제, 사회, 문화 등 많은 영역에서 다양한 사람들의 관계, 의도, 가치 등에 영향을 받으며 나타나기 때문에 복잡하고 변화 가능성이 높습니다. 빠르고 복잡한 사회의 변화 속도만큼, 현상을 탐구하는 연구 방법도 변화해야 합니다.

다음으로 기존의 5가지 질적 연구 방법의 유형에 대해서 살펴보고, 각 유형을 종합해서 만든 '청소년을 위한 연구 프로젝트'를 함께 학습하도록 하겠습니다.

질적 연구 방법의 5가지 유형

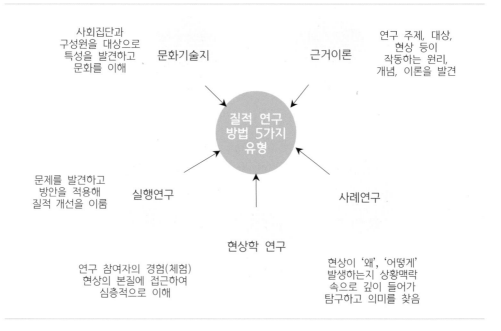

가. 문화기술지(Ethnography)

문화기술지(Ethnography)는 연구자가 관심이 있는 특정 사회집단과 구성원을 대상으로 특성을 발견하고 문화를 이해하는 과정을 탐색하는 연구 방법입니다. 문화기술지라는 명칭에서도 알 수 있듯이, 연구자는 '문화'에 초점을 두고 집단에 깊이 들어가서 발견한 현상과 특성을 '기술'합니다. 문화기술지 연구자는 인간을 사회적 관계와 문화적 전통 속에서 정체성을 이루고 삶을 살아간다고 보는 관점을 가지고(김영천·이현철, 2017), 특정 사회집단과 구성원을 이해하기 위해서 문화에 접근합니다. 문화는 '1+1=2'와 같이 개인과 개인의 결합이 곧 문화라는 식의 단순한 결합이 아닙니다. 문화를 이해하기 위해서는 '1+1=3', '1+1=4' 등과 같이 이해하기 어려운 현상을 설명할 때 좋은 방법입니다.

오늘날 개인은 복잡한 세상 속에서 살고 있습니다. 지금도 무수히 많고 다양한 환경 요인으로부터 영향을 받고 있습니다. 복잡한 세상은 개인이 모여 만들어진 사회집단도 다양한 형태의 문화를 갖도록 합니다. 개인과 집단은 복잡한 세상 속에서 살아남기 위해 점차 변화하는 움직임을 보이고, 움직임은 문화로 나타납니다. 루스 베네딕트(Ruth Benedict)는 『문화의 패턴(2008)』에서 물(H_2O)을 통해 인간과 집단의 특성을 다음과 같이 설명한 바 있습니다(김영천·이현철, 2017: 117에서 재인용). 물(H_2O)은 수소(H) 2개와 산소(O) 1개가 합쳐진 물질입니다. 그렇다면 물은 수소와 산소만의 성질만을 가지고 있을까요? 그렇지 않습니다. 물은 수소와 산소에서 발견할 수 없는 또 다른 특성을 갖습니다. 마찬가지로, 사회집단은 단순히 각 개인의 합으로 만들어지는 것이 아니라, 사회집단만의 특성, 상황, 맥락을 가지고 문화를 형성하며 만들어집니다.

따라서 문화기술지는 특정 사회와 집단을 구성하는 개인들이 공유하는 언어, 행동, 태도 등의 패턴 성향을 통해 문화를 관찰하고 설명하고자 하는 연구자가 사용하는 연구 방법입니다. 연구자는 문화기술지 연구를 통해 사회집단 및 구성원으로부터 나타나는 패턴을 발견하고, 의미를 탐색하며, 문화를 탐구합니다. 문화기술지는 다음과 같은 절차를 통해 수행합니다. 먼저, 문화기술지는 사회집단이 작동하는 방법으로 권력, 저항, 지배 등과 같이 집단에서 발생하는 이슈들 탐색하고, 집단 구성원들이 공유하고 있는 언어, 행동, 태도 등의 패턴을 발견합니다. 다음으로, 특정 사회집단과 관련한 문화적 주제나 이슈 혹은 이론들을 선택합니다. 연구자가 선택한 주제, 이슈, 이론 등은 연구를 도울 수 있는 '열린 지향점' 또는 '열린 틀'을 보여줍니다. '열린 지향점이자 틀'이라고 표현한 이유는 연구자가 선택한 주제, 이슈, 이론 등은 문화 현상에 따라 변화 가능하다는 의미입니다. 문화기술지 연구 방법에서 정보 수집은 집단이 작동하고 구성원(개인)이 생활하는 맥락과 환경에서 이루어집니다. 대표적인 예로, 참여관찰(Participant Observation)방법이 있습니다. 참여관찰은 연구자가 사회집단에 깊숙이 들어가 장기간의 관찰, 면접 등을 수행하고 기록하여 정보를 수집하는 방법입니다. 문화기술지 연구의 마지막 단계에서는 분석의 최종 산물로서 규칙이나 패턴의 체계를 제시합니다. 최종 산출물은 연구자의 관점(외부자 관점)과 연구 참여자의 관점(내부자 관점)을 통합한 접근으로, 사회집단과 구성원(개인)이 가지고 있는 문화를 총체적으로 묘사한 내용을 담고 있습니다(Creswell, 1998).

 청소년을 주제로 한 문화기술지 연구 사례 · · · · · · · · · · · · · · · · · · ·

권정민(2021)은 '청소년 유튜버는 어떠한 무형식학습을 하는가?'를 주제로 문화기술지 연구를 했습니다. 연구자는 자녀의 유튜버 활동을 약 9개월간 참여관찰하고, 공식적·비공식적 인터뷰한 내용을 수집하여 문화기술지 방법으로 연구 및 기술하였습니다.

연구 결과, 청소년 유튜버인 E는 다음과 같은 분야에서 무형식학습을 경험하였습니다. 1) 디지털 리터러시, 2) 읽기, 쓰기, 말하기, 3) 설문조사, 통계 분석 및 결과 활용, 4) 알고리즘에 대한 이해와 활용, 5) 성공적인 유튜브 채널 운영 방법, 6) 온라인에서의 각종 문제에 관한 대처 방법, 7) 비판적 미디어 리터러시. 이 중 비판적 미디어 리터러시는 앞의 여섯 가지 경험의 합이 E에게 가져온 변화였습니다. 콘텐츠를 소비자로서의 관점으로만 보다가 유튜버가 된 이후 생산자로서의 관점으로 보게 되자 미디어에 대한 비판적 사고가 엿보이기 시작했습니다. 이외에도 E는 악플러에 대한 대처, 다양한 삶에 대한 이해 등을 경험하였습니다.

본 연구는 가정 내에서 일어나는 일을 문화기술지 방법으로 연구하였지만, 이 연구는 개인사를 넘어 현대사회에서 청소년들이 어떤 무형식학습을 하는지에 대해 이해하고자 하였습니다.

본 연구의 의의는 다음과 같습니다. 1) 국내 유튜브와 학습 관련 연구에 근거기반의 새로운 지식을 더하며 2) 문화기술지와 장시간 참여관찰 방법을 통해, 제3자가 인터뷰만으로는 알기 어려운 가정 구성원만이 알 수 있는 지식을 생산할 수 있었고, 3) 유튜브의 소비자가 아닌 생산자로서의 학습자를 연구했으며, 4) 학습자를 적극적으로 지식을 생산 해내는 주체로 봄으로써 유튜브의 교육적 활용을 다른 맥락에서 접근하였다는 점에서 의의가 있습니다.

권정민(2021). 청소년 유튜버는 어떠한 무형식학습을 하는가?.

한국초등교육, 32, 121-141.에서 발췌함.

나. 근거이론(Grounded Theory)

근거이론(Grounded Theory)은 연구자가 관심이 있는 연구 주제, 대상, 현상 등이 작동하는 원리, 개념, 이론을 발견하는 연구 방법입니다. 근거이론은 명칭에서도 알 수 있듯이, '근거

(Grounded)'를 기반으로 '이론'을 형성합니다. 근거는 이론을 도출하기 위해 주제, 대상, 현상 등과 관련하여 수집한 데이터를 의미합니다(유기웅 외, 2019: 52). 따라서 근거이론은 연구자가 관심이 있는 주제, 대상, 현상, 원리 등과 관련하여 수집한 많은 데이터를 통해 일반적인 성질을 찾아내고, 이론을 발견 및 생성하는 연구 방법이라고 정의할 수 있습니다. 특히 근거이론은 예측이 어렵고 복잡하게 얽혀 있어서 간명하게 설명하기 어려운 오늘날 사회 현상을 이해하는 데 도움을 줍니다. 연구자는 근거이론 방법을 통해 사회 현상에 접근할 수 있는 대안과 방안을 얻을 수 있습니다.

이렇듯 근거이론은 연구를 통해 사회 현상이 가진 맥락(과정, 상황, 전략, 유형 등)과 구체적인 사건(일)을 통해, 최대한 실제적인 설명력을 가질 수 있는 이론에 접근합니다. 접근을 위한 연구 문제 및 물음은 아래 내용에 기초합니다.

- 탐구 주제 현상에 존재하는 행위자들은 어떤 행동/상호작용을 보이는가?
- 이들의 행동/상호작용은 시간 흐름에 따라 어떻게 드러나는가?
- 이들이 보이는 일련의 행동/상호작용은 어떤 조건에 의해서 나타나는가?
- 이러한 행동/상호작용에 의해서 어떤 결과가 나타나는가?
- 이상의 물음에 대한 답들은 어떻게 통합되어 구성될 수 있는가?
- 이상의 물음에 대한 답들을 통합하여 정리하였을 때 그것은 결국 어떤 의미인가?

출처: 유기웅 외(2019: 54).

위에서 제시한 연구 문제 및 물음을 풀어가는 과정은 체계적이고 분석적인 설명 방식을 요구합니다. 따라서 근거이론은 다른 질적 연구 방법보다 매우 체계적이고 분석적으로 이루어지는 특징이 있습니다. 근거이론의 체계적·분석적 접근은 청소년을 위한 연구 프로젝트의 자료 수집 및 분석에서 적용하고 있습니다.

청소년을 주제로 한 근거이론 연구 사례 ·

정재민(2010)은 '청소년 팬덤 현상에 대한 근거 이론적 접근'을 주제로 근거이론 연구를 했습니다. 연구자는 총 4명의 연구 참여자들을 팬덤 현장에서 만나 심층면접을 하였고 이를 녹음하고 전사하여 근거이론 과정에 따라 분석하였습니다.

연구 결과는 다음과 같습니다. 참여자들은 대중 스타를 알게 되는 경로는 TV, 인터넷, 또래관계 등 다양한 요인들을 통해 대중 스타를 알게 되었습니다. 대중스타를 알게 되면 그 스타에 대해 호감을 가지게 되면서 다른 팬들이 스타와 관련된 사진이나 글들에 자극을 받아 적극적인 팬 활동인 팬덤으로 이르게 되었습니다. 팬덤의 중심현상은 '나를 위한 그'로서 청소년들은 스타에 대한 사귐이나 교제 또는 결혼을 꿈꾸기 시작하였습니다. 이 과정에서 부모의 반대나 간청을 무시하면서까지 팬 활동을 하고 있었고, 이후 스타에 대한 몰입이나 중독 현상으로 나타났습니다. 청소년들은 스타에 대한 생각 때문에 학교나 학원에서 공부에 집중하는 것을 힘들어하고 있었고, 하루 중 많은 시간을 인터넷을 통해 스타와 관련된 정보검색이나 자료 수집에 사용하여 정상적인 일상생활을 살아가는 데 어려움을 겪고 있었습니다. 팬픽은 휴대폰에 다운받아 보고 다닐 정도로 중독증상도 나타나고 있었습니다. 이후 '그를 위한 나'의 단계로 발전하여 대중스타를 위한 헌신적인 노력이 나타나기 시작했습니다. 스타와 관련된 상품구매는 자신의 만족이 아닌 스타의 경제적 이익을 위한 소비활동으로 나타났고, 더 많은 팬을 확보해 스타의 이미지나 영향력을 확대시키려 노력하고 있었습니다.

본 연구의 핵심범주는 스타를 사랑하여 그 스타를 위한 헌신적인 활동이나 노력이 함의된 '사랑 그리고 세상의 중심에서 스타를 외치기'로 도출했습니다.

정재민(2010). 청소년 팬덤 현상에 대한 근거 이론적 접근. 한국청소년연구, 21(3), 91-119.에서 발췌함.

다. 사례연구(Case Study Research)

사례연구(Case Study Research)는 연구자마다 다양한 개념을 제시하고 있어 일반적으로 정의하기 어렵습니다. 사례연구에 대한 몇몇 개념을 살펴보면 다음과 같습니다. 사례연구는 특정한 실제 현상에 대하여 연구자의 통제 없이, 그 현상이 '왜' 혹은 '어떻게' 발생했는지 접근하고, 현상에 대한 이해를 위해서 특정 현상에 대한 상황과 맥락 안으로 깊숙이 들어가 의미를 찾을 수 있는 연구 방법입니다(Merriam, 1988; Stake, 1994; Yin, 2003). Yin(2014)은 사례연구의 정의가 개정판을 거쳐 진화하고 있다고 말하면서, 실생활에서 발생하는 현상에 대해 깊이 있게 탐구하는 실증적인 연구이며, 현상과 맥락 사이의 경계가 명확하지 않을 때 사용하는 연구 방법이라고 제시합니다. 고려대 윤견수(2008) 교수는 사례연구에 관하여 보편성이나 일반성을 추구해야 하는 학문의 기대수준을 충족시키기 위한 것이 아니라, 사례의 개별적이고 특수한 상황에 관한 연구라고 이야기합니다(윤견수, 2008). 이렇듯 많은 학자는 사례연구를 다양하게 정의하고 있습니다. 필자가 각 정의를 분석해서 발견한 사례연구의 대표적인 특징은 아래와 같습니다.

첫째, 사례연구는 하나 혹은 두 개 이상의 특정 사례에 대해 접근한다.
둘째, 사례연구에 등장하는 특정 사례는 시간적, 공간적으로 분명한 경계를 나타내어, 하나의 '지도(Map)'로 볼 수 있다.

독자는 사례연구의 특징을 통해 관심이 있는 사회 현상에 관한 주제, 대상, 정보, 지식 등에 접근하는 연구를 수행할 수 있습니다. 사례연구 수행 과정을 살펴보면, 연구자가 삶 속에서 경험하는 개별적인 사례 현상에서 갖는 '왜'라는 의문(호기심)에서 시작합니다. 연구자는 스스로 훌륭한 도구(방법) 역할을 하며, '어떻게'에 접근하기 위한 탐구 과정을 수행합니다. 탐구 과정에서 블랙박스(Black Box)처럼 보이지 않았던 현상의 속성을 발견하고 특정한 사례가 가진 구체적이고 종합적인 맥락과 환경을 바탕으로, 현상의 본질을 최대한 이해하고 설명합니다. 예를 들어, '이미 그려진 지도(Map)'는 복잡하고 계속 변화하는 땅, 건물, 길 등의 변형을 그대로 보여주지 못합니다. '이미 그려진 지도(Map)'와 같이 '연구'도 점차 변화하는 현상을 제대로 반영하지 못한 채 이루어지는 한계가 발생(권향원, 2015; 2016; 홍지오, 2020)하는 점을 고려하여, 사례연구는 개선을 통해 현상의 본질과 실제에 최대한 접근하고자 하는 방법입니다.

일부 연구자의 경우, 사례연구는 일반적인 통찰력을 획득하기 위한 도구적 목적으로 수행한다고 말합니다. 필자는 사례연구가 현상에 대한 심층적 접근과 도구적 접근을 구분해서 볼 수 없다고 분명히 정리합니다. 사례연구는 "왜 이 연구가 사례연구인가요?"라는 질문에 명쾌하게 설명하기 어려운 경우가 있습니다(유기웅 외, 2019). 설명이 어려운 이유는 사례연구를 심층적 접근과 도구적 접근으로 구분하려는 의도가 있기 때문입니다. 사례연구는 심층적 접근과 도구적 접근에서 벗어날 필요가 있습니다. 연구자는 관심이 있는 특정 사례에 접근하면서, 현상을 올바르게 이해하고, 현상의 특징을 분석하며(심층적 접근), 유사 사회 현상 및 이론에 시사점을 주는(도구적 접근) 등 종합적 관점에서 사례연구를 수행하기 때문입니다. 따라서 사례연구는 연구 설계와 자료 수집이 중요합니다. 연구자는 장기간에 걸쳐 연구를 수행하기 때문에 진행 과정을 체계적으로 관리할 수 있도록 설계하고, 다양한 자료와 빈틈없는 설명을 통해 다른 유사한 사례에도 의미 있는 시사점과 방안 등을 적용할 수 있도록 제시해야 합니다. 청소년을 위한 연구 프로젝트에서는 사례연구에서 강조하는 연구 설계와 자료 수집 방법을 적용하고 있습니다.

 청소년을 주제로 한 사례연구 사례 ·

조윤정(2018)은 '청소년 주도 마을교육공동체 사례연구: 몽실학교를 중심으로'를 주제로 사례연구를 했습니다. 연구자는 2017년 3월부터 2018년 7월까지 면담과 참여관찰과 관련 보도자료, 자료집 등을 통해 자료 수집을 했습니다.

본 연구의 목적은 몽실학교 마을교육공동체에 대한 사례연구를 실시하여 청소년 주도 마을교육공동체의 형성과정 및 형성요인과 청소년 주도 마을교육공동체의 성과 및 의미에 대해 분석하고 청소년 주도 마을교육공동체 정착을 위한 의미 있는 시사점을 도출하는 것입니다.

연구 결과는 다음과 같습니다. 몽실학교 마을교육공동체는 형성기에서 확립기로 넘어가면서 청소년 집단지도체제를 갖추게 되었고 이를 통해 청소년들이 마을교육공동체 운영에 주도적이고 능동적으로 참여하게 되었으며 명실상부한 청소년 주도 마을교육공동체로서의 성격을 갖추게 되었습니다. 이것이 가능했던 이유로는 마을교육공동체 구성원들의 청소년들에 대한 인격적 존중, 청소년에 대한 정서적 지지와 지원, 청소년들의 자발적 참여 보장 등을 들 수 있습니다. 청소년들은 정책마켓을 통해 자신들의 일상적 삶에 영향을 주는 요소를 찾아 정책으로 제안하면서 자신의 삶과 사회를 변혁하려고 하였는데 이를 몽실학교의 가시적 성과로 볼 수 있을 것입니다. 마지막으로 몽실학교 구성원들은 청소년 주도 마을교육공동체의 의미를 청소년의 주도성과 자발성을 인정하는 동시에 공동체 구성원 모두의 목소리에 귀 기울이면서 다양성을 인정하는 것으로 인식하고 있었습니다. 한편, 청소년 주도성은 자신의 주체성과 자발성이 중요한 만큼 타자의 주체성도 동일하게 소중하다는 것을 인식한다는 것을 의미합니다. 즉, 다양성에 대한 존중과 배려를 통하여 공동체성이 공고해질 때 공동체 구성원이 함께 성장하면서 청소년의 주도성도 함께 높아질 수 있다는 것을 인식할 필요가 있습니다.

조윤정(2018). 청소년 주도 마을교육공동체 사례연구: 몽실학교를 중심으로.
한국청소년연구, 29(4), 199-227.에서 발췌함.

라. 현상학 연구(Phenomenological Research)

현상학 연구(Phenomenological Research)는 연구 참여자가 경험하고 있는 현상의 본질에 접근하여 심층적으로 이해하는 방법입니다. 핵심은 연구 참여자의 경험입니다. 참여자는 자신의 경험을 1인칭 시점으로 기술합니다. 1인칭 시점의 기술은 참여자가 경험한 것을 주관적으로 표현하는 것을 의미합니다(유기웅 외, 2019: 61). 즉 참여자는 경험한 현상에 대해 객관적이고 논리적으로 말하는 것이 아니라, 주관적으로 이야기하는 역할을 합니다.

현상학 연구의 특징은 연구자와 연구 참여자 간 역할의 구분입니다. 연구자는 '듣는 사람(Listener)'으로서 참여자의 이야기를 통해 '인식을 하는 주체'입니다. 참여자는 '말하는 사람(Speaker)'으로서 자기 경험을 주관적으로 이야기하는 '인식의 주체'입니다. 현상학 연구에서 연구자는 자신의 편견, 지식 등을 가지고 판단하는 것을 최소화하고, 참여자는 자기 경험을 있는 그대로 이야기합니다. 이 과정에서 연구자는 자신이 기존에 가지고 있는 인식을 조정해야 합니다. 본 책에서 제시한 '청소년을 위한 연구 프로젝트 실행 6단계'를 보면, 연구자는 사회 현상을 발견하고 현상을 선정하기 위한 학습을 하며, 연구 프로젝트 계획서를 작성합니다. 연구 과정에서 어느 정도 학습을 통해 자신만의 인식과 관점을 형성한 상태에서 참여자를 인터뷰하고 관찰하게 됩니다. 하지만 연구자가 자신만의 인식과 관점을 가지고 참여자들의 경험에 관한 이야기를 들으면, 현상의 본질로부터 멀어질 가능성이 높습니다. 그 결과 현상의 본질을 탐구하기 위해 수행한 연구는 연구자 개인의 궁금증을 해소하거나, 말하고 싶은 이야기를 제시하는 수준으로 전락할 수도 있습니다. 따라서 현상학 연구는 연구자가 기존에 형성한 인식과 관점을 경계해야 합니다.

이와 같은 맥락에서 보면, 현상학 연구는 연구자의 역량에 따라 연구의 질(Quality)이 결정됩니다. 연구자는 참여자들이 경험에 대한 인식을 주관적으로 설명할 수 있도록 관계를 형성(라포, rapport)하고, 연구자의 지식과 관점을 통한 판단과 선입견을 배제 또는 제어해야 합니다. 물론 연구자는 본래 인식과 관점을 가지고 있기에 분명한 한계가 있습니다. 사람이 자신의 인식을 제어하는 것은 말처럼 쉽지 않습니다. 이를 위해 일부 학자는 판단중지(Epoche), 현상학적 환원(Phenomenological Reduction), 괄호치기(Bracketing) 등의 개념을 통해 지각하는 대상을 인식하고 수용하는 데 개입하는 선입견과 신념을 보류 또는 배제하여 경험의 본질을 직관하려고 노력합니다(유기웅 외, 2019: 61).

따라서 연구자는 연구 과정에서 어떻게 자신의 판단과 선입견을 제어 및 배제하려고 노력했는지 제시해야 합니다. 방법은 다음과 같습니다. 먼저 연구자는 연구 과정에서 나타날 수 있는 인식의 개입 가능성을 인정하고, 객관화를 위해 노력했다고 사실 그대로 이야기합니다. 본래 인간은 지각하는 대상에 대한 선입견과 편견을 기계처럼 배제하고 작업할 수 없는 존재입니다. 현상학 연구는 현상의 본질에 접근하는 연구이지만, 연구자의 인식에서부터 완전한 배제는 불가능함을 전제합니다. 다만, 연구자는 현상의 본질에 '최대한' 접근하기 위해 '삼각검증법²', '연구 참여자의 내용 확인', '장기간의 관찰 수행과 기록물', '동료 연구자 및 전문가의 검증' 등의 방법을 통해 연구의 타당성 및 신뢰성을 구축하고, 연구의 객관성을 높이기 위해 노력하였음을 제시해야 합니다. 더하여, 연구자는 참여자의 이야기를 가급적 있는 그대로 인용하여, 연구자의 인식이 배제된 내용 제시를 통해 독자가 판단할 기회도 제시하는 글쓰기를 할 수도 있습니다.

 청소년을 주제로 한 현상학 연구 사례 ·····················

김미옥, 조아미(2020)는 '학교 밖 청소년의 노동을 통한 삶의 성장에 관한 현상학 연구'를 주제로 현상학 연구를 했습니다.

연구 목적은 학교를 떠나 학교 밖이라는 새로운 환경에서 노동을 주요 생활영역으로 삼고 있는 학교 밖 청소년의 노동경험에 관한 의미와 본질을 밝히고자 하였습니다.

연구 참여자는 서울, 인천, 경기 지역에서 학교를 중단한 지 1년 이상이면서 6개월 이상 노동경험이 있는 학교 밖 청소년 8명(남 4명, 여 4명)을 선정하였습니다. 연구자는 선정된 연구 참여자들과 심층 면담을 통해 자료를 수집했습니다.

연구 자료 분석은 연구 참여자들의 구술 데이터 중 노동과 관계된 내용을 분절하며 통합과 제외 과정을 거쳐 118개의 소주제로 분리했습니다. 118개의 소주제는 다시 재구성하여 29개의 드러난 주제로 결집했으며, 이를 다시 주제결집 과정을 거쳐 총 8개의 본질적 주제를 도출하였습니다. 결집 된 8개의 본질적 주제는 '고통 속의 치열한 도전', '인권유린과 노동력 착취', '사회적 배제와 고립', '대학의 벽에 막혀버린 삶', '위축된 삶에 생기 불어넣기', '변화된 돈의 철학', '노동의 가치를 통한 삶의 성장', '불안과 희망이 공존하는 미래' 등입니다. 8개의 본질적 주제들은 다시 구조적 통합과정 속에서 연구 참여자들의 경험을 압축한 "냉혹한 세상

---

2 삼각검증법은 더욱 다양한 연구자, 연구 자료원, 연구 이론 등의 참여 및 활용을 통해 연구의 신뢰성을 높이는 방법입니다. 예를 들어, 한 명의 연구자가 분석한 내용에는 연구자의 인식과 관점에 따라 편견과 선입견으로 인해 오염된 데이터가 제시될 수도 있습니다. 따라서 다른 연구자들의 연구 참여를 통해, 개인의 편견과 선입견으로 인한 데이터 오염의 가능성을 낮추고, 연구의 신뢰성은 높이는 효과를 가질 수 있습니다.

속에서 또다시 버려질 운명을 극복하고 주체적으로 자신의 길을 만들어 감"이라는 현상학적 대주제를 도출해냈습니다.

본 연구는 학교 밖 청소년들의 노동경험을 집중적으로 연구했다는 데 시론적 의의가 있으며, 연구 참여자들의 노동경험 속에서 삶의 성장을 밝혔다는 데 의의가 있습니다.

김미옥, 조아미(2020). 학교 밖 청소년의 노동을 통한 삶의 성장에 관한 현상학적 연구. 청소년복지연구, 22(1), 27-52.에서 발췌함.

마. 실행연구(Action Research)

실행연구(Action Research)는 사회 현상에 대해 사람들이 인식하고 있는 문제 상황을 규명하고 이해하는 수준에서 발전한 연구 방법입니다. 문제 상황을 개선하는 방안을 구축 및 적용하여, 개선 과정을 보여주는 연구 방법이라는 점에서 의미가 있습니다(유기웅 외, 2019: 63). 특히 연구자가 발견한 구체적인 사회 현상에서 나타난 문제와 직접 관련이 있는 주체들과 함께 실행연구가 이루어집니다. 예를 들어, 학생이 마을에서 자유롭게 공부하고 동아리 활동을 할 수 있는 공간이 없다는 문제를 인식하기 시작했다고 가정해 봅시다. 학생은 마을에서 공간을 관리하는 학교 관리자, 교사, 센터 관리자, 센터 활동가, 학부모, 교육청 관계자, 지자체 관계자 등을 만나 문제를 해결할 수 있습니다. 학생은 실행연구를 통해 관련 주체들과 함께 만든 학생 공간 지원 방안의 운영 및 활용을 마을에서 실제로 실천하고 피드백하는 일련의 과정을 수행합니다. 실제로 필자가 사는 제주에서 유사한 사례가 있습니다. 어느 날 성산읍 수산초등학교 인근 마을에서는 플로깅 행사가 열렸습니다. 수산초 학생들은 마을 곳곳에 지저분한 쓰레기가 버려져 있는 문제를 발견하면서, 플로깅 캠페인을 직접 제안하고 참여해서 해결합니다. 학생들이 학교 교육을 통해 마을 문제를 인식하고 해결하는 과정에서 학생, 주민, 공무원 등이 참여했습니다. 마을 문제를 발견하고, 방안을 탐색해 적용하여, 문제를 해결하는 과정이 실행연구 수행 과정과 닮았습니다.

실행연구의 핵심은 이론과 실천이 긴밀하게 연계한다는 것입니다. 연구자가 발견한 문제 현상에 접근할 수 있는 이론을 탐색하고 적용하여, 사람들과의 실천을 통해 사회 현상에서 긍정적인 변화가 일어나도록 하는 데 기여합니다(유기웅 외, 2019: 64). 실행연구의 특징은 크게 공동 연구자(Co-researcher) 관점, 개선(Improvement)과 변화(Change)를 지향하는 연구, 상황 맥락에 따른 성찰 등으로 살펴볼 수 있습니다(유기웅 외, 2019: 64-65).

첫째, 실행연구는 연구자와 연구 참여자 간 관계를 '공동 연구자(Co-researcher)'의 관점으로 형성합니다. 앞서 언급한 바와 같이, 연구는 '연구자'와 '연구 참여자'를 통해 이루어집니다. 실행연구는 나아가 연구자와 연구 참여자 간 분리가 아닌, 하나로 인식하는 '공동 연구자'로 인식합니다. 예를 들어, 연구자는 문제 현상을 발견하고 분석하며 방안을 마련합니다. 방안은 실천을 통해 문제 현상의 개선과 변화 과정을 이끌어내는 방법입니다. 방안이 이루어지는 과정은 연구자와 참여자가 공동의 연구를 수행하는 '공동 연구자', '공동 주체'로서 수행합니다. 따라서 실행연구의 연구자는 참여자와 함께 연구를 수행하는 관점으로, '공동 연구자'라는 인식을 가집니다.

둘째, 실행연구는 문제 현상을 개선(Improvement)하고 변화(Change)까지 접근하는 연구입니다. 실행연구는 문제 현상과 관련한 이론적 접근에서 끝나거나, 방안을 도출하는 데서 그치지 않습니다. 실행연구의 핵심은 문제 현상을 포착하고 방안을 도출하는 것에서 나아가, 방안을 적용해 문제를 개선하고 변화를 이끌어내는 일련의 과정을 포함합니다. 본 책에서 제시하는 청소년 연구 프로젝트는 실행연구를 통해 방안을 도출하고 디자인 및 예측하는 방법을 적용하고 있습니다.

셋째, 실행연구는 상황 맥락에 따라 공동 연구자의 성찰이 이루어지는 활동입니다. 대부분의 질적 연구 방법은 변화 가능성이 높은 문제 현상을 발견하고 상황 맥락에 따라 연구를 수행합니다. 특히 실행연구는 사회 문제 현상을 발견하고 이론적 접근 및 방안을 구축하는 차원에서 나아가, 실제 적용을 통해 문제 현상의 개선과 변화를 수행하는 일련의 과정이 이루어집니다. 따라서 상황 맥락에 따라 변화 양상이 나타날 가능성이 높습니다. 공동 연구자는 실행연구 과정에서 상황 맥락을 고려해 문제 현상에 접근하고 방안을 도출 및 적용하여, 문제 현상의 개선과 변화를 경험하는 과정을 통해 의미 있는 성찰을 할 수 있습니다.

🌐 청소년 관련 실행연구 사례 ··························

이은정, 이주(2021)는 '고등학교 교양 심리학 수업 실행연구: 온라인 공동교육과정을 중심으로'를 주제로 실행연구를 했습니다. 연구자들은 실행연구 방법에 따라 계획, 실행, 성찰, 계획 수정의 순으로 연구를 진행하였습니다. 심리학 교과의 교육 목표를 고려하여 교육과정을 계획한 뒤, 한 학기 동안 온라인 공동교육과정으로 수업을 진행하였습니다. 수업을 수강한 학생들의 경험과 의견을 중심으로, 실행된 수업을 성찰한 후 그 결과를 바탕으로 수업 계획을 수정·보완하였습니다.

연구 목적은 연구자가 온라인 공동교육과정 고등학교 교양 심리학 교과 수업을 운영하고, 그 결과를 분석하여 향후 효과적으로 수업을 운영할 수 있는 방안에 대해 모색하기 위해 실시했습니다.

연구 결과는 학생들이 생애 최초 실시한 쌍방향 온라인 방식으로 수업에 참여하고 수행평가를 실시하는 것에 대한 만족도가 높은 것으로 나타났습니다. 또한 수업을 통해 심리학의 학문적 성격에 대해 알게 되었고, 자신과 타인, 사회에 대한 이해의 깊이를 더할 수 있었다고 응답하였습니다. 이는 심리학 교과가 청소년의 자기 이해와 발달에 긍정적인 영향을 줄 수 있음을 시사하였습니다. 참여 중심적 수업 운영 방식, 학생의 진로와 흥미를 고려한 수업 내용, 심도 있는 자기 이해를 위한 심리검사 실시 및 해석 등이 수업에 대한 학생의 만족도와 학습 효과에 영향을 미치고 있었습니다. 이를 바탕으로 차기 수업계획안을 수정·보완하였습니다. 즉, 학생들의 흥미와 학습 동기를 고려하여 교육과정을 구성하고, 심리학에 대한 이해와 더불어 자기 이해 및 발달을 촉진할 수 있도록 다양한 교수방법을 활용하였습니다.

연구는 수업설계 및 교수자의 역량, 교육과정 구성 및 운영 측면에서 고등학교 교양 심리학 수업의 교육적 효과를 높이기 위한 실천 방안을 제시하였습니다.

이은정, 이주(2021). 고등학교 교양 심리학 수업 실행연구: 온라인 공동교육과정을 중심으로. 학습자중심교과교육연구, 21(22), 287-304.에서 발췌함.

지금까지 기존의 5가지 질적 연구 방법 유형에 대해 간략하게 학습했습니다. 본 책에서는 기존의 질적 연구 방법의 특징을 도출하여, '3교시 청소년을 위한 연구 프로젝트 실행 6단계'를 제시합니다. 연구 프로젝트 실행 6단계는 독자가 발견할 많은 현상에 대해 유연하게 접근하는 방법을 담고 있습니다. 이를 통해 독자는 사회 현상을 분석적이고 탐구적이며 논리적으로 접근할 수 있고, 자기 주도성을 키울 수 있다고, 감히 장담합니다.

청소년을 위한 연구 프로젝트와 질적 연구 방법

"왜 청소년을 위한 연구 프로젝트는 질적 연구 방법을 통해 만들어졌을까?"

빈센트 반 고흐(Vincent Van Gogh)의 작품 '신발(A Pair of Shoes)'
출처: Wikimedia Commons(2023. 03. 03. 기준).

"그림 속 신발은 누구의 신발이라고 생각하나요?"

필자는 군인의 신발이라고 생각했습니다. 반면에 필자의 친구는 노동자의 신발 같다고 말했고, 다른 친구는 순례자의 신발이라고 말했습니다. 이렇듯 그림 속 신발은 한 켤레이지만, 보는 사람의 인식에 따라 다양한 본질로 해석됩니다. 기존에 가지고 있는 인식은 신발의 본질에 접근하는 과정에서 틀(Frame)을 형성하고, 논의의 범위를 좁아지게 하는 단점이 있습니다. 독일의 철학자 후설(Edmund Husserl)은 신발의 존재와 본질을 이해하기 위해서는 의식에 접근하는 것이 중요하다고 말합니다. 독일의 실존철학자 하이데거(Martin Heidegger)는 자신이 가지고 있는 인식을 버리고 신발 자체를 보면, 신발의 존재를 알 수 있다고 말합니다. 결국 누구의 신발인지 알기 위해서는 신발이라는 존재가 가진 맥락적 차원으로 접근해야 함을 의미합니다.

"그림 속 신발의 본질은 무엇일까요?"

그림 속 신발의 본질은 새벽마다 대지를 밟으며 땡볕 아래에서 땀을 흘린 농부의 신발입니다. 필자와 친구들은 농부의 신발을 보고 각자의 인식에 따라, 군인, 노동자, 순례자의 신발인 것 같다며 서로 다른 해석을 했던 것입니다.

청소년을 위한 연구 프로젝트는 청소년이 삶 속에서 발견할 수 있는 사회 현상과 문제에 대해 적절하게 접근하는 방법을 제시합니다. 필자는 일반적으로 연구 방법을 대표하는 양적 연구 방법과 질적 연구 방법을 구분하지 않고, 현상과 문제에 적절한 연구 방법을 종합적으로 접근하는 것을 강조합니다. 다만, 본 책에서는 청소년이 관심이 있는 사회 현상에 대해 '왜', '어떻게'라는 질문을 던지고, 답을 구하기 위해 현상을 분석·이해·해석하는 경험의 시작이 중요하기에, 적절하다고 판단되는 질적 연구 방법을 주로 활용해서 제시합니다. 그 방법이 '청소년을 위한 연구 프로젝트'입니다. 이를 통해 청소년 연구자는 앞서 살펴본 그림 속 신발의 본질을 알아가는 과정에서 존재의 맥락적 차원으로 접근하는 학습 경험을 하기 바랍니다.

다음 '3교시 청소년을 위한 연구 프로젝트 실행 6단계'에서는 청소년 연구자가 자신을 둘러싼 삶 속의 이야기에 가까이 다가가서 연구 프로젝트를 수행하는 과정을 단계별로 제시합니다. 독자는 서두르지 말고 천천히 차근차근 따라오기 바랍니다. 혼자가 아니라 어렵거나 헤매지 않을 것입니다.

"THE CLOSER, THE BETTER OUTCOME"
연구자는 사례에 가까이 다가갈수록 더 좋은 연구 결과를 얻을 수 있다.3

- 홍지오 -

---

3 이국종 교수는 '모두의 강연-가치 들어요(MBN, 2020년 8월 18일 방송)'에서 의사는 환자와 가까이 있어야 그들이 살 확률이 높아진다며, 의사가 가져야 할 신념으로 'THE CLOSER, THE BETTER OUTCOME'을 이야기합니다. 청소년 연구자에게 필요한 신념이기도 합니다. 청소년 연구자는 사례에 가까이 다가갈수록 더 좋은 연구 결과를 얻을 수 있습니다. 이유는 사례의 본질을 더 잘 이해할 수 있기 때문입니다. "THE CLOSER, THE BETTER OUTCOME"은 청소년 연구자가 연구를 시작할 때 가지면 유익할 '신념'이며, 질적 연구 방법을 활용한 '청소년을 위한 연구 프로젝트'는 신념을 실천할 수 있도록 돕는 방법입니다.

청소년을 위한 연구 프로젝트 개발 과정

많은 연구자는 질적 연구 방법의 5가지 유형에 대한 개념을 다양하게 제시하고 있습니다. 그 결과 학습자의 이해를 오히려 방해하기도 합니다. 일부 청소년은 연구 방법을 공부하다가 지쳐서, 정작 연구 프로젝트는 수행하지 못하는 사례도 있습니다. 다양한 개념은 청소년에게 "연구 프로젝트는 어려운 것, 연구자나 학자가 하는 것" 등의 잘못된 인식과 포기를 불러일으키는 원인을 제공하기도 합니다. 청소년을 위한 연구 방법이 필요한 이유 중 하나입니다.

청소년은 누구나 자신의 삶 속에서 관심이 있는 현상에 대해 연구 프로젝트를 수행하여 다양한 메시지를 제시할 수 있는 잠재 가능성이 있습니다. 따라서 '청소년을 위한 연구 프로젝트'는 청소년이 "연구 프로젝트는 누구나 할 수 있는 것"이라고 생각할 수 있도록 돕기 위해 개발되었습니다.

우리는 2절(질적 연구 방법이란)과 3절(청소년을 위한 연구 프로젝트와 질적 연구 방법)에서 질적 연구 방법의 5가지 유형과 특징을 이해하고, 연구 프로젝트가 왜 질적 연구 방법을 활용해 만들어졌는지 학습했습니다. 다음 〈표〉는 학습한 내용을 바탕으로 도출한 '청소년을 위한 연구 프로젝트 실행 6단계 개발 과정'입니다. 개발 과정은 질적 연구 방법의 5가지 유형과 특징을 구분하여, 연구 프로젝트 6단계가 도출되는 내용을 보여줍니다.

〈표〉 청소년을 위한 연구 프로젝트 실행 6단계 개발 과정을 종합한 결과는 다음 [그림]과 같습니다. 청소년은 [그림]에서 제시하고 있는 단계별 방법을 통해, 관심이 있는 사회 현상에서 문제를 발견하고 목소리를 낼 수 있는 연구 프로젝트를 수행할 수 있습니다. 나아가 청소년의 목소리가 필요한 교육정책과 환경정책 분야에도 의미 있는 메시지를 제시할 기회가 있을 것으로 생각합니다. 필자는 사회에서 매우 의미 있고 중요한 청소년의 역할에 전환점이 만들어지기를 바라는 마음을 담아 '청소년을 위한 연구 프로젝트'를 전합니다.

청소년을 위한 연구 프로젝트 실행 6단계 개발 과정

질적 연구 방법 유형	해당 연구 방법으로부터 적용한 특징	연구 프로젝트 6단계
문화기술지	문화에 초점: 연구자가 알고자 하는 내용이, 특정 사회집단과 집단을 구성하는 개인들이 공유하는 언어, 행동, 태도 등의 패턴 성향을 통해 문화를 연구하는 방법인 경우	1단계
	1+1=2가 아니라는 믿음	1단계
	참여관찰(Participant Observation)을 통해 사회집단에 깊숙이 들어가 장기간의 관찰, 면접 등을 수행	4단계
근거이론	자료 수집 방법	4단계
	분석 방법	5단계
사례연구	사례에 대한 접근 및 범위	2단계
	연구 설계	3단계
현상학 연구	'본질'에 대한 접근 노력	2단계
	연구자의 중요한 역할: 연구 참여자 개입 경계 등	5단계
	연구의 신뢰성 및 객관성을 갖는 노력: 삼각검증법 등	6단계
실행연구	공동 연구자(Co-researcher)의 관점 강조	2단계
	문제 현상을 개선(Improvement)하고 변화(Change)까지 접근하는 연구	6단계

청소년을 위한 연구 프로젝트 실행 6단계

1단계	2단계	3단계	4단계	5단계	6단계
사회 현상 발견하기	사회 현상 선정 및 학습하기	연구 계획서 작성하기	연구자료 수집하기	연구자료 분석하기	연구 프로젝트 글쓰기

어린이는 어른보다 한 시대 새로운 사람입니다.

- 1923 년 5 월 1 일 '100 년 전 어린이날 선언문'에서, 소파 방정환 -

LESSON

03

청소년을 위한 연구 프로젝트 실행 6단계
(Research Project Action for Youth)

우리는 연구를 하면서 자신을 둘러싼 다양한
현상을 놓치지 않고 목격하는 과정에서
증폭기를 발견합니다. 연구는 증폭기를 찾는
도구입니다.

힘없는 약자의 목소리를 확산시킬 수 있는 증폭기
아이들의 목소리를 들려줄 수 있는 증폭기
나의 목소리를 높일 수 있는 증폭기를 찾는 일이
연구 프로젝트 글쓰기입니다.

- 홍지오 -

"앞서 걸어간 연구자의 발걸음을 따라 걷더라도,
항상 자신이 내딛는 걸음이 무엇을 위해, 어디를 향해 가는지 의식하기 바랍니다."

　눈길을 걸을 때 앞서 걸어간 사람의 발걸음을 따라 걸어가면 편하게 갈 수 있습니다. 걷기 좋게 움푹 파여있기 때문입니다. 하지만 누군가 먼저 걸어간 길이 편하다고 지나치게 의존해서 따라가다 보면, 자신이 가려던 길을 잃을 수 있습니다. 앞서 걸어간 사람의 목적지와 나의 목적지가 다를 수 있기 때문입니다. 마찬가지로 앞선 연구자가 경험한 현상, 환경, 문제, 방안 등은 독자가 경험하고 있는 것과 다릅니다. '다름(Difference)'은 우리가 연구하는 이유이기도 합니다.

"이제부터 독자가 발견한 사회 현상과 문제를 해결하기 위한 내비게이션 역할을
해줄 '청소년을 위한 연구 프로젝트'를 안내하겠습니다."

　청소년을 위한 연구 프로젝트는 어떻게 길을 찾아가는지 단계별로 살펴보겠습니다. 연구 프로젝트는 총 6단계로 실행합니다. 각 단계는 독자가 수행해야 하는 활동, 고려해야 하는 요인 등의 내용으로 구성되어 있습니다. 주의할 점은 많은 요인의 영향으로 예측하기 어려운 사회 현상에 닿는 길을 안내하기 때문에, 수시로 변화한다는 것입니다. 갑자기 도로가 정체되면 내비게이션이 실시간으로 더 좋은 길을 탐색해서 안내하듯이 말입니다.

　연구 프로젝트 실행 6단계의 내용은 단계별로 구분해서 적용하지만, 사회 현상의 변화에 따라 각 단계를 넘나들며 적용해야 하는 상황도 발생합니다. 다만, 독자가 발견한 사회 현상에 대해 연구 프로젝트를 수행할 수 있는 대부분의 내용을 포함하고 있으니, 독자는 연구 프로젝트 방법을 믿고 따라오기 바랍니다.

　드디어, 1단계부터 함께 걷도록 하겠습니다. 연구 프로젝트의 몸풀기 단계이지만, 독자가 연구 프로젝트를 왜 하려고 하는지 동기를 분명하게 가질 수 있는 가장 중요한 단계입니다.

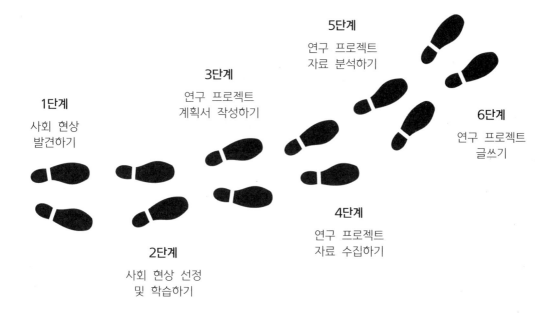

5단계

연구 프로젝트
자료 분석하기

3단계

연구 프로젝트
계획서 작성하기

1단계

사회 현상
발견하기

6단계

연구 프로젝트
글쓰기

4단계

연구 프로젝트
자료 수집하기

2단계

사회 현상 선정
및 학습하기

01

1단계 - 사회 현상 발견하기

    1단계는 사회 현상을 발견하는 과정에 관한 이야기입니다. 연구 프로젝트를 하기 위해서는 사회 현상을 발견하기 위한 관찰력이 필요합니다. 이를 '생활 관찰력'이라고 말합니다. 생활 관찰력은 생활 속에서 주변을 잘 살피고 접근하는 행위를 의미합니다. 생활 관찰력을 가진 사람은 '생활 연구자', '연구 생활자'[1]라고 부를 수 있습니다. 그들은 자신의 관심과 흥미가 있는 영역을 미리 알고 주변을 살피며, 사회 현상을 발견합니다. 물론 연구 프로젝트 과정을 통해 관심과 흥미 있는 영역을 새롭게 발견할 수도 있습니다.

    연구 프로젝트에서는 단순히 사회 현상을 발견하고 문제를 개선하는 과정만 이루어지지 않습니다. 사례를 살펴보겠습니다. 평소 자전거를 좋아하는 정태호 학생은 마을 곳곳에 널브러져 있는 자전거 관리 문제를 발견했습니다. 태호는 어떻게 주민들이 질서정연하게 자전거를 관리할 수 있을지 연구 프로젝트를 수행했습니다. 그 결과, 마을에 실용적인 자전거 거치대가 설치되어 주민들이 사용할 수 있게 되었습니다. 연구 프로젝트를 수행한 태호는 학교를 졸업하고 청년으로 성장하여, 마을에서 자전거 매장을 운영하고 있습니다. 자신이 자전거를 좋아하다 보니 마을에서 발견한 현상과 문제도 자전거와 관련이 있었고, 문제를 해결하는 과정에서 자연스럽게 공부한 결과, 진로도 자전거 관련 업(業)을 선택한 사례입니다.

    독자는 자신의 관심사와 관련된 사회 현상을 발견할 가능성이 높습니다. 앞서 정태호 학생의 사례에서 보았듯이, 사회 현상은 특별할 필요가 없습니다. 자신의 관심사를 통해 일상생활에서 쉽게 발견할 수 있습니다. 다른 사례를 소개해보겠습니다. 어느 날 정다솜 학생은 집 앞 나무에 묶어 두었던 자전거를 도둑맞았습니다. 마을에 자전거 보관소가 없어서 나무에 묶어둔 것이 원인입니다. 다솜이는 자전거를 도둑맞은 이야기를 학교 동아리 시간에 친구들에게 공유하고 연구 프로젝트를 수행하면서, 도난을 예방할 수 있는 보관소와 방범용

---

1 연구가 일상생활인 연구자를 의미합니다.

CCTV 설치를 요청하는 서류를 시청에 제출했습니다. 그 결과 다솜이가 사는 마을에는 자전거 보관소와 방범용 CCTV가 설치되었고, 주민들이 안심하고 자전거를 이용하고 있습니다. 정다솜 학생이 자신을 둘러싼 환경과 관계에 대한 관찰력으로 문제를 발견하고 해결한 사례입니다.

"친숙한 것을 낯설게, 낯선 것을 친숙하게 보려는 사람들의 학습공동체"

한국교육인류학회 홈페이지(2023. 05. 19.)에 제시된 문장입니다. 연구자는 삶 속에서 친숙해서 보지 못했던 현상을 발견하기 위해 낯설게 보고, 반대로 낯선 것을 친숙하게 보는 인지 역량과 감수성 역량이 필요하다는 의미입니다. 낯설게 보기와 친숙하게 보기는 어떻게 할 수 있을까요? 방법은 간단합니다.

"1+1=2가 아닐 수도 있다."

이 말을 기억하기 바랍니다. '1＋1＝2'와 같이, 독자는 항상 옳다고 생각했던 명제를 낯설게 보려고 시도하면서, 새로운 관점의 가능성을 열어두기 바랍니다. 항상 옳다고 생각했던 명제도 상황 맥락에 따라 달라질 수 있다는 가능성을 믿고 변화에 접근하는 태도가 중요합니다. '1＋1＝2'가 맞습니다. 하지만 사회 현상에서 발견하는 문제는 '1＋1＝2'와 같이 단순하지 않습니다. 또는 당연한 것이 당연하지 않게 발생하기도 합니다. 사회는 사람, 조직, 언어, 상호작용, 환경 등 많은 요인에 영향을 받고 수시로 변화하기 때문입니다. 우리가 사는 사회는 '1+1=3'이 정답으로 나타날 수도 있다는 것을 명심하기 바랍니다.

"1단계 사회 현상 발견의 첫걸음으로
주변을 둘러보고, 보이는 것을 이야기해 보겠습니다."

[사진]은 필자가 매일 걸었던 길의 모습입니다. 왼쪽 사진은 여름에 찍은 사진이고, 오른쪽 사진은 봄에 찍은 사진입니다. 두 사진은 같은 길을 찍었지만 서로 다른 계절의 대조된 모습을 보여줍니다. 필자는 여름에 길을 사진 찍으면서, 무슨 색의 꽃이 심어 있는지 전혀 알지 못했습니다. 한 해가 지나 어느 봄날, 길을 걷는데 길가에 붉은색, 하얀

여름과 봄의 꽃길

색, 보라색의 꽃이 피었습니다. 그제야 여름에는 알지 못했던 길에 심어 있는 꽃의 색을 알 수 있었습니다. 다시 봄이 지나고 여름이 오면, 이 길에는 꽃들이 사라질 것입니다. 필자가 봄에 이 거리를 관찰하지 못했다면, 무슨 색의 꽃이 피어날지는 영원히 알지 못했을 것입니다.

우리의 삶 속에서 변화는 매일 일어납니다. 변화를 포착하기 위해서는 친숙한 것을 낯설게 보고 낯선 것을 친숙하게 보며, 현상에 대한 앎과 자극에 의식적으로 다가가야 합니다. 일상생활에서의 변화는 현상에 다가가는 과정을 통해 쉽게 발견할 수 있습니다. 특히 현상에 접근하는 과정에서 변화를 발견하는 가장 좋은 방법은 '기록'입니다. '청소년을 위한 연구 프로젝트'는 효과적으로 기록하는 방법을 제시합니다.

독자는 삶 속에서 우연히 발견한 현상이 있다면, 아래 〈표〉에 제시된 질문을 보고, 자신의 이야기를 가볍게 써보는 것을 시작으로 점차 깊어지기 바랍니다.

1 단계 사회 현상 발견을 위한 질문

질문	나의 이야기
	<현상 1> -누가: _____ -언제: _____ -어디서: _____ -무엇을: _____ -어떻게: _____ _____ -왜: _____ _____ -내가 생각하는 현상의 의미는 " _____ _____ "이다. **<현상 2>** -누가: _____ -언제: _____ -어디서: _____ -무엇을: _____ -어떻게: _____ _____ -왜: _____ _____ -내가 생각하는 현상의 의미는 " _____ _____ "이다.
"우연히 발견한 현상을 가볍게 작성하기 바랍니다."	(위 칸에 이어짐)
"나의 연구 프로젝트에서 다루고 싶은 특정 사회 현상은 어떤 모습인가요?" **작성방법** 1. 위에서 발견한 여러 사회 현상 중 1개를 선택합니다. 2. 누가, 언제, 어디서, 무엇을, 어떻게, 왜, 의미 등의 내용을 포함하여 종합한 것으로, 200자 이내로 작성합니다.	_____ _____ _____ _____ _____ _____ _____ _____
"나의 연구 프로젝트에서 해결하고 싶은 문제는 무엇인가요?" **작성방법** 자신이 발견한 현상에서 연구 프로젝트를 통해 해결하고 싶은 핵심 문제를 작성합니다.	연구 프로젝트 문제 1: _____ 연구 프로젝트 문제 2: _____ 연구 프로젝트 문제 3: _____ 연구 프로젝트 문제 4: _____ 연구 프로젝트 문제 5: _____

질문	나의 이야기
"나의 연구 프로젝트는 무엇(핵심 키워드)에 관한 이야기인가요?" **작성방법** 현상에서 중심이 되는 단어, 자주 등장하는 단어를 작성합니다.	핵심 키워드 1: _____ 핵심 키워드 2: _____ 핵심 키워드 3: _____ 핵심 키워드 4: _____ 핵심 키워드 5: _____
"나의 연구 프로젝트의 주제는 무엇인가요?" **작성방법** 앞서 작성한 내용을 1개의 문장으로 표현합니다.	_____ _____ _____ _____ _____
"내가 이 연구 프로젝트를 하는 목적은 무엇인가요? **작성방법** 연구 프로젝트를 무엇 때문에 하는지 작성합니다. 여기서 '무엇'은 이루고자 하는 목표와 같습니다. (예: 문제-해결)	_____ _____ _____ _____ _____

2단계 - 사회 현상 선정 및 학습하기

2단계는 사회 현상을 공부하는 방법에 관한 이야기입니다. 독자는 1단계에서 자신이 실행하고자 하는 연구 프로젝트의 사회 현상을 발견했지만, 관련 지식이 부족할 수 있습니다. 해당 현상에 대한 지식이 부족한 것은 당연합니다. 이를 위해 2단계에서는 지식을 얻는 방법, 즉 사회 현상을 공부하는 방법을 제시합니다. 공부 방법을 알고 있으면 지식이 부족해도 채울 수 있기에, 언제나 자신감을 가질 수 있습니다. **공부 방법을 모르는 독자라면, 걱정하지 않아도 됩니다. 본 책에서 제시하는 방법만으로도 충분합니다.** 연구 프로젝트를 통한 사회 현상 공부방법은 필자가 회사원, 신문사 기자를 했던 30세 전까지는 알지 못했던 내용입니다. 정확하게 말하면, 알지 못했던 것이 아니라 인식하고 설명하지 못했던 방법입니다. 대학원에 진학하여 석·박사과정을 경험하면서 뒤늦게 공부 방법을 정리했습니다. 이제, 여러분께 공개하고자 합니다.

> "여러분은 책을 통해 자신만의 공부 방법을 만들 수 있습니다."

사람은 저마다 가지는 고유한 특성이 있습니다. 밥을 먹는 습관, 글씨를 쓸 때 연필을 쥐는 방법, 휴대폰을 볼 때 제일 처음 켜는 애플리케이션(Application), 아침에 눈을 뜨면 제일 처음 하는 행동 등이 다릅니다. 마찬가지로 **공부방법도 각자의 특성에 따라 다릅니다.** 책이나 유튜브 등을 통해 많은 공부 방법이 소개되고 있지만, 다른 사람의 특성에 맞는 방법이니까 참고만 하기 바랍니다. 독자는 자신의 특성에 맞는 공부 방법을 만들어야 합니다. 이 책을 통해 지식을 학습하는 과정이 능숙해지면, 자신만의 공부 방법은 자연스럽게 만들어질 것입니다.

본 책에서 제시하는 사회 현상을 공부하는 방법은 연구원, 학자, 교수 등의 전문가들이 연구를 수행하는 과정에서 부족한 지식을 보충하는 방법이기도 합니다. 사회 현상을 공부하는 방법은 연구 프로젝트를 수행하는 청소년뿐만 아니라, 더욱 전문성 있는 과제나 프로젝트를 발표해야 하는 학생, 대학원생, 회사원 등에게도 도움을 줄 것입니다.

"이제, 사회 현상을 공부하는 방법에 대해 본격적으로 이야기하겠습니다."

1단계에서 사회 현상을 발견했다면, 2단계에서는 연구 프로젝트를 실행할 수 있는 적절한 현상인지 판단하기 위한 정보(지식)의 학습이 필요합니다. 먼저, '정보(지식)를 조사하는 과정'입니다. 정보(지식) 조사는 발견한 사회 현상에 대해 흥미를 높이고 더 많은 견해를 갖도록 돕습니다. 아는 만큼 보이기 때문입니다. 이 과정에서는 누구나 알 법한 기초적인 지식에서 출발하여 점차 전문적인 지식을 갖기 시작합니다.

사회 현상 관련 정보(지식)를 조사하는 과정은 범위, 양, 시간 등에 대한 가이드라인이 필요합니다. 가이드라인이 없으면, 방대한 정보(지식)의 바다에 빠져 허우적거리기 때문입니다. 예를 들면, 특정 키워드와 관련한 자료를 조사하기 위해 인터넷 검색을 하면, 자신도 모르게 옆길로 빠져서 어느 순간 재미있는 영상이나 웹툰(Webtoon)을 보다가 현타[2]가 오는 경험을 할 수도 있습니다. 또한, 모든 정보(지식)가 다 필요할 것 같고, 사람들(연구자, 선생님, 교수, 정치인 등)의 이야기가 다 맞는 것 같다고 생각하면서 혼란에 빠질 수도 있습니다. 이와 같은 자료 조사 과정을 반복하면, 정작 연구 프로젝트를 수행하는 데 필요한 정보(지식)는 얻지 못하고, 사회 현상에 대한 관심도 자연스럽게 떨어집니다. 따라서 독자는 정보(지식)를 수집하기 위해 스스로 통제할 수 있는 가이드라인을 만들어야 합니다.

"왜 이 사회 현상에 대해 연구 프로젝트를 하려고 했지?"

독자가 가져야 하는 근본적인 물음입니다. 2단계 사회 현상 선정에서 이루어지는 정보(지식)에 관한 공부는 이 물음을 더욱 구체화하기 위해 파고드는 과정입니다. 사회 현상과 관련한 이론과 역사를 탐색하고, 다른 사람들이 선행했던 연구자료나 이야기를 수집하면서, 정보(지식)를 학습합니다. 또한, 2단계에서는 다른 사람들이 연구를 통해 제시한 메시지로부터 나의 메시지가 가질 수 있는 '다름(Difference)'을 발견할 수 있습니다. '다름(Difference)'은 곧

---

2 '현실 자각 타임'을 줄여 이르는 말.

자신의 연구가 필요한 이유를 보여줍니다.

"그렇다면 어떻게 정보(지식)를 조사할 수 있을까?"

이제부터, 정보(지식)를 조사하는 방법을 설명하겠습니다. 연구를 위한 정보(지식) 조사 방법이자, 평소 관심 있는 현상이나 영역에 대해 스스로 공부하는 자기주도적 학습 방법입니다. 정보(지식)를 조사하는 방법은 '자료 조사 리스트 만들기', '자료 조사 실행하기(RISS, 언론 매체, 도서관, 구글링)'가 있습니다.

1. 자료 조사 리스트 만들기

자료 조사 리스트는 자료번호, 분야, 제목, 핵심 키워드, 작성자, 출처, 조사날짜, 자료유형 등으로 분류하여 작성합니다.[3] 독자는 아래 〈표〉 양식에서 제시하고 있는 항목에 맞게 조사한 자료의 내용을 작성해보기 바랍니다.

자료 조사 리스트							
자료 번호	분야	제목	핵심 키워드	작성자	출처	조사 날짜	자료 유형
1							
2							
3							
4							
5							
...							

※ 자료유형은 '논문', '연구보고서', '학술지', '단행본(서적)', '신문' 등입니다.

---

3 본 책에서는 '자율학습 - 청소년을 위한 연구 프로젝트 워크북'을 통해 〈표〉 자료 조사 리스트 작성 양식을 제공하고 있으니 참고하기 바랍니다.

"한 가지 당부를 하겠습니다."

독자는 자신이 가진 고유의 특성에 맞는 양식을 만들기 바랍니다. 연구 프로젝트를 수행하는 과정에서 본 책에서 제시하는 위 〈표〉와 같은 다양한 양식을 자신의 스타일에 맞게 수정 및 보완한다면, 독자만의 양식을 만들 수 있습니다.

2. 자료 조사 실행하기(RISS, 언론 매체, 도서관, 구글링)

2단계에서 자료 조사를 실행하는 목적은 독자가 발견한 사회 현상이 연구 프로젝트를 수행하는 데 적절한지 판단하는 것입니다. 자료 조사 실행하기는 탐색하기를 통해 이루어집니다. 자료 조사 탐색 과정은 사회 현상과 관련한 자료를 수집하여 훑어보고, 관심이 있는 내용에 대해서 기록(메모, 스크랩 등)하는 등의 방법으로 진행합니다.

독자는 자료 조사 탐색 과정을 통해 관심 있는 사회 현상에 대한 궁금증, 문제점, 해결 과제 등을 살펴봅니다. 특히 앞서 언급한 바와 같이, '2) 자료 조사 실행하기'의 특징은 기존의 자료에서는 제시하지 않지만, 연구자가 발견한 주제가 과연 연구할만한 가치가 있는지, 기존 자료와의 '다름(Difference)'을 통해 확인하는 것입니다. '다름(Difference)'은 독자의 연구 프로젝트가 필요한 이유이며, 다른 연구와의 차별성을 보여주는 내용입니다.

2단계에서의 자료 수집은 자신이 발견한 사회 현상을 가지고 연구 프로젝트를 수행하는 것이 적절한지 판단하는 수준으로만 해보기 바랍니다. 2단계를 마치고, '4단계 - 연구 프로젝트 자료 수집하기'에서 더욱 다양하고 구체적인 자료를 수집할 예정이기 때문입니다. 따라서 '2단계 - 사회 현상 선정 및 학습하기'에서부터 자료 조사를 하는 데 너무 많은 힘을 빼지 말 것을 당부합니다.

또한, 독자는 자료 조사를 주도적으로 하고, 실행과정에서 연구 프로젝트 계획을 생각하기 바랍니다. 자료 조사는 연구 프로젝트를 하는 과정에서 재미있는 작업입니다. 다른 자료를 보면서, "왜 이렇게 연구를 했지? 나라면 이렇게 했을 텐데", "왜 연구 문제를 이렇게 설정했지? 그래서 연구 내용이 부실하잖아", "이 연구는 2년 전에 수행한 다른 연구랑 방법이 똑같잖아. 그래서 내용도 비슷비슷하네" 등과 같이 비판적으로 생각하고 자유롭게 이야기하는 과정을 통해 학습이 이루어집니다. 그리고 "나는 이렇게 연구를 해봐야지", "연구 문제를 제대로 잡아야 내용이 명확해지겠어. 주의하자", "내 연구에서는 키워드 검색을 해서 선행 연구를 쭉 살펴보고, 연구 주제에 맞는 연구 방법으로 해야지. 선행 연구만 보면 내용이 비슷해질 것 같으니까, 질적 연구 방법을 통해 연구 프로젝트 참여자들의 이야기를 많이 듣고, 기록해서 분석하는 과정이 중요하겠어." 등 연구 프로젝트 계획을 미리 생각할 수 있습니다.

"자료 조사를 실행하는 4가지 방법을 소개하겠습니다."

자료 조사 실행을 위한 4가지 방법

① RISS를 활용한 자료 조사

② 언론 매체를 활용한 자료 조사

③ 구글링을 활용한 자료 조사

④ 도서관을 활용한 자료 조사

가. RISS를 활용한 자료 조사

연구자는 한국교육학술정보원(KERIS)[4]에서 운영하는 학술연구정보서비스(Research Information Sharing Service, 이하 RISS)를 많이 활용합니다. RISS는 학위논문, 국내학술논문, 해외학술논문, 학술지, 단행본 등 다양한 자료를 보유하고 있어서 쉽게 이용할 수 있는 데이터 플랫폼입니다. 독자는 관심 있는 사회 현상과 관련한 키워드를 RISS에서 1개 이상 검색하면 관련한 많은 자료를 찾을 수 있습니다. RISS에서는 분야 전문가들이 검증한 자료를 쉽게 찾을 수 있어서 과제를 할 때 도움을 많이 받을 수 있습니다. 필자는 대학원에 입학해서 처음 RISS를 접하고, 만약 청소년 때 RISS를 알았더라면 더욱 다양한 분야를 공부할 수 있었을 텐데 하는 아쉬움이 컸습니다. 대학에서 필자의 강의를 들은 학생들은 RISS의 중요성을 잘 알고 있습니다. RISS를 적극적으로 활용할 것을 권장하며 방법을 소

---

4 한국교육학술정보원 KERIS는 교육부 산하 공공기관으로서 유치원부터 초중고, 대학과 평생학습에 이르기까지 교육과 학술 연구 정보화와 관련된 다양한 사업을 추진하여 교육 발전에 기여하고 있습니다(RISS 홈페이지, 2022).

개하기 때문입니다.

> **"독자는 잠시 책을 덮고 RISS 홈페이지(www.riss.kr)에 들어가서,
> 관심 있는 키워드를 검색하여 자료를 찾아보기 바랍니다."**

RISS는 연구계의 데이터 플랫폼으로, 인터넷 포털 사이트와 같다고 생각해도 좋습니다. 네이버, 구글, 다음, 야후 등과 같은 인터넷 포털 사이트에서는 사용자가 관심이 있는 분야에 대해 방대하고 다양한 자료를 찾을 수 있습니다. 마찬가지로 RISS에서는 관심 있는 연구 분야의 다양한 자료를 찾을 수 있습니다. 많은 연구자가 접속하는 사이트 중 하나는 RISS 홈페이지일 것입니다.

> **"RISS에서는 청소년이 관심 있는 연구자, 학자, 교수가
> 어떤 주제의 연구를 수행하고 있는지도 확인할 수 있습니다."**

방법은 간단합니다. 책, 신문 등으로 우연히 알게 되었거나, 자신이 듣는 강의의 교사나 교수에 대해서 알고 싶다면, RISS에서 그 사람의 이름을 검색하면 바로 확인할 수 있습니다. 대학에 진학할 때 관심이 있는 대학과 학과가 있다면, 해당 학과의 교수님들 이름을 RISS에서 검색해서 미리 알아보기를 권합니다. 대학원에 진학하려고 하는 학생을 보면, 흔히 교수를 소개받거나, 자신이 다니는 대학의 대학원에 진학하는 경우를 볼 수 있습니다. 물론 자신이 관심 있는 분야와 주제가 일치하는 교수가 있는 대학이라면 적극 찬성입니다. 하지만 자신의 관심사와 일치하는 지도교수를 찾는 일은 생각보다 어렵습니다. 대학원에 진학하려는 학생이라면, 꼭 해당 전공에 소속한 교수가 무엇에 관심이 있고 전문성이 있는지 RISS에서 확인해보기 바랍니다. 대학원 지도교수가 학생에게 미치는 영향은 생각보다 매우 크기 때문입니다.

> **"RISS를 통해 바이블 연구물을 찾기 바랍니다."**

바이블 연구물은 독자가 관심 있는 분야에 대해 종합적으로 잘 정리해서 지침이 될 만한 연구물을 말합니다. 독자는 바이블 연구물을 발견한다면, 교과서처럼 공부하고 흉내낼 수 있는

도구로 활용할 수 있습니다. 특히 바이블 연구물에 수록된 참고문헌 리스트를 활용하는 것은 해당 분야를 공부하는 데 매우 유용합니다. 바이블 연구물에서 참고한 자료는 독자의 연구에도 중요한 자료로 활용될 가능성이 높습니다. 따라서 RISS에서 핵심 키워드 검색을 통해 바이블 연구물을 찾고, 해당 연구물에 수록된 참고문헌 리스트에서 관심이 있는 연구물을 찾아 학습하기 바랍니다. RISS를 활용한 자료 조사 방법은 산에서 굴러 내려오는 눈덩이처럼 내용의 양과 질은 점점 커지고, 독자의 궁금증에 따라 꼬리에 꼬리를 무는 재미난 공부와 연구의 경험을 제공합니다.

"RISS에서 찾은 자료를 무조건 축적만 하는 행위는 의미가 없습니다.
정리하고 기록해야 합니다."

RISS 홈페이지 화면

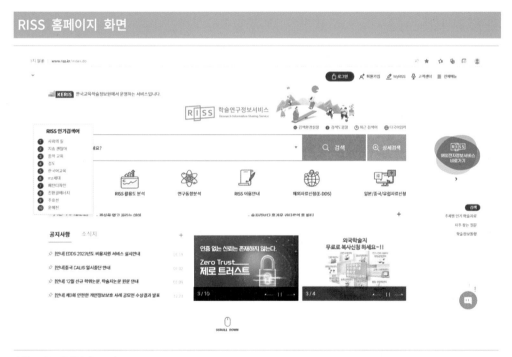

출처: RISS 홈페이지(2022).

자료는 항상 기록에 의해 축적하고 보관해야 합니다. 기록은 독자 자신만의 언어로 알아볼 수 있도록 기록할 것을 권합니다. 자신만의 언어로 기록하는 행위는 숙련될수록 자연스럽게 만들어질 것이니 미리 걱정하지 않아도 됩니다. 자료에 관한 기록을 권하는 이유는 독자가 현재 관심이 있는 사회 현상은 다음에 다른 주제, 현상 등과 연계될 가능성이 높기 때문입니다. 그러면 자료 조사과정을 반복하는 비효율적인 작업을 예방할 수 있으며, 관련 정보(지식)를 효과적으로 공부할 수 있습니다. 따라서 연구 프로젝트를 수행할 때 자료 조사 리스트를 만들고 리스트에 수집한 자료에 대해 간단하게 기록하는 작업은 중요합니다. RISS를 활용한 자료 조사는 필요하면 언제든지 꺼내 볼 수 있는 정보(지식)를 저장한 '연구 프로젝트 노트 창고'를 만드는 것과 같습니다. 창고에 축적한 결과물은 복리 이상으로 이익을 가져올 독자의 자산입니다.

나. 언론 매체를 활용한 자료 조사

언론 매체는 사회 현상의 흐름과 다양한 의견을 알아보는데 매우 손쉽고 유용한 도구입니다. 주의할 점은 찾기 쉬운 자료인 만큼 내용이 부정확하고 출처가 불분명하여 위험요인이 많습니다. 흔히 말하는 가짜뉴스를 주의해야 합니다. 독자는 언론 매체를 활용해 자료를 조사하고자 한다면, 적절한 근거를 바탕으로 선별한 자료를 활용하기 바랍니다. 내용의 출처가 부정확·부적절하고, 개인의 생각을 근거나 사실관계 확인도 없이 나열한 기사는 활용하지 말아야 합니다.

좋은 기사는 출처와 내용이 정확하고, 구독자에게 필요한 정보(지식)를 제공하며, 의견을 균형 있게 제시하는 기사입니다. 독자는 언론 매체를 활용한 자료 조사를 실행하기 위해 좋은 기사를 분별할 수 있는 역량이 필요합니다. 언론 매체는 단순 정보 및 사실을 전달하는 기능뿐만 아니라, 칼럼, 사설, 토론 등을 통해 전문가 및 관계자의 다양한 의견을 제시합니다. 독자는 의견이 한쪽으로 치우친 기사의 활용을 지양하고, 내용을 균형 있게 전달하는 기사를 찾아야 합니다. 특히 이 과정에서 독자와 반대 의견을 말하는 자료는 독자의 관점을 확장 시키고 유연하게 하는 데 도움을 줍니다. 본 책에서 제시하는 연구 방법을 학습하고 과정을 반복하다 보면, 자연스럽게 좋은 기사를 분별하고 판단하는 역량을 함양할 수 있습니다.

언론 매체는 독자가 관심이 있는 사회 현상의 현재 상황을 가장 잘 보여줍니다. 사회 현상은 조직, 사람, 환경 등의 많은 요인이 서로 긴밀하게 연결되어 나타나기 때문에, 당장 내일 무슨 일이 발생할지 예측하기 어려울 정도로 변화 가능성이 큽니다. 따라서 매일 생생한 사실을 보도하는 언론 매체는 독자가 가장 최신의 자료를 수집할 수 있는 중요한 도구입니다. 즉 독자는 언론 매체를 통해 관심이 있는 사회 현상의 가장 최근 경향을 효과적이고 신속하게 파악할 수 있습니다. 특히 언론 매체를 통해 얻은 자료는 독자가 연구 프로젝트의 필요성을 설명하고 강조하는 데 적절한 근거로 활용할 수 있습니다.

　　언론 매체 자료를 조사하는 방법은 다음과 같습니다. 흔히 기사를 조사하라고 하면, 네이버, 구글, 다음 등과 같은 인터넷 포털 사이트의 뉴스 카테고리에서 키워드를 검색해서 찾습니다. 단순히 기사를 살펴보기에는 손쉬운 방법이지만, 양이 방대하고 무분별하게 제시되는 단점이 있습니다. 따라서 빅카인즈(BIG KINDS[5])를 활용한 방법을 추천합니다. 빅카인즈는 한국언론진흥재단에서 제공하는 뉴스 빅데이터 분석 서비스입니다. 검색어를 입력하면, 기본적으로 기간별, 언론사별, 영역별 등으로 구분한 자료를 종합적·분석적으로 보여줍니다. 상세검색을 이용한다면, 더욱더 구체적이고 정확한 내용의 기사를 선별적으로 조사할 수 있습니다.

빅카인즈(BIG KINDS) 홈페이지 화면

출처: 빅카인즈(BIG KINDS) 홈페이지(2022).

다. 구글링(Googling)을 활용한 자료 조사

　　구글링(Googling)은 구글에서 운영하는 검색 엔진을 활용해 다양하고 많은 정보를 탐색하는 행위를 의미합니다. 구글은 강력한 검색 기능을 사용할 수 있어서, 인터넷에서 정보를 검색한다고 말할 때 "구글링한다"라고 표현하기도 합니다. 과거 문재인 전 대통령은 청와대의 인사 검증 체계가 부실하다고 말하면서, 국가기관(검찰, 경찰, 국세청 등)이 보유한 자료

5　빅카인즈 홈페이지 https://www.bigkinds.or.kr/

를 검토하고 '구글링'하며, 검증질문서를 주어서 그에 대한 답변에 대해 따져보는 것이 '청와대 검증팀'이 할 수 있는 일이라고 설명했습니다(JTBC, 2022. 04. 25.). 일부 기업에서는 구글링을 통해 지원자의 온오프라인 활동을 검증한 후 채용을 하기도 합니다. 오늘날 구글링이 다양한 분야에서 얼마나 중요한 조사 도구로 사용되고 있는지 알 수 있는 사례입니다.

구글링은 연구 프로젝트에서도 매우 유용한 도구입니다. 구글링을 통해 관심 있는 키워드와 관련한 정부 기관 및 단체, 언론, 학술, 개인 등이 공유한 다양한 자료를 손쉽게 탐색할 수 있습니다. 아래 내용은 구글의 데이터 검색 기능을 설명하고 있습니다. 연구 프로젝트 과정에서 구글이 제공하는 기능을 활용한다면, 연구 과정과 시간을 효율적이고 효과적으로 관리할 수 있습니다. 다만, 구글의 데이터 검색 기능은 미리 공지하지 않고 추가 및 삭제됩니다. 이를 잠수함과 같다고 하여 '잠수함 패치'라고 말합니다. 따라서 구글을 활용하기 위해서는 지속적으로 기능을 활용하고 정보(기능의 추가 및 삭제)를 확인할 필요가 있습니다. 현재 구글에서 제공하는 대표적인 기능은 다음과 같습니다(遠田和子, 2014).

[큰따옴표("키워드/구절")를 활용한 검색]

구글 검색창에 키워드를 입력하면, 해당 키워드만이 아니라 유사 키워드 결과도 볼 수 있습니다. 이 경우, 다양한 데이터를 볼 수 있는 장점이 있습니다. 반면에 불필요한 데이터를 검토해야 하는 단점도 있습니다. 따라서 검색창에 단순히 키워드만 입력하는 것이 아니라, "키워드"의 형태로 입력하면 해당 키워드를 반드시 포함한 데이터만을 결과로 볼 수 있습니다.

예를 들면, 구글 검색창에 '교육공동체는 어떻게 형성되는가'라는 구절을 검색하면, 구글은 각 단어의 순서와 상관없이 관련한 모든 내용을 보여줍니다. 독자에게 도움이 안 되는 결과도 나타나기 때문에, 결과 내용을 다시 검토해야 하는 비효율적인 상황이 발생합니다. 따라서 검색창에 "교육공동체는 어떻게 형성되는가"와 같이 큰따옴표와 함께 입력하면, 입력값을 구성하는 키워드의 순서와 동일한 문장을 결과값으로 보여줍니다. 참고로 구글의 키워드 검색은 대문자와 소문자 상관없이 같은 결과가 나옵니다.

[별표(*)를 활용한 검색]

구글 검색창에 '학교에서 나타나는 * 현상'을 검색하면, '학교에서 나타나는 **병리 현상**', '학교에서 나타나는 학생들의 **일탈 현상**', '학교에서 나타나는 **혐오 현상**', '학교에서 나타나는 **학점 인플레이션 현상**', '학교에서 나타나는 **사회·문화 현상**' 등의 다양한 검색결과를 볼 수 있습니다. 별표(*)는 '학교에서 나타나는'과 '현상' 사이의 공백을 구글 웹 검색을 통해 발견한 단어(일탈, 혐오, 학점 인플레이션, 사회·문화)로 채운 결과를 보여줍니다. 독자는 학교에서 어떠한 현상이 나타나는지 알고 싶다면, 위와 같이 구글 검색창에 '**학교에서 나타나는 * 현상**'을 검색하면, 다양한 현상을 살펴볼 수 있습니다.

[OR을 활용한 검색]

구글 검색창에 "키워드A OR 키워드B"를 입력하면, 2(A, B)개의 키워드 중 하나라도 포함한 결과를 보여줍니다. 주의할 점은 '**키워드A(띄어쓰기)OR(띄어쓰기)키워드B**'로, 키워드A와 키워드B, 그리고 OR 사이를 반드시 띄어서 입력해야 하고, OR은 반드시 대문자로 입력해야 합니다.

[site를 활용한 검색]

구글 검색창에 'site:(URL 키워드)'를 검색하면 특정 사이트(URL)에서 독자가 원하는 키워드를 검색할 수 있습니다. 예를 들어, 독자가 'site:https://blog.naver.com/ehdeos 학교'를 입력하고 검색하면, 필자의 개인 블로그인 'https://blog.naver.com/ehdeos'에서 '학교' 키워드를 사용한 자료를 볼 수 있습니다. 주의할 점은 URL 주소에 '물음표(?)'가 있는 경우 오류가 발생합니다.

[구글 트렌드(Google Trends)를 활용한 검색]

구글 트렌드(Google Trends)는 검색어의 동향을 제공합니다. 독자가 관심 있는 주제 및 검색어가 있다면 간단한 방법으로 손쉽게 결과(동향)를 확인할 수 있습니다. 특히 연구 초반에 연구자의 관심 현상 및 분야에 관한 프로젝트 및 연구 동향을 분석하고자 할 때 빠르게 파악할 수 있습니다.

출처: 구글 트렌드 홈페이지(2022).

라. 도서관을 활용한 자료 조사

필자가 가장 좋아하는 자료 조사 공간은 대형서점과 도서관입니다. 대형서점에서의 자료 조사는 도서관과 유사합니다. 본 책에서는 도서관에서 자료 조사를 하는 방법을 중심으로 이야기하겠습니다. 도서관은 재미난 경험을 할 수 있는 공간입니다. 도서관에는 책의 종류와 양이 제한적입니다. 규모가 큰 도서관에 가면 아쉬운 것이 없습니다. 하지만 작은 도서관에는 독자가 연구 프로젝트를 수행하는 데 필요한 책이 없을 가능성도 있습니다. 작은 도서관은 주민의 요구를 최대한 수용할 수 있는 대중서가 많기 때문입니다. 따라서 작은 도서관에서 연구 프로젝트 자료를 조사하는 것은 한계가 있습니다. 필자는 자료 조사를 위해서 동네에 있는 큰 도서관이나, 대학의 도서관을 선호합니다. 물론 자료가 제한적인 경우 인터넷을 통해 전자책을 찾는 방법도 있습니다. 하지만 도서관 전자책의 경우에도 소장하고 있는 책이 제한적이며, 서점에서 전자책을 구입하면 비용이 발생하기 때문에, 자료 조사 차원에서 많은 책을 구입하는 것은 경제적으로 부담이 됩니다. 무엇보다도 필자가 소개하는 도서관에서 재미난 자료 조사 경험을 하기 어렵습니다.

"도서관에 가면 가장 먼저 무엇을 해야 하나요?"

도서관에 방문하는 사람들은 주로 특정한 책이나 주제를 메모해 와서 관련한 책을 찾습니다. 도서관에 도착하면 도서 검색대로 가서 자신이 원하는 주제의 키워드나 책의 제목을 검색한 후, 해당 책이 있는 책장으로 갑니다. 책장 앞에서 검색한 책의 내용을 살펴보고, 대여할지 말지를 판단합니다. 보통 시립도서관은 대출 가능 권수를 1인당 5권으로 제한합니다. 책장 앞에 도착하면, 세 가지 생각을 합니다. 첫 번째는 보려고 했던 책의 내용을 실제로 보니 예상대로 마음에 드는 경우입니다. 반면에, 두 번째는 보려고 했던 책을 실제로 보니 기대보다 내용이 부실해서 실망하는 경우입니다. 세 번째는 관심 있는 주제와 관련하여 다른 책도 찾고 싶다고 생각하는 경우입니다.

"그러면 다시 인터넷을 검색해서 원하는 책을 찾아야 할까요?"

그럴 필요 없습니다. 지금 눈앞에 전문 사서가 체계적으로 배치해 놓은 책들이 펼쳐져 있기 때문입니다. 도서관에 가면 자신이 관심 있는 책들이 꽂힌 책장을 살펴보기 바랍니다. 자신이 관심 있는 분야와 관련한 책들이 책장 한 곳에 가득 꽂혀 있을 것입니다. 네이버, 구글 등의 인터넷 포털 사이트에 키워드를 검색해서 찾아볼 수 있는 책을 도서관에서는 바로 확인할 수 있습니다. 또한 키워드 검색은 독자가 관심이 있는 특정 내용으로 치우치는 경향이 있는데, 도서관 책장은 해당 키워드와 관련 있는 다양한 분야(사회, 환경, 교육, 인물, 역사 등)의 키워드, 주제, 작가 등의 많은 책을 바로 볼 수 있습니다. 독자는 책장 앞에서 인터넷 검색보다 더 효과적인 도서 검색을 하는 꼴입니다.

이렇듯 도서관에서는 원하는 자료를 만나는 행운을 당연하고 자연스럽게 경험할 수 있습니다. 독자가 도서 검색대에서 검색한 책은 자신의 관심사를 보여줍니다. 마찬가지로 검색을 통해 위치를 확인한 책이 꽂혀 있는 책장은 독자가 관심이 있고 알고 싶은 내용을 담고 있습니다. 즉 도서관에서는 '책'을 검색해서 '책장'을 발견합니다. 책 한 권을 통해 열 권 이상을 얻는 격입니다. 예를 들어, 독자가 교육공동체에 관심 있어서 『교육공동체는 어떻게 형성되는가(홍지오, 2022)』라는 책을 빌리기 위해 도서관에 갑니다. 책 제목을 검색하고 표시된 위치의 책장에 가서 해당 책을 집으려는 순간, 그 옆에 있는 교육공동체를 주제로 한 『마을교육공동체 생태적 의미와 실천(김용련, 2019)』이라는 책이 눈에 들어올 것입니다. 혹시나 하여 그 옆을 보니, 『마을로 돌아온 학교(이인회, 2020)』라는 책도 발견할 수 있습니다. 예상하지 못한 책이 있어서 잠시 보니 자신의 연구 프로젝트에 인용할 만한 내용의 책입니다. 교육공동체와 관련한 책을 1권 빌리러 갔다가, 3권이나 빌려서 집에 돌아오는 발걸음은 가볍고 신이 날 것입니다.

독자는 관심이 있는 사회 현상이나 주제가 있다면, 지금 당장 도서관에 가보기 바랍니다. 도서 검색대에 관심 있는 키워드나 책을 검색하고, 알려주는 책장 앞에 서보기 바랍니다. 그곳에 연구 프로젝트의 실마리가 있습니다.

유레카!

3단계 - 연구 프로젝트 계획서 작성하기 ✏️

독자는 2단계를 통해 관심이 있는 사회 현상을 선정하고 학습하면서, 대략적인 연구 주제, 대상, 목적 등을 설정했을 것입니다. 다음은 연구 프로젝트 계획서를 작성해야 합니다. 계획서 작성은 집짓기와 같습니다. 집의 지붕은 주제이고, 기둥은 큰 목차를 구성하고 있는 서론, 본론(A, B, C)이며, 각 기둥을 메우는 벽면은 큰 목차(서론, 본론 ABC)를 구성하는 내용이고, 마지막으로 토대는 결론입니다.

연구 프로젝트 계획서와 집짓기

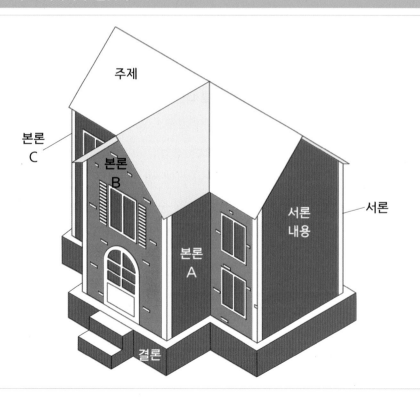

[그림] 연구 프로젝트 계획서와 집짓기를 보면, 연구 프로젝트의 주제인 지붕을 지지하기 위해 큰 목차인 서론, 본론 ABC의 기둥이 세워져 있습니다. 그리고 각 기둥을 연결하는 벽면은 기둥을 지지하면서 연결하는 내용으로 구성합니다. 마지막에는 토대를 안정적으로 다듬으면서 집짓기 공사를 마무리하듯, 결론을 정리합니다. 결론은 집짓기의 시작과 끝을 의미합니다. 연구 초기에 연구 문제를 통해 기반을 마련한 결론은 연구 결과를 종합하여 얻은 메시지로 마무리합니다. 이렇듯 연구 프로젝트 계획서는 집을 짓는 설계도와 같습니다. 설계도는 집을 짓는 초기 단계부터 완성 단계까지의 과정과 내용을 한눈에 보여줍니다. 마찬가지로 연구 프로젝트 계획서는 무엇을 이야기하고, 왜 수행하며, 그 과정은 어떻게 이루어지는지 등의 내용을 보기 쉽게 나타냅니다.

APA6의 양식에 따르면, 일반적으로 연구 프로젝트 계획서는 제목, 요약, 서론, 연구의 목적, 이론적 배경, 연구 방법, 연구 가설 등으로 구성합니다. 이러한 조건을 갖춘 연구 프로젝트 계획서는 연구 주제와 목적을 달성하기 위한 연구 문제를 설정하고, 해결하기 위한 구체적이고 체계적인 연구 절차 및 방법을 제시해 독자의 연구 수행 과정을 보여줍니다.

> "첫 단추(연구 계획서 작성)를 잘 끼워야
> 마지막 단추인 결론까지 잘 끼울 수 있습니다."

독자는 연구 프로젝트 계획서 작성을 마치고 나면, 선생님, 연구자 등의 전문가에게 검토 및 조언을 받아보기 바랍니다. 연구 프로젝트 계획서 작성은 출발점이면서, 연구의 전반적인 내용을 모두 담아 도착지까지 보여주는 중요한 작업입니다. 따라서 전문가들에게 최대한 다양한 의견을 듣고, 수정 및 보완하는 작업은 꼭 필요합니다.

다음 〈표〉는 연구 프로젝트 계획서를 쉽게 작성할 수 있도록 APA 논문 양식을 더욱 세분화한 내용입니다. 독자는 연구 프로젝트 과정에서 아래 내용을 하나씩 채운다고 생각하며 작성하기 바랍니다.

---

6 APA는 American Psychological Association의 약자로 전 세계적으로 많은 연구자와 학회에서 사용하는 연구 글쓰기 양식입니다. APA 양식은 미국 심리학회에서 제시한 표준 논문 양식으로 주로 심리학, 교육학, 행정학, 사회학, 언론정보학, 사회복지학, 소비자학 등의 사회과학 분야에서 사용합니다.

주 제: _____

Ⅰ. 서론
 1. 연구 프로젝트의 필요성
 2. 연구 프로젝트의 목적
 3. 연구 프로젝트의 문제

Ⅱ. 본론A: 이론적 배경
 1. 선행 이론(연구) 분석
 2. 연구 프로젝트 분석틀 (※필요시 작성)[7]

Ⅲ. 본론B: 연구 프로젝트 과정
 1. 연구 프로젝트 현장 및 참여자
 2. 연구 프로젝트 방법
 3. 자료 수집
 4. 자료 분석
 5. 연구 프로젝트의 타당성 및 신뢰성
 6. 연구 프로젝트 설계도

Ⅳ. 연구 프로젝트 결과의 기대효과 및 활용방안
 1. 기대효과
 2. 활용방안

Ⅴ. 연구 프로젝트 수행 일정

　　연구 프로젝트 계획서는 말 그대로 '계획'을 내용으로 구성하기 때문에 지나치게 구체적이고 깊이 있게 작성할 필요가 없습니다. 계획서의 핵심은 명확하고 간결하게 제시하면서, 전체적인 진행 흐름과

7　연구 프로젝트 분석틀은 필수가 아닙니다. 만약 독자가 'Ⅰ. 서론-연구 프로젝트의 필요성, 목적, 문제'와 'Ⅱ. 본론A: 이론적 배경-선행 이론(연구) 분석'을 통해 사회 현상에서 발견하고자 하는 특정한 문제, 특징, 요인 등이 분명하게 정해졌다면, 분석틀로 만들어서 연구 프로젝트를 수행할 수 있습니다. 분석틀은 발견하고자 하는 내용이 분명해서 연구를 효율적으로 수행할 수 있다는 장점이 있습니다. 반면에 연구를 통해 알고자 하는 내용이 특정해서 발견한 사회 현상의 본질에 최대한 접근하는 데 한계가 있다는 단점이 있습니다. 다만, 독자는 분석틀을 만들었다고 해서 사회 현상에 다가가지 못했다고 판단할 필요는 없습니다. 사회 현상에 접근하는 두 가지 유형의 연구가 있다고 이해하기 바랍니다. 첫 번째 유형은 독자가 사회 현상을 공부하면서 발견하고자 하는 영역이 이미 명확한 경우입니다(분석틀○). 두 번째 유형은 사회 현상의 본질에 접근하면서 발견하고자 하는 영역이 점차 명확해지는 경우입니다(분석틀×).

내용을 이해하기 쉽게 보여주는 것입니다. 특히 연구 프로젝트 계획서는 〈표〉 내용 중 'Ⅳ. 연구 프로젝트 결과의 기대효과 및 활용방안'에서 제시한 내용과 같이, 수행 전 계획을 제시하는 부분으로 '연구 결과의 기대효과 및 활용방안'을 기술합니다. 일부 연구 계획서에서는 '연구자의 예상하는 결론'을 작성하기도 합니다. 양적 연구 방법은 가설을 검증하는 연구이기 때문에 연구 결과와 결론을 예상하여 작성할 수도 있습니다. 하지만 본 책에서 독자가 수행하는 연구 프로젝트는 질적 연구 방법을 토대로 만들어졌습니다. 앞서 설명한 바와 같이, 질적 연구 방법은 연구자가 예상할 수 있는 가설이 없으며, 연구 현장을 예측하기 어렵다는 특징이 있습니다. 질적 연구 방법에서 연구자는 관찰과 분석적 해석을 통해 현상의 본질에 최대한 가까이 가기 위해 노력하고, 노력의 결과물을 최대한 있는 그대로 보여줍니다. 따라서 독자는 연구 프로젝트 계획서에서 예상하는 결론, 가설 등이 아닌, 'Ⅳ. 연구 결과의 기대효과 및 활용방안'을 기술합니다.

연구 프로젝트 계획서는 독자가 연구를 수행하기 위해서 고민하고 준비한 내용을 간단명료하게 작성해야 합니다. 내용은 너무 부족하지도 너무 과하지도 않아야 합니다. 계획서에서 제시하고 있는 각 항목에 대한 '3W 포인트'를 잘 전달하는 것이 핵심입니다.

3W 포인트

"연구 프로젝트는 무엇을 말하려고 하는가? (WHAT)"
"연구 프로젝트를 왜 수행하려고 하는가? (WHY)"
"연구 프로젝트를 어떻게 수행하려고 하는가? (HOW)"

연구 프로젝트 계획서는 위 〈표〉 3W 포인트를 통해 제시한 의문을 해결할 수 있도록 제시해야 합니다. 물론 독자는 연구 프로젝트 계획서를 작성할 때 첫 문장과 내용에서부터 막막할 수 있습니다. 연구 프로젝트를 하고 싶어서 고민과 공부도 많이 했는데, 막상 쓰려고 하니 표현하는 것이 어렵기 때문입니다. 괜찮습니다. 어떻게 써야 하는지는 '6단계-연구 프로젝트 글쓰기'와 '4교시 청소년을 위한 연구 프로젝트 글쓰기 비법(Research Project Writing for Youth)'에서 방법을 설명하고 있으니, 독자는 마음 편히 따라오기 바랍니다.

마지막으로 〈표〉 연구 프로젝트 계획서' 내용 중 'Ⅴ. 연구 프로젝트 수행 일정'은 다음 〈표〉와 같이 구체적으로 작성합니다.

연구 프로젝트 수행 일정

내용 \ 추진	월별 연구 일정											
	1월	2월	3월	4월	5월	6월	7월	8월	9월	10월	11월	12월
사회 현상 발견												
사회 현상 선정												
사회 현상 학습												
계획서 작성												
계획서 검토 (전문가)												
선행 연구 학습												
자료 수집 및 분석												
질문지 작성												
연구 내용 중간 검토												
연구 참여자 선정												
연구 참여자 면담												
면담 자료 분석												
원고 내용 검토												
원고 윤문 (검토)												
심사												
심사에 따른 수정												
연구 프로젝트 최종본 제출												

연구 프로젝트 수행 일정은 연구 과정이 계획에 따라 순서대로 이루어지고 있는지 독자가 셀프체크를 하며 확인할 수 있는 기능을 합니다. 물론 연구 프로젝트는 현장 상황에 따라 변화 가능성이 있습니다. 따라서 유동적으로 진행할 것을 권합니다. 다만, 시기, 대상, 내용 등에 따라 반드시 계획에 맞춰 수행해야 하는 경우를 유의하기 바랍니다. 특히 사회 현상을 대상으로 하고, 사람의 참여를 통해 이루어지는 연구는 적절한 타이밍이 중요합니다. 만약 독자를 중심으로 연구 일정을 짜고 현상을 본다면, 보지 못하고 놓치는 사회 현상, 참여자의 언어 및 행동 등이 존재할 가능성이 큽니다. 연구 프로젝트를 통해 사회 현상과 참여자를 최대한 있는 그대로 관찰하고 분석하기 위해서는 예상하지 못한 순간의 내용이 중요하며, 독자는 연구 프로젝트를 수행하는 과정에서 항상 그 타이밍에 주의를 집중해야 합니다.

04

4단계 - 연구 프로젝트 자료 수집하기

　　4단계 연구 프로젝트 자료 수집은 기존의 질적 연구 방법 중 '문화기술지 연구 방법'에서 수행하는 참여관찰(Participant Observation) 방법을 적용하여 사회 현상에 깊숙이 들어가 관찰, 면접 등을 수행하고, '근거이론 연구 방법'에서 이루어지는 자료 수집 방법도 적용하여 이야기합니다. 독자는 앞서 2단계에서 학습한 '사회 현상 선정 및 학습하기'를 통해, 자신이 발견한 사회 현상을 연구하는 것이 적절한지에 관한 판단을 하기 위해서 자료 수집 방법을 숙지했습니다. 자료 수집 방법은 총 4가지로, ① RISS를 활용한 자료 조사, ② 언론 매체를 활용한 자료 조사, ③ 구글링을 활용한 자료 조사, ④ 도서관을 활용한 자료 조사입니다. 그리고 조사한 자료를 정리하는 '자료 조사 리스트' 양식을 살펴봤습니다.

　　4단계는 2단계에서 학습한 자료 조사 방법과 리스트 작성의 확장판으로 수집한 데이터의 양과 질 측면에서 차이가 있습니다. 쉽게 말해서, 2단계는 독자가 발견한 사회 현상을 선정해야 할지 판단하는 것이 목적이라면, 4단계는 독자가 발견한 특정한 사회 현상을 깊이 있게 연구하는 것이 목적입니다. 발견한 사회 현상에 대해 이미 충분한 지식을 가진 전문가도 있지만 그렇지 못한 학습자도 있으므로, 자료 수집 과정을 통해 학습해야 합니다. 연구 프로젝트를 수행한 후에도 꾸준히 자료를 수집하고 분석하는 학습을 한다면, 해당 사회 현상에 대해서 누구보다 탄탄한 전문성을 발휘할 수 있습니다.

　　지금 사회는 청소년 연구자가 필요합니다. 어른은 이해하지 못하고, 이해하지 못해서 보지 못하는 현상을, 청소년 연구자는 발견할 수 있기 때문입니다. 만약 청소년 독자가 교육, 복지, 문화 등의 분야에 대해 꾸준히 자료를 수집하고 분석하는 등의 일련의 연구 프로젝트 방법 및 글쓰기를 학습한다면, 훌륭한 청소년 전문가이자 연구자가 될 거라 기대합니다.

　　다시 본론으로 돌아와서, 독자가 수집할 수 있는 자료의 종류는 문서자료(1차 기록물), 기록자료(2차 기록물), 연구자 관찰, 인터뷰 등이 있습니다. 다음 〈표〉를 바탕으로 자료의 종류와 수집 방법에 대해서 구체적으로 알아보겠습니다.

연구 프로젝트 자료 수집 종류

자료원	자료 종류	자료 기록 방법	목적
문서자료 1차 기록물	브로슈어, 이메일, 개인문서, 회의자료, 뉴스자료, 내부자료 등을 기록한 자료	문헌노트	본 연구 과정에서 발견되는 현상에 접근하고 이해하는 데 도움
기록자료 2차 기록물	(열람할 수 있는) 공공자료, 공식자료, 출판자료, 연구자료, 통계자료 등을 기록한 자료	문헌노트	본 사례연구 과정에서 수집되는 자료와 결합하여, 자료의 타당성을 확보하기 위함
인터뷰	포커스 그룹 인터뷰 (Focus Group Interview), 개별 인터뷰 (Individual Interview)	메모노트	본 사례연구의 가장 중요한 자료로, 보다 직접적인 자료원(연구 참여자)으로부터 반구조화된 대화를 통해 다양한 자료를 수집하기 위함
연구자 관찰		관찰노트	외부자의 시점: 현상에서 나타나는 실제 사례의 환경과 상호작용 등을 기록
			참여자의 시점: 현상에서 나타나는 특정한 환경과 맥락을 이해하고, 그 안에서 나타나는 구체적인 활동과 특성을 기록

출처: 홍지오(2020: 77)를 수정.

첫째, 문서 및 기록자료는 연구 프로젝트의 주제 및 현장과 관련하여 문서로 만든 자료를 의미합니다. 자료는 독자가 연구 현장을 이해하고, 현장에서 수집한 내용이 적절한지 판단할 수 있는 근거로 활용할 수 있습니다. 또한, 연구 현장 및 참여자를 이해하고 기술하는 데 활용할 수 있습니다. 필자는 자료를 수집하기 위해 연구 현장에 처음 방문할 때는 약속을 잡지 않고 외부인의 관점에서 문서 및 기록자료를 수집합니다. 혹은 약속이 있더라도 2시간 일찍 현장에 도착해서 가능한 한 많은 자료를 수집합니다. 1차 기록물(문서자료)은 브로슈어, 이메일, 개인문서, 회의자료, 뉴스자료, 내부자료 등이고, 2차 기록물(기록자료)은 (열람할 수 있는)공공자료, 공식자료, 출판자료, 연구자료, 통계자료 등입니다.

수집한 자료는 다음 〈표〉에서 제시한 자료 조사 리스트에 기록합니다.

자료 조사 리스트							
자료 번호	분야	제목	핵심 키워드	작성자	출처	조사 날짜	자료 유형
1							
2							
3							
4							
5							
…							

'문서자료 1차 기록물'과 '기록자료 2차 기록물'의 자료는 고찰[8]을 통해 독자의 언어로 기록합니다. 독자의 언어로 기록하는 과정은 일반적인 자료를 독자만의 지식으로 전환하는 과정을 의미합니다. 이 과정을 '문헌고찰'이라고 합니다. 다양한 데이터(논문, 연구보고서, 학술지, 단행본, 신문 등)를 찾아서 '자료 조사 리스트'를 작성했다면, 해당 연구물에 대한 문헌고찰을 합니다. 문헌고찰은 자료 유형에 따라 노트에 작성하는 방법이 다양합니다. 일반적으로 연구자가 자료에서 좋아하는 글, 필요한 글 등을 분석해서 수집하고, 해당 자료에 관한 연구자의 생각을 기술하는 방식으로 '문헌노트'에 기록합니다.

'문헌노트'는 독자가 관심이 있는 사회 현상을 포함하는 분야, 핵심 키워드, 주제, 내용 등과 관련한 자료를 수집하고 기록하며 정리하는 노트입니다. 독자는 관심 있는 사회 현상을 주제로 먼저 공부한 연구자들의 결과물을 보고, 자신의 연구와의 차별점을 발견할 수 있습니다. 또한, 잘 쓴 연구물과 못 쓴 연구물을 구분할 수 있습니다. 잘 쓴 연구물의 특징을 자신의 것으로 만들고, 못 쓴 연구물은 비평하는 등의 학습을 통해 자신만의 연구를 수행하기 위한 학습을 합니다. 다음 〈표〉 문헌노트는 기본적으로 활용할 수 있는 내용으로 구성한 양식입니다. 독자는 〈표〉를 활용해서 자유롭게 변형하여 더욱 효과적으로 기록 및 관리할 수 있는 양식으로 만들어 사용하기 바랍니다.

---

8 고찰은 깊이 생각하고 분석하는 등의 연구 행위를 의미합니다.

분야	
핵심 키워드	
주제	
내용 요약	중요성 및 필요성 :
	목적 :
	문제 :
	연구 방법 :
	결과 :
자료를 통해 발견한 연구자의 아이디어	
자료에서 마음에 드는 문장 베껴쓰기	
자료에 관한 연구자의 생각 메모	
해당 자료 출처 표기 (※참고문헌 표기 양식으로)	

둘째, 인터뷰 자료는 연구 프로젝트 참여자로부터 직접 수집할 수 있는 중요한 자료입니다. 독자는 친구와 대화한다고 생각하며 편안한 마음으로 인터뷰에 임하기를 바랍니다. 물론 인터뷰이(참여자)가 안정감을 느낄 수 있도록 인터뷰 질문지 작성 및 진행을 철저하게 준비해야 합니다.

인터뷰는 인터뷰이(참여자)에게 궁금한 내용을 써보는 질문지 작성에서 시작합니다. 다만, 독자는 준비한 질문의 내용과 순서에 따라 인터뷰가 이루어지지 않는다는 것을 참고하기 바랍니다. 독자는 인터뷰이(참여자)의 이야기에 따라 인터뷰 내용과 방향을 유연하게 운영해야 합니다. 이를 위해 반구조화한 대화를 통해 인터뷰를 진행합니다. 반구조화 대화란 독자가 인터뷰를 하기 전에 미리 작성한 질문지에 따라 진행하는 것을 구조화한 대화라고 한다면, 반대로 준비한 질문대로 대화하지 않는 인터뷰를 의미합니다. 그렇다고 해서 기존에 준비한 인터뷰 질문지가 불필요한 것은 아닙니다. 앞서 언급한 바와 같이, 독자는 인터뷰를 진행하기 위해 철저한 준비를 해야 합니다. 사전에 준비한 질문지는 인터뷰 내용의 방향을 대략 잡아주는 가이드입니다. 중요한 것은 가이드에 지나치게 의존하지 말고, 인터뷰이(참여자)의 이야기에 따라 궁금한 내용을 묻는 방식으로 인터뷰를 자연스럽게 이끄는 진행력입니다. 인터뷰 진행력은 처음부터 만들어지지 않습니다. 하다 보면 자연스럽게 요령이 생기니까 처음부터 부담가지지 말고 일단 시도해보기 바랍니다. 필자는 처음 인터뷰를 진행할 때 준비단계에서부터 떨리고 막막했습니다. "이 질문은 쓸데없는 내용이 아닐까?", "이 질문을 하면 인터뷰이(참여자)가 불쾌하지 않을까?", "인터뷰이(참여자)가 나를 전문성도 없는 사람으로 보면 어떡하지?" 등등. 수많은 걱정이 마음을 불안하게 만들었습니다. 가장 두려웠던 것은 이 질문이었습니다.

"인터뷰했는데, 연구 프로젝트에 쓸 만한 내용이 없으면 어떡하지?"

걱정은 이미 필자가 다 했으니, 독자는 걱정하지 않아도 됩니다. 독자는 본 책에서 제시하고 있는 단계별 연구 프로젝트 수행과정을 통해 자연스럽게 전문성을 갖출 것이고, 인터뷰이(참여자)에게 적절한 질문을 하며, 인터뷰를 잘 진행할 수 있을 것입니다.

인터뷰는 대상에 따라 포커스 그룹 인터뷰(Focus Group Interview)와 개별 인터뷰(Individual Interview)로 구분하여 진행합니다. 개별 인터뷰(Individual Interview)는 연구 프로젝트 현장에서 만난 참여자, 관계자, 관심자 등을 대상으로 1:1로 진행합니다. 참여자가 1:1 면담을 부담스러워하는 경우, 상황에 따라 1:2~3 정도로 섭외하여 진행하는 것도 좋은 방법입니다. 인터뷰는 참여자가 더욱 편안한 마음과 환경에서 풍부한 이야기를 하는 것이 중요하기 때문입니다. 포커스 그룹 인터뷰(Focus Group Interview)는 5~10여 명의 집단 인터뷰를 의미합니다. 필자의 경험상 10여 명이 참여하는 인터뷰에서는 양질의 답을 얻기가 어렵습니다. 포커스 그룹 인터뷰는 독자의 인터뷰 진행 능력이 특히 중요합니다. 인터뷰이(참여자)들은 각자 하고 싶은 이야기가 있어서, 인터뷰가 주제를 잃고 산으로 가는 경우가 있기 때문입니다. 따라서 독자는 욕심내지 말고, 자신이 진행할 수 있는 적정 인원에 맞춰 포커스 그룹 인터뷰를 진행하기 바랍니다. 인터뷰 참여자 선정은 연구 프로젝트 주제에 대한 풍부한 경험, 지식, 정보 등을 제공할 가능성이 있고, 질문(지)에 따른 대답을 말과 글로 나타낼 수 있는 능력이 있으며, 연구에 관심이 많은 참여자를 섭외하여 진행하는 것이 좋습니다.

"상상해봅시다.
인터뷰를 시작하면 가장 신경 쓰이는 것은 무엇일까요?"

바로 '음성 녹음'입니다. 인터뷰는 음성 녹음을 통해 자료를 수집합니다. 음성 녹음한 내용은 전사[9]하여 눈에 보이는 문자로 기록합니다. 전사한 인터뷰 내용은 연구 프로젝트 내용에 직접 또는 간접적으로 활용할 수 있는 중요한 자료입니다. 이를 위해 독자는 인터뷰를 진행하기에 앞서 인터뷰이(참여자)와 인사를 나누며 편안한 분위기를 조성합니다. 초반에 인터뷰이(참가자)에게 음성 녹음을 해도 괜찮은지 허락을 구하는 일이 중요합니다. 당연히 인터뷰 음성 녹음을 허락 없이 하면 안 되고, 녹음한다고 말하면 인터뷰이(참여자)가 불편할까 봐 걱정이 됩니다. 혹은 녹음을 거절할 수도 있다는 생각에 내적 갈등을 느끼기도 합니다. 해결 방법은 간단합니다. 많은 인터뷰이(참여자)는 내용을 녹음할 수도 있다는 생각을 이미 하고 있습니다. 혹 일부 인터뷰이(참여자)가 녹음을 거절하면 많은 양의 질문과 내용을 인터뷰할 수는 없지만, 질 높은 내용을 메모하고, 인터뷰 후에 가급적 짧은 시간 안에 메모 내용과 함께 기억을 복귀하여 기록해두기 바랍니다. 간혹 음성 녹음을 하면서 허락을 구하지 않고 하는 연구자가 있습니다. 비윤리적인 행위입니다. **연구보다 중요한 것은 인터뷰이(참여자)에 대한 존중입니다.** 독자는 아래 제시된 내용을 참고하여, 인터뷰이(참여자)에게 녹음 허락을 받고 인터뷰를 진행하기 바랍니다. 인터뷰이(참여자)가 최대한 마음 편히 이야기할 수 있도록 안내해야 합니다.

"이제, ○○ 연구 프로젝트에 관하여 여쭤보고 싶은 내용을 인터뷰하려고 합니다. 인터뷰는 연구 프로젝트 수행 목적 이외에는 절대 공개하지 않고, 인용한 이야기는 인터뷰이(참여자)에게 공개 전 공유하며, 요청에 따라 익명으로 표기하도록 하겠습니다. 고개를 끄덕여 주시면 허락해주시는 것으로 알고 녹음과 함께 인터뷰를 시작하도록 하겠습니다."

인터뷰 내용을 기록하는 다른 방법으로는 '메모노트'가 있습니다. 주의할 점은 인터뷰 진행 과정에서 메모하느라 내용 및 흐름이 부자연스러워지는 상황을 경계해야 합니다. 가급적 필요한 메모만 하기를 바랍니다. 앞서 언급했지만, 가장 좋은 인터뷰 기록 방법은 음성 녹음이고, 메모노트는 보조 수단입니다. **또한 메모노트는 우연히 떠오르는 아이디어를 언제든지 기록할 수 있는 공간이기도 합니다.** 흔히 휴대폰 메모장에 기록합니다. 장점은 휴대폰은 항상

---

9 전사는 인터뷰한 내용을 받아쓰는 작업으로, 음성을 문자로 작성합니다.

옆에 있는 경우가 많아 언제든지 메모를 할 수 있습니다. 단점은 관리가 어려워 막상 필요할 때 찾기가 어렵습니다. 메모한 기억은 분명히 있는데, 언제, 어떤 내용으로 메모하고 저장했는지 기억이 나지 않아 답답했던 경험이 있을 것입니다.

독자는 연구 프로젝트 학습을 기회로 메모를 효율적으로 하는 습관을 갖기 바랍니다. 가능한 매일 밤 자기 전 책상에 앉아, 그날 휴대폰에 저장해 두었던 메모를 '메모노트'에 옮겨 적기 바랍니다. 물론 평소에 '메모노트'를 가지고 다니며 기록하면 좋지만, 일상에서 사회 현상을 우연히 포착하거나, 아이디어가 불현듯 떠올랐을 때, 노트를 꺼내서 기록하는 과정은 단순하지만 번거롭거나 귀찮게 느껴질 수 있습니다. 따라서 휴대폰에 기록하고, 책상에서 일과를 마무리하면서 '메모노트'에 옮겨 적고 관리하는 습관을 추천합니다.

메모노트 양식

- 주제 : _____

- 날짜 : _____
- 시간 : _____
- 기록 내용 :
_____
_____

- 나의 생각 :
_____
_____

- 기타 :
_____
_____

셋째, **연구자 관찰 자료**는 독자의 성실성과 노력을 보여주는 자료입니다. 독자의 관찰은 관찰노트(Observation Note)[10]를 통해 수집합니다. 관찰노트는 독자를 **외부자의 시점**과 **참여자의 시점**으로 구분하여 연구 현장을 기록합니다. 외부자의 시점은 실제 연구 현장의

---

10 질적 연구 방법에서는 '필드노트(Field Note)', '관찰노트(Observation Note)'라는 용어를 사용합니다. 본 책에서는 이를 종합하여 '관찰노트(Observation Note)'라고 명명하고, 독자가 연구 프로젝트에 실질적으로 활용할 수 있도록 제시합니다.

환경과 현장에서 일어나는 상호작용 등의 현상을 제3자의 관점에서 기록합니다. **참여자의 시점**은 실제 현장에 깊숙이 들어가 특정한 환경과 맥락 속에서 어떠한 구체적인 활동과 특성을 경험하는 참여자의 관점에서 기록합니다.

관찰노트는 연구 프로젝트 과정에서 시간과 노력이 많이 필요한 작업 중 하나입니다. 노력이 많이 필요한 만큼 중요한 내용을 담고 있습니다. 관찰노트는 독자가 연구 내용을 기술할 때 자신이 발견 및 통찰하지 못한 내용을 찾을 수 있는 우물(목마른 자의 정수기)과 같은 존재입니다. 관찰노트의 양식은 아래 〈표〉와 같습니다. 독자는 아래 〈표〉 관찰노트 양식을 바탕으로 관찰하고자 하는 현상 및 대상의 특수성을 반영하여, 항목을 추가 및 수정해서 유연하게 활용하기 바랍니다.

관찰노트 양식

- 연구 주제 : _____

- 연구자 : _____
- 날짜 : _____년 _____월 _____일
- 시작 시간 ~ 종료 시간(총기록 시간) : _____
- 장소 : _____

- 오늘의 포커스(Focus) 및 포착한 현상(Situation)
  : _F1_____
  : _F2_____
  : _S1_____
  : _S2_____

- 관찰 기록-OC(Observed Comment)

_F1_____
_____
_____
_____

_F2_____
_____
_____
_____

_S1_____

_____

_____

_____

_S2_____

_____

_____

_____

•피드백 기록 - FC(Feedback Comment)

_____

_____

_____

_____

•기타 기록 내용

_____

_____

관찰노트 작성 방법은 다음과 같습니다.

① 연구자는 관찰 시간 동안 보고자 하는 것이 무엇인지 미리 설정한다.
② 연구자가 현장에서 보고 듣고 경험한 이야기를 기록해야 할지 판단하기 전에, 가능한 기록하는 것을 우선으로 한다.
③ 연구자가 관찰노트를 보았을 때, 머릿속에 생생하게 상황을 떠올릴 수 있도록 가급적 현장감 있게 기록한다.
④ 관찰이 끝난 후, 가급적 짧은 시간 안에 관찰노트를 정리하고, 추가로 개인적인 생각이나 느낌 등을 메모한다.

관찰노트는 '오늘의 포커스(Focus)'와 '포착한 현상(Situation)'을 구분하여 기술합니다. 오늘의 포커스(Focus)는 독자가 사전에 보고자 하는 특정한 현상을 가지고 집중해서 관찰하며 기록합니다. 포착한 현상(Situation)은 독자가 현장에서 우연히 발견한 현상을 집중해서 관찰하며 기록합니다. 더하여, '기타 기록 내용'에는 관찰노트 기록을 이해하기에 도움이 될 만한 메모, 사진, 동영상, 자료집 등을 추가로 첨부합니다.

　지금까지 연구 프로젝트를 수행하는 데 유용하게 사용할 수 있는 문헌노트, 메모노트, 관찰노트를 살펴보았습니다. 각 노트에 기록한 내용은 버릴 게 없습니다. 사회 현상은 우리의 삶 속에 등장하는 교육, 정치, 경제, 사회, 문화 등의 다양한 영역에서 많은 사람과 관계하여 나타나기 때문에, 각 노트에 담긴 내용은 다시 활용할 수 있습니다. 예를 들면, 이번에 '교육공동체'에 대해 연구 프로젝트를 수행하면서 노트를 만들었다면, 다음에 '학교공동체, 마을공동체, 관계공동체 등'의 주제를 연구할 때 관련 있는 자료로 활용할 수 있습니다. 또한, 독자는 자신이 필요하다면 더 다양한 종류의 노트를 만들어서 사용해도 좋습니다. 다양한 메모를 통해 수시로 기록하고 지속적으로 성찰하여 자신만의 연구 프로젝트 과정을 이루어 내기를 바랍니다. 더하여 독자가 만든 노트는 평소 자신이 관심 있는 분야와 내용을 기록하고 있습니다. 청소년 연구자가 진로를 탐색하는 과정에서 관심사와 직업군을 발견하고자 할 때, 노트는 더할 나위 없이 훌륭한 자료가 되어줄 것입니다.

　마지막으로 연구 프로젝트에서 자료 수집은 일정 기간만 하는 것이 아니라, 지속적으로 이루어진다는 것을 인식하기 바랍니다. 앞서 제시한 〈표〉 연구 프로젝트 수행 일정에서 특정한 자료 수집 기간이 제시된 것은 자료 수집에 집중하는 시기를 의미합니다.

"그렇다면 언제까지 자료를 수집해야 하나?"

　독자는 연구 프로젝트를 진행하면서, 어느 순간 새로운 연구물이나 참여자를 만났는데도 보았던 내용이 또 보이고, 들었던 이야기가 또 들리는 시기가 올 것입니다. 그 시기가 올 때까지 자료 수집을 진행해야 합니다. 이를 '자료의 포화 시기'라고 합니다. 이렇듯 풍부한 연구 결과를 얻기 위해서는 지속적이고 반복적인 자료 수집의 노력이 필요합니다.

"자, 이제 수집한 자료를 분석하러 가보겠습니다."

05

5단계 - 연구 프로젝트 자료 분석하기 ✏️

5단계 연구 프로젝트 자료 분석은 '근거이론 연구 방법'에서 나타나는 체계적인 자료 분석 방법과 '현상학 연구 방법'을 적용하여 제시합니다.

"자료 분석의 핵심 도구는 독자(사람)입니다."

연구 프로젝트 자료 분석과정에서 독자의 역할은 매우 중요합니다. 독자가 어떤 도구가 되느냐에 따라 분석과정과 결과의 질(Quality)이 달라집니다. 뛰어나고 좋은 연구 참여자들과 연구 프로젝트를 진행해도, 독자가 자료 분석과정에서 역할을 제대로 하지 못하면 쓸모없는 내용으로 전락합니다.

"연구 프로젝트 자료 분석은 어떻게 하나요?"

독자는 연구 프로젝트 자료를 수집하면서 학습한 지식, 경험, 인식 등을 바탕으로 한 맥락성과 전문성을 가지고 분석합니다. 이 과정에서 사회 현상에 대한 자신의 편견이나 사전 지식을 최대한 배제하여 선입견이나 섣부른 판단을 없애기 위해 노력해야 합니다. 또한, 최대한 오염되지 않은 자료를 수집하고 분석하여, 현상을 온전하게 볼 수 있도록 노력해야 합니다. 이러한 노력을 바탕으로 한 독자는 현상을 최대한 편견 없이, 있는 그대로 볼 수 있는 상황과 인식을 통해 연구 프로젝트를 수행할 수 있습니다. 그 결과 사회 현상을 통해 보지 못하고 놓칠 수 있는 이야기를 포착하여 연구를 통해 보여줄 수 있습니다. 만약 독자가 이미 알고 있는 지식이나 선입견을 통해 현상을 연구한다면, 결과는 예측할 수 있는 범위 내에서 도출되고, 연구의 필요성은 낮아집니다. 쉽게 말해서 필요 없는 연구를 하는 꼴이 됩니다.

5단계 연구 프로젝트 자료 분석은 '코딩 분석'으로 이루어집니다. 코딩 분석의 장점은 체계적인 자료 분석을 통해 내용을 쉽게 이해할 수 있도록 제시하고 설득력을 제공합니다(홍지오, 2020: 81-83). 코딩은 수집한 자료를 바탕으로 의미 있는 단위를 발견하고 범주화하여 명명(Naming)하는 자료 분석 과정입니다. 코딩 분석은 자료를 단순히 범주화하여 구분하는 것이 아니라, 개념화의 과정이자 분석의 핵심이라고 할 수 있습니다(윤견수, 2013). 따라서 코딩 분석 과정에서 중심 내용을 보여주는 핵심범주를 도출해야 합니다. 핵심범주는 연구 프로젝트 자료 분석의 기준점으로, 독자가 자료 분석 과정에서 중심을 잡을 수 있는 요인이자 근거입니다.

이렇듯 독자는 코딩 분석을 통해 자신이 발견한 다양한 범주(모습, 특징, 요인 등)와 내용을 바탕으로 핵심범주를 도출합니다. 자료 코딩 분석 과정은 아래 〈표〉와 같습니다.

자료 코딩 분석 과정

구분	방법	내용 단위[11]	표현	자료
1차 코딩 분석	개방코딩	개념화 범주화	vivo code	[자료원] • 문서자료(1차 기록물) • 기록자료(2차 기록물) • 인터뷰 • 직접관찰 • 참여관찰
2차 코딩 분석	소·중주제 코딩	구조화	구조화된 언어	1차 코딩 분석 자료
3차 코딩 분석	주제별 코딩	주제화	주제 분석표	2차 코딩 분석 자료

자료 코딩 분석 과정은 '1차 코딩 분석', '2차 코딩 분석', '3차 코딩 분석'으로 구분하여 진행합니다. 먼저 1차 코딩 분석 과정입니다. 〈표〉 1차 코딩 분석－개념화 및 범주화는 1차 코딩 분석 과정을 수행한 사례입니다. 다음 〈표〉를 도출하기 위해서는 모든 자료원(문서자료, 기록자료, 인터뷰 전사 자료, 직접관찰 자료, 참여관찰 자료 등)을 문서로 만든 후, 유의미하다고 판단

---

11 내용 단위로 제시한 각 용어는 김영천 외(2019: 316)를 참고하여 다음과 같이 정의하여 제시합니다.
개념화: 자료로부터 어떤 개념을 도출했는가?
범주화: 도출된 개념을 어떻게 관련 지어 어떤 범주를 도출했는가?
구조화: 도출된 개념과 범주를 어떻게 관련지어 전체적인 구조를 도출했는가?
주제화: 전체적인 분석을 통해 어떤 주제를 도출했는가?

하는 텍스트(문장, 문단)를 추출하여 범주화해야 합니다. 특히 이 과정에서 최대한 많은 개념을 발견하기 위해서는 자료를 꼼꼼하게 읽고, 텍스트를 발췌하는 분석이 중요합니다. 1차 코딩 분석에서 최대한 많은 개념을 발견하면, 2차, 3차 코딩 분석 진행 시 고려할만한 개념 및 내용을 풍부하게 가질 수 있습니다.

1차 코딩 분석-개념화 및 범주화

구분	텍스트 (문장, 문단) vivo code	개념/범주	참여자	출처 (자료원)
질문				
대답	선생님 같은 경우 외부활동할 때 같이 나가셔야 하는데, 크게 불편해하신 분은 없었는데, 이런 우려는 있었다. 저희가 외부 활동을 하려고 하는데 괜찮겠느냐? 했을 때 담당하시는 선생님들이 나가는 활동을 안 좋아할 수도 있다고 하셨다. 같이 활동을 하면서 나가셨던 분들 중에서 싫다고 하신 분은 없었다.	외부활동에 대한 교사의 불안	김OO 활동가	파일1 (인터뷰)
대답	저희도 처음에 접근할 때 이것을 진로를 위해서 하는 프로그램이 아니라, 관계를 만들기 위해서 하는 프로그램이라고 생각하면서 진행을 한다.	프로그램의 취지를 상황에 맞게 고민, '관계 맺기'	이OO 활동가	파일 3 (인터뷰)
질문				
대답	지리적인 특징이 있어요. 담을 맞대고 있잖아요. 학교와 센터 사이에 담. 그런데 그게요, 별거 아닌 것 같은데 그게 중요해요. 지리적인 특징. 그리고 학교를 중심으로 아파트 주거지가 둘러싸고 있잖아요. 그런 게 별거 아닌 게 아니더라고요. 예를 들면, 망우청소년수련관이 있는데 거기는 학교랑 저기 떨어져 있어요, 그래서 학부모나 학생 입장에서는 거기까지 가지 않아요. 그런데 여기는 붙어있는 상황이니까 굉장히 겉으로 볼 때도 친숙하고 집중되어있는 범위 내에 다 있어요.	A중학교의 특징은 학교, 센터, 아파트가 서로 붙어 있어서, 친숙하고 집중된 범위를 가짐	서OO	파일 7 (인터뷰)
…	…	…	…	…

1차 코딩 분석 방법인 '개방코딩'은 수집한 자료를 반복적으로 읽으면서 중요하거나 의미 있는 내용을 여과 없이 추출하는 자료 분석 방법입니다. 개방코딩은 수집한 자료를 바탕으로 '개념화'하고, 개념 간 '범주화'를 통해 각 범주가 가지는 속성과 차원을 밝히는 분석 과정입니다(김영천, 2013). 범주는 '왜(Why)'를 묻는 것과 같습니다. 특정한 내용이 다른 범주에 있지 않고 '왜' 이 범주에 다른 내용과 함께 묶여서 하나의 범주를 형성하였는가에 대한 대답입니다. 범주를 구분한 대답의 기준은 속성입니다. 독자는 범주화 과정을 통해 자료 분석을 체계적으로 할 수 있습니다.

코딩 과정에서 코드나 범주에 이름을 붙이는 방식으로 비보 코드(vivo code)를 사용합니다. 비보 코드는 참여자의 말을 그대로 가져와 이름을 붙이는 행위를 말합니다. 사회 현상 속 경험의 주체자인 참여자를 중심으로 최대한 날것 그대로 자료를 분석할 수 있습니다. 특히 비보 코드는 참여자의 관점이 중요한 내용일 경우 효과적입니다. 다만, 참여자의 언어가 상황 맥락에 따라 자연스럽게 사용하는 로컬 언어(Local-language)[12]이기 때문에 정제하는 작업이 필요합니다. 물론 독자가 판단하여 연구의 현장성을 보여주기 위해서 로컬 언어를 그대로 사용해도 괜찮습니다. 1차 코딩 분석 과정에서 비보 코드를 사용하는 이유는 사회 현상이 가진 특정한 상황과 맥락을 이해하고, 양상과 특징을 발견하기 위한 것이기 때문입니다.

다음으로, 2차 코딩 분석은 1차 코딩 분석을 통해 도출한 내용을 대상으로 이루어집니다. 독자는 연구 프로젝트에서 접근하고자 하는 목적 및 문제를 고려하여 연관성이 높고 중요하다고 판단하는 내용을 범주화해서 주제를 추출할 수 있도록 분석해야 합니다. 1차 코딩 분석 과정(개념화, 범주화)을 통해 도출한 내용은 2차 코딩 분석 과정에서 소주제로 설정하고, 소주제 중 반복적으로 나타나며, 연구 목적 및 문제와 연관성이 높다고 판단하는 내용을 중주제로 도출합니다. 다음 〈표〉는 주제별 코딩 방법을 적용해 소주제와 중주제를 구조화한 2차 코딩 분석의 사례를 보여줍니다.

---

12 로컬 언어는 사투리, 비속어, 축약어 등을 의미합니다.

2차 코딩 분석-소주제, 중주제

구분	자료(문장, 문단)	개념/범주	소주제	중주제	참여자	출처 (자료원)
질문						
대답	선생님 같은 경우 외부활동할 때 같이 나가셔야 하는데, 크게 불편해하신 분은 없었는데, 이런 우려는 있었다. 저희가 외부 활동을 하려고 하는데 괜찮겠느냐? 했을 때 담당하시는 선생님들이 나가는 활동을 안 좋아할 수도 있다고 하셨다. 같이 활동을 하면서 나가셨던 분들 중에서 싫다고 하신 분은 없었다.	외부활동에 대한 교사의 불안	학교·지역사회·가정 간 인식의 차이	학교·지역사회·가정의 연계에서 나타난 문제	김00 활동가	파일1 (인터뷰)
대답	저희도 처음에 접근할 때 이것을 진로를 위해서 하는 프로그램이 아니라, 관계를 만들기 위해서 하는 프로그램이라고 생각하면서 진행을 한다.	프로그램의 취지를 상황에 맞게 고민, '관계 맺기'	학교와 연계를 위한 마을활동가의 노력	지역 사회의 변화와 노력	이00 활동가	파일3 (인터뷰)
질문						
대답	지리적인 특징이 있어요. 담을 맞대고 있잖아요. 학교와 센터 사이에 담. 그런데 그게요 별거 아닌 것 같은데 그게 중요해요. 지리적인 특징. 그리고 학교를 중심으로 아파트 주거지가 둘러싸고 있잖아요. 그런 게 별거 아닌 게 아니더라고요. 예를 들면, 망우청소년수련관이 있는데 거기는 학교랑 저기 떨어져 있어요, 그래서 학부모나 학생 입장에서는 거기까지 가지 않아요. 그런데 여기는 붙어있는 상황이니까 굉장히 겉으로 볼 때도 친숙하고 집중되어 있는 범위 내에 다 있어요.	A중학교의 특징은 학교, 센터, 아파트가 서로 붙어 있어서, 친숙하고 집중된 범위를 가짐	지역사회에서 중요한 학교의 가치 발견	교육 공동체 (학교·지역사회·가정)에 관한 인식과 발견	서00	파일7 (인터뷰)
...	...	...	...	...	...	...

　　마지막으로 3차 코딩 분석에 대해서 알아보겠습니다. 〈표〉3차 코딩 분석-대주제는 3차 코딩 분석의 사례를 보여줍니다. 1차와 2차 코딩 분석을 통해 도출한 '개념화 및 범주화', '구조화(소주제·중주제)' 내용은 3차 코딩 분석 과정에서 '주제화'하여, 마지막 '대주제'라고 명명하는 결과를 도출합니다. 다음으로 1차 코딩 분석 과정에서 문서로 만든 자료원을 다시 꺼내어 소주제와 중주제를 발췌한 부분의 전후 내용을 다시 읽어보고, 맥락을 파악한 후 최종적으로 대주제를 설정합니다.

구분	자료(문장, 문단)	개념/범주	소주제	중주제	대주제	참여자	출처 (자료원)
질문							
대답	선생님 같은 경우 외부활동할 때 같이 나가셔야 하는데, 크게 불편해하신 분은 없었는데, 이런 우려는 있었다. 저희가 외부 활동을 하려고 하는데 괜찮겠느냐? 했을 때 담당하시는 선생님들이 나가는 활동을 안 좋아할 수도 있다고 하셨다. 같이 활동을 하면서 나가셨던 분들 중에서 싫다고 하신 분은 없었다.	외부 활동에 대한 교사의 불안	학교·지역사회·가정 간 인식의 차이	학교·지역사회·가정의 연계에서 나타난 문제	경계의 '담'	김00 활동가	파일1 (인터뷰)
대답	저희도 처음에 접근할 때 이것을 진로를 위해서 하는 프로그램이 아니라, 관계를 만들기 위해서 하는 프로그램이라고 생각하면서 진행을 한다.	프로그램의 취지를 상황에 맞게 고민, '관계 맺기'	학교와 연계를 위한 마을 활동가의 노력	지역사회의 변화와 노력	담에 생긴 '틈'	이00 활동가	파일3 (인터뷰)
질문							
대답	지리적인 특징이 있어요. 담을 맞대고 있잖아요. 학교와 센터 사이에 담. 그런데 그게요, 별거 아닌 것 같은데 그게 중요해요. 지리적인 특징. 그리고 학교를 중심으로 아파트 주거지가 둘러싸고 있잖아요. 그런 게 별거 아닌 게 아니더라고요. 예를 들면, 망우청소년수련관이 있는데 거기는 학교랑 저기 떨어져 있어요, 그래서 학부모나 학생 입장에서는 거기까지 가지 않아요. 그런데 여기는 붙어있는 상황이니까 굉장히 겉으로 볼 때도 친숙하고 집중되어있는 범위 내에다 있어요.	A중학교의 특징은 학교, 센터, 아파트가 서로 붙어 있어서, 친숙하고 집중된 범위를 가짐	지역사회에서 중요한 학교의 가치 발견	교육공동체(학교·지역사회·가정)에 관한 인식과 발견	틈이 모여 만들어진 변화의 '문'	서00	파일7 (인터뷰)
…	…	…	…			…	…

앞서 제시한 1~3차 코딩 분석한 사례 내용을 정리하여 종합하면, 다음 〈표〉와 같이 주제 분석 프레임을 도출할 수 있습니다.

주제 분석 프레임		
대주제	중주제	소주제
3차 코딩	2차 코딩	2차 코딩
주제화	구조화	개념화, 범주화 (1차 코딩)
경계의 '담'	• 학교·지역사회·가정의 연계에서 나타난 문제	• 학교·지역사회·가정 간 협력적 관계 형성의 문제 • 활동 프로그램에 대한 학교 지원시스템의 부재 • 학교·지역사회·가정 간 인식의 차이
	• 활동 프로그램에서 나타난 문제	• 활동 프로그램의 질에 대한 의문 • 활동 프로그램의 다양성과 수용력의 한계 • 활동 프로그램의 지속성의 한계
	• 가정(학부모) 참여의 부재로 인한 한계	• 학부모의 불안 • 학부모 참여의 부재로 인한 인식의 한계
…	…	…

연구 프로젝트의 주제 분석 프레임에 관한 기술 방식은 다음에 이어지는 '6단계 – 연구 프로젝트 글쓰기' 내용 중 '4. 연구 프로젝트 결과' 쓰기(189쪽)에서 설명하도록 하겠습니다.

06

6단계 - 연구 프로젝트 글쓰기
: 체계적 글쓰기

　필자가 신문사 기자로 있을 때 일입니다. 신문사에 입사하기 전(前), 기자는 글을 잘 쓰는 직업이라고 생각했습니다. 취재하고 글을 쓰는 일이 업(業)이기 때문입니다. 기자가 되어 직업 현장에서 발견한 사실이 있습니다. 기자는 글(기사)을 잘 쓰기 위한 '체계적 글쓰기'를 하고 있다는 사실입니다.

> **"체계적 글쓰기는 누구나 글을 잘(Well) 쓸 수 있는 방법입니다."**

　필자가 일했던 신문사에서는 수습기자 시절 혹독한 현장 취재와 기사 글쓰기 훈련을 합니다. 대략 10년 차 기자가 되면 칼럼, 논설 따위의 긴 글을 쓰지만, 그전에는 체계적 글쓰기를 통해 빈칸 채우기를 합니다. 기자의 체계적 글쓰기는 일정한 규칙에 따라 만들어진 글(기사)의 빈칸을 취재를 통해 팩트(Fact)로 채워서 완성하는 방식입니다. 신문을 보면 신문사마다 어느 정도 정형화된 규칙과 틀을 발견할 수 있습니다.

　필자는 수습기자 시절 훈련한 체계적 글쓰기 방법을 대학원에서 연구 논문을 쓸 때 활용했습니다. 필자가 관심 있는 분야에 대해서 글을 잘 쓰는 학자나 연구자의 글을 분석해서 정형화된 규칙과 틀을 발견하여 글쓰기를 훈련했습니다. 대학원에서는 흔히 '학술적 글쓰기'라는 말을 많이 합니다. 그런데 정작 학술적 글쓰기가 무엇인지 모르는 대학원생이 제법 있습니다. 자기 생각을 논리적으로 글을 써서 표현했는데, 학술적이지 못하다고 평가받는 대학원생도 많이 봅니다. 그들은 속이 답답할 것입니다. 대체 학술적 글쓰기가 뭐길래 글쓰기를 못했다는 평가를 받았는지 알 길이 없기 때문입니다. 필자가 앞서 제시한 체계적 글쓰기 방법을 알게 된다면 답답한 속을 뻥 뚫을 수 있습니다.

"체계적 글쓰기는 누구나 글을 쉽게(Easy) 쓸 수 있는 방법입니다."

처음 연구 프로젝트 글쓰기를 하려면 막막합니다. 읽어본 적은 있으나 직접 써보지 않았으니까 당연합니다. 음식을 먹는 건 쉬운데 만드는 건 어렵고, 영화를 보는 건 쉬운데 만드는 건 상상할 수 없을 정도로 어려운 것과 같습니다. 하지만 걱정하지 않아도 됩니다.

"독자는 제시된 연구 프로젝트 글쓰기 틀의 빈칸을 채우기만 하면 됩니다."

빈칸이 작을 때도 있고, 클 때도 있지만 상관없습니다. 앞서 학습한 4단계 연구 프로젝트 자료 수집과 5단계 자료 분석하기를 통해 채워야 할 내용은 충분히 얻을 수 있기 때문입니다.

지금부터 필자가 알려주는 연구 프로젝트 글쓰기 방법인 체계적 글쓰기를 따라온다면, 누구나 재미있고 쉽게 글을 쓸 수 있습니다. 다만, 본 책에서 제시하는 연구 프로젝트 글쓰기 방법이 절대적인 체계와 내용을 제시하는 것은 아니라는 점을 명심하기 바랍니다. 글쓰기에서 절대적인 방법은 없습니다. 처음에는 책에서 제시한 글쓰기 방법을 그대로 활용하여 글을 써도 괜찮지만, 글쓰기 훈련의 과정이라고 생각하기 바랍니다. 이 방법이 익숙해진 독자는 점차 자신만의 체계와 내용으로 만들어진 글쓰기 비법을 가질 수 있습니다. 자신만의 연구 프로젝트 글쓰기 비법을 갖는 것이 훈련의 목적입니다. '4교시 청소년을 위한 연구 프로젝트 글쓰기 비법(Research Project Writing for Youth)'에서 훈련을 돕도록 하겠습니다.

"본격적으로 연구 프로젝트 글쓰기를 시작하겠습니다."

연구 프로젝트 글쓰기는 크게, '(1) 글쓰기 실행 단계', '(2) 글쓰기 마무리 단계', '(3) 연구 프로젝트 심사 단계'로 구분하여 살펴보겠습니다.

1. 연구 프로젝트 글쓰기 실행 단계

연구 프로젝트 글쓰기는 독자가 쓰는 글의 기본이자 중심이 되는 목차에 따라 내용을 채우는 과정입니다. 목차는 글의 구조와 내용을 한눈에 보여주는 그림입니다. 마치 자신이 그린 그림을 펴고, 그림 속 하늘, 나무, 집, 사람을 무슨 의미로 그렸는지 설명하는 것과 같습니다. 차이가 있다면, 그림을 설명할 때는 말(Talk)로 했지만, 연구 프로젝트에서는 글(Text)로 써야 합니다.

연구 프로젝트 글쓰기는 서론, 본론, 결론의 상위 제목을 붙여주고, 각 상위 제목을 구성하는 하위 제목에 관한 내용을 작성하면, 한 편의 연구물(주제)을 완성하는 글쓰기입니다.

연구 프로젝트 글쓰기 구조

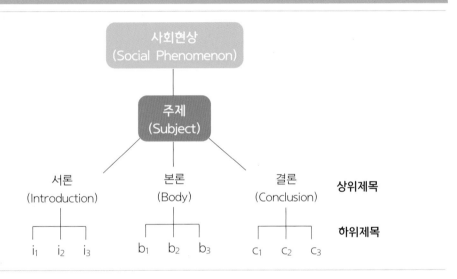

독자는 다음에 제시한 〈표〉 연구 프로젝트 목차에 따라 글을 쓰다 보면, 한 편의 연구 프로젝트를 완성하는 순간을 반드시 맞이할 것입니다. 제시된 목차 내용을 전부 포함해도 되고, 자신의 연구 내용에 따라 변형해서 사용하기를 바랍니다. 지금부터 차근차근 따라오기 바랍니다.

연구 프로젝트 목차

I. 서론
 1. 연구 프로젝트의 필요성
 2. 연구 프로젝트의 목적
 3. 연구 프로젝트 문제

II. 본론
 1. 선행 연구 분석
 2. 연구 프로젝트 과정
 가. 연구 프로젝트 현장
 나. 연구 프로젝트 참여자
 다. 연구 프로젝트 방법
 라. 자료 수집
 마. 자료 분석
 3. 연구 프로젝트 설계
 4. 연구 프로젝트 결과
 5. 연구 프로젝트의 타당성 및 신뢰성

III. 요약 및 결론
 1. 요약
 2. 결론
 3. 연구 프로젝트의 한계점 및 제언
 가. 연구 프로젝트의 한계점
 나. 연구 프로젝트의 제언

"목차란 무엇인가?"

목차는 연구의 전체적인 모습과 흐름을 볼 수 있는 내용을 제시하는 그림입니다. 그림을 집짓기에 비유하면, 집의 설계도와 같아서 지붕, 기둥, 벽면, 토대 등을 포함하고, 튼튼하고 안정적인 집의 구조를 보여줍니다. 또한, 목차는 연구 프로젝트 글쓰기의 전체와 부분을 보여주는 지도에 비유할 수 있습니다. 지도는 각 목차에서 제시한 상위·하위 제목에 따라 내용과 분량을 적절하게 배치할 수 있도록 전체적으로 보여주어서, 한 편의 글이 균형 있고 조화로운 모습을 가질 수 있도록 합니다. 연구 프로젝트 글의 전체를 볼 수 있는 목차(지도)가 없다고 가정해 보겠습니다. 목차가 없으면 상위 제목과 하위 제목 간 구분이 어렵습니다. 상위 제목의 메시지는 몇 가지 하위 제목을 종합한 결과입니다. 즉 하나의 상위 제목을 완성하기 위해서는 몇 가지 하위 제목이 필요합니다. 하지만 상위·하위 제목 간 구분이 모호한 상황에서는 상위 제목의 내용과 중요성이 양과 질의 측면에서 하위 제목보다 부족하여 글의 균형이 무너질 수도 있습니다. 그 결과 독자가 제시하는 메시지를 담고 있는 상위 제목의 비중은 적어지고, 상위 제목을 보조하기 위해 제시한 하위 제목의 비중이 높아져, 메시지의 전달력이 떨어지는 상황이 발생합니다. 이렇듯 목차는 연구 내용을 상위 제목과 하위 제목으로 구분하여, 각각의 내용과 분량의 양과 질을 적절하게 배치하여 보여주는 지도와 같습니다.

가. 'Ⅰ. 서론' 쓰기

서론은 크게 연구 프로젝트의 필요성, 목적, 문제 등의 내용을 소개하는 파트입니다. 서론의 첫 문장은 독자의 관심과 흥미를 끌 수 있는 주제와 관련한 언론 기사, 명언, 사건 등으로 글쓰기를 시작합니다. 이를 흔히 'HOOK(갈고리) 문장'이라고도 말합니다. HOOK는 디즈니 애니메이션 '피터 팬'에 등장하는 해적단의 두목 캐릭터인 후크 선장의 갈고리로 만든 팔에 비유합니다. 글을 읽기 시작하는 독자를 갈고리(HOOK)로 만든 팔로 훅~ 끌어당기는 상상을 하면 이해가 쉽습니다. 서론은 HOOK(갈고리) 문장을 시작으로 독자의 관심을 끌고, 연구가 왜 필요한지, 연구를 통해 달성하고자 하는 목적이 무엇인지, 연구 목적을 달성하기 위해서 해결해야 할 문제가 무엇인지 명확하고 간결하게 제시해야 합니다.

글을 쓸 때 첫 문장 쓰기가 어려운 연구자가 많습니다. 말은 할 수 있겠는데 막상 글을 쓰려고 하면, 첫 문장부터 막힙니다. 필자는 첫 문장이 갖추어야 할 요건으로 후크 선장의 갈고리 팔처럼 독자의 관심과 흥미를 끄는 내용으로 시작하라고 말한 바 있습니다. HOOK 문장 쓰기는 일반적인 글쓰기 수업을 들어본 사람이라면, 한 번쯤 들어본 기억이 있을 것이고, 누구나 말할 수 있습니다. 중요한 것은 어떻게 해야 하는지 방법을 제시하는 것인데, 누구나 설명하지 못합니다. 설명해도 어려운 경우가 많습니다. 이 책을 보기 전까지는 그랬을 것입니다. 방법을 알려드리겠습니다.

"글의 첫 문장은 한 번에 쓰지 말고 시간을 들여 지속적으로 수정하는 문장입니다. 그냥 생각나는 대로 마음 편히 쓰세요. 고쳐쓰기가 해결합니다."

글은 막상 쓰기 시작하면 물 흐르듯이 자연스럽게 써지는 순간이 반드시 옵니다. 그러다 막히는 순간도 옵니다. 두 상황 모두 독자의 신체적·정신적 컨디션, 글쓰기 환경, 운 좋게 발견한 정보 등에 따라 다릅니다. 중요한 것은 '우선 쓰는 것'이 중요합니다. 처음부터 잘 쓴 글을 쓰려고 하지 말고, 똥도 약으로 만들어 버릴 수 있다는 자신감을 가지고 시간을 들여서 글쓰기를 하기 바랍니다. 똥을 약으로 만들어주는 것은 독자의 노력과 시간에 달려있습니다. 그 과정을 '고쳐쓰기' 과정이라고 합니다. 독자는 고쳐쓰기를 통해 반드시 잘 쓴 글을 쓸 수 있습니다. 글의 첫 문장은 고쳐쓰기를 통해 사람들의 관심을 갈고리(HOOK)로 끌어당길 것입니다.

　　1회부터 9회까지 진행되는 야구는 최종적으로 점수가 높은 팀이 승리합니다. 1회에 3점차(0:3)로 지고 5회에 6점차(0:6)로 지고 있어도, 마지막 9회에 7점(7:6)을 얻으면 승리합니다. 글도 마찬가지입니다. 처음에 부족하고, 중간에 부족해도 연구물을 제출하는 마지막 9회까지 노력과 시간을 들여 고쳐쓰기를 하면 글을 잘 쓸 수 있습니다. 1회 시작부터 실망하거나 포기하지 말라는 의미입니다. 노벨 문학상을 수상한 소설가 어니스트 헤밍웨이(Ernest Hemingway)도 우리가 잘 아는 『노인과 바다』를 쓰면서 200번 이상 고쳐쓰기 한 유명한 일화가 있습니다.

　　　　　　"독자는 연구 프로젝트 글쓰기를 잘할 수밖에 없습니다."

　　이제 본격적으로 연구 프로젝트 글쓰기 방법을 소개하겠습니다. 필자가 설명할 방법은 기존의 연구자들이 수많은 공부와 연구를 통해 만든 프레임을 가져와서 자신의 프레임으로 만드는 방법입니다.

1) '1. 연구 프로젝트의 필요성' 쓰기

　　　　　　"당신의 연구 프로젝트는 왜 필요한가요?"

　　연구 프로젝트의 필요성은 "당신의 연구 프로젝트는 왜 필요한가요?"라는 질문에 대답하는 파트입니다. 필요성은 독자가 하고자 하는 연구가 사회나 삶에서 어떠한 요구와 필요가 나타나고 있으며, 선행 연구에서 부족하거나 접근하지 못한 부분이 무엇인지에 관한 내용입니다. 또한, 자신의 연구가 사회와 삶에 긍정적인 영향을 줄 수 있다는 내용을 제시하여, 연구의 가치를 보여줍니다. 실제로 연구의 필요성이 어떤 식으로 제시되고 있는지 예시를 살펴보겠습니다. 『자유학기제 운영과정에서 나타난 교육공동체 형성과정에 관한 연구』(홍지오, 2020)는 서론에서 연구의 필요성을 아래와 같이 제시합니다.

 연구 프로젝트 필요성 쓰기 사례 ·

최근 흐름_도입

최근 교육공동체 관련 연구에서 나타난 대표적인 교육정책으로 자유학기제가 있다(홍지오, 2018). 자유학기제의 방향성은 많은 사람들로부터 동의를 받고 있으며(김경애 외, 2018), 자유학기제가 운영되는 과정과 시간을 바탕으로 미래지향적 역량을 기르기 위한 교육개혁 정책으로 인식되어 있다. 또한 자유학기제는 지금까지 교육부(중앙교육행정) 주도의 정책 추진에 기반하여 확대 및 발전한 측면이 있다.

흐름의 변화 포착

유·초·중등교육에 관한 교육부의 권한을 시·도교육청과 단위학교로 이양하겠다는 문재인 정부의 교육정책 방향성에 따라, 자유학기제 관련 권한이 교육부(중앙교육행정)에서 시도교육청(지방교육행정)으로 이양되고 있다(교육부, 2018).

맥락

자유학기제 운영과정은 지역의 특성을 바탕으로 이루어질 가능성이 높아졌으며, 현시점에서 자유학기제 운영과정에서 나타나고 있는 교육공동체 형성에 대한 관심과 중요성은 더욱 높아질 것이다.

맥락에 따른 연구의 필요성 제시

이러한 맥락에서 자유학기제 관련 연구는 꾸준히 이루어지고 있지만, 주로 거시적 차원으로 접근되어 왔다는 한계도 확인할 수 있다. 이에 연구자는 선행 연구가 가진 한계를 보완하고 자유학기제 정책이 가진 심층적인 맥락을 드러내는 연구의 필요성(임종헌, 2016)과 함께 교육공동체 형성과정에 접근하고자 한다.

출처: 홍지오(2020)를 수정 및 보완하여 제시함.

위 내용은 기존의 자유학기제 정책과 교육공동체와 관련한 연구를 분석하여 부족한 점을 발견하고, 시간의 변화에 또 다른 맥락적 특징(자유학기제 관련 권한이 교육부에서 시도 교육청으로 이양된 점과 지역의 특성을 바탕으로 이루어질 가능성이 높아지는 등)을 포착해, 자유학기제 정책과 교육공동체 간 연계를 통한 형성과정 연구의 필요성을 제시하고 있

습니다.

다음은 위에서 제시한 연구의 필요성 내용에서 주요 키워드를 제거한 글쓰기 프레임입니다. 독자가 수행하는 연구 프로젝트를 고려해서, 빈칸에 적절한 내용을 넣어보기 바랍니다.

🌐 연구 프로젝트 필요성 글쓰기 프레임 ·

최근 흐름_도입

최근 (_____에서) 나타난 대표적인 교육정책으로 (_____)이/가 있다. (_____)은 (___이유 1___), (___이유 2___), (___이유 3___)다. 또한/특히 (_____(강조하고 싶은 추가 이유 4)_____)를 (_____)다.

흐름의 변화 포착

(_____)에 관한 (_____)의 교육정책 방향성에 따라 (_____현 상황 설명_____).

맥락

(_____)은 (_____)일 가능성이 높아졌으며, 현시점에서 (_____)에 대한 관심과 중요성은 더욱 높아질 것이다.

맥락에 따른 연구의 필요성 제시

이러한 맥락에서 (_____) 관련 연구는 꾸준히 이루어지고 있지만, (_____문제점 설명_____) 한계도 확인할 수 있다. 연구자는 선행 연구가 가진 한계를 보완하고 (_____)이/가 가진 연구의 필요성과 함께 (_____)에 접근하고자 한다.

연구 글쓰기는 일정한 프레임은 없지만, 연구자마다 선호하는 자신만의 프레임이 있습니다. 프레임은 앞서 훈련한 것처럼 기존의 연구 글이 제시한 내용에서 주요 키워드를 제거해서 분석적으로 보면 쉽게 발견할 수 있습니다.

2) '2. 연구 프로젝트의 목적' 쓰기

"연구 프로젝트를 통해 무엇을 달성하고자 하는가?"

연구 프로젝트의 목적은 연구의 방향을 보여주는 시작점입니다. 핵심 내용은 "연구 프로젝트를 통해 무엇을 달성하고자 하는가?"라는 물음에 대한 대답으로 구성합니다. 서론에서 연구의 목적을 기술한 사례를 살펴보겠습니다.

🌐 **연구 프로젝트 목적 글쓰기 사례** ·

따라서 본 연구의 목적은 라온중학교(이하 라온중) 자유학기제 운영과정에서 나타난 교육공동체 형성과정의 모습 및 특징, 그리고 의미는 무엇인지 탐색하는 것이다.

출처: 홍지오(2020: 6)

아래는 위에서 제시한 연구의 목적 내용에서 주요 키워드를 제거한 글쓰기 프레임입니다. 독자가 수행하는 연구 프로젝트를 고려해서, 빈칸에 적절한 내용을 넣어보기 바랍니다.

🌐 **연구 프로젝트 목적 글쓰기 프레임** ·

따라서 본 연구의 목적은 (_____)에서 나타난 (_____세부 목적 A_____), (_____세부 목적 B_____), 그리고 (_____세부 목적 C_____)은/는 무엇인지 탐색하는 것이다.

3) '3. 연구 프로젝트 문제' 쓰기

연구 프로젝트 문제는 연구의 목적을 달성하기 위해서 해결해야 할 과제를 의미합니다. 앞서 언급한 '세부 목적 A, B, C'는 곧 '연구 프로젝트 문제'이기도 합니다. 즉 연구 프로젝트는 A, B, C라는 세부 목적이 무엇인지 탐색하고, 해결해야 할 연구 문제(과제)를 설정합니다. 위에서 제시한 연구는 '교육공동체 형성과정의 모습(세부 목적 A) 및 특징(세부 목적 B), 의미(세부 목적 C)를 통해 라온중학교 자유학기제 운영과정을 탐색하는 것을 목적으로 하며, 아래와 같이 해결해야 할 연구 문제로, 첫째(A), 둘째(B), 셋째(C)를 제시하고 있습니다.

 연구 프로젝트 연구 문제 글쓰기 사례 ·

연구 문제는 다음과 같다.
<u>첫째</u>, 라온중 자유학기제 운영과정에서 나타난 교육공동체 형성과정의 <u>모습</u>은 무엇인가?
<u>둘째</u>, 라온중 자유학기제 운영과정에서 나타난 교육공동체 형성과정의 <u>특징</u>은 무엇인가?
<u>셋째</u>, 라온중 자유학기제 운영과정에서 나타난 교육공동체 형성과정의 <u>의미</u>는 무엇인가?

아래는 연구 프로젝트의 연구 문제 글쓰기 프레임입니다. 독자가 수행하는 연구 프로젝트의 내용을 고려해서, 빈칸에 적절한 내용을 넣어보기 바랍니다.

연구 프로젝트 연구 문제 글쓰기 프레임 ·

연구 문제는 다음과 같다.
첫째, (_____)인가?
둘째, (_____)인가?
셋째, (_____)인가?

연구자들은 자신이 수행하는 연구 프로젝트의 필요성, 목적, 문제를 간단명료하고 이해하기 쉽게 표현하기 위해 노력합니다. 독자는 필자가 제시한 프레임을 기본으로, 다른 연구자의 방식도 참고하여, 자신이 수행하는 연구 프로젝트의 내용이 잘 드러날 수 있도록 작성해보기 바랍니다.

나. 'Ⅱ. 본론' 쓰기

본론 쓰기는 본론을 구성하는 목차 간 내용의 일관성, 연관성, 그리고 중심성을 고려해서 기술합니다. 연구 내용을 일관성 있게 전개해야 하고, 앞서 기술한 내용과 다음에 이어지는 내용 간에 연관성이 있어야 하며, 핵심 메시지의 전달력이 떨어지지 않도록 기술하는 방식입니다. 특히 연구 프로젝트 글쓰기에서는 중심성 있는 핵심 메시지를 제시하는 방식이 중요합니다.

마치 내용이 깔때기를 통과하듯, 점차 구체적이고 명확하도록 걸러져서 나타납니다. 또한, 아래 [그림]과 같이, 깔때기를 통해 연구 프로젝트 내용의 구성과 전개 흐름도 볼 수 있습니다.

연구 프로젝트 내용의 구성 및 전개 흐름을 제시하는 깔때기

연구 프로젝트 글쓰기를 하면서 연구의 방향 및 내용을 구성하는 중심을 잃고 헤맬 때 주의해야 합니다. 특히 연구 프로젝트 글쓰기는 MACRO(매크로) 글쓰기와 MICRO(마이크로) 글쓰기 간 균형을 유지하는 것이 중요합니다.[13] 이를 통해 효율적이고 효과적으로 연구 프로젝트 내용을 전달할 수 있는 절제된 글을 완성할 수 있습니다.

실제 연구 내용을 작성하다 보면, 연구자는 자신도 모르게 하나의 이야기에 깊이 푹 빠져서 길을 잃는 경우가 있습니다. 글에서 길을 잃는다는 의미는 글이 나아가야 하는 방향을 제시하는 지도(Map)에서 벗어나, 실종되는 상황을 의미합니다. 언젠가 지도 안으로 들어와 목적지에 도착할 수 있을지는 몰라도, 그 과정에서 불필요한 에너지를 소모합니다. 필자 또한

---

13 MACRO 글쓰기는 큰 뼈대를 나타내는 글쓰기를 의미하고, MICRO 글쓰기는 구체적이고 세부적인 내용을 나타내는 글쓰기를 의미합니다.

글을 쓰다가 특정 사례에 관한 이야기가 흥미로워서 푹 빠지는 바람에, 결국 중심 주제와 관련한 글보다 주제를 보조하는 이야기에 에너지를 쏟은 경험이 있습니다. 기껏 쓴 글이기에 삭제하는 것이 아쉬웠지만, 연신 Backspace를 누르며 글을 지울 수밖에 없었습니다. 말 그대로 헛수고입니다. 그날 이후 글을 쓸 때는 글의 목차를 프린트해서 옆에 붙여놓고, 지금 쓰고 있는 글의 위치와 중요성을 고려하여 적절한 분량의 글을 씁니다. 이 책을 보고 있는 독자는 필자가 제시하는 연구 프로젝트 글쓰기 방법을 기억해서 글쓰기 과정에서 시행착오를 최소화하여 효율적이고 효과적인 글쓰기를 하기 바랍니다.

"본격적으로 본론 쓰기를 시작하겠습니다."

1) '1. 선행 연구 분석' 쓰기

이론적 배경은 독자가 관심 있는 주제에 관하여 공부한 내용을 기록하는 파트입니다. 연구자는 이론적 배경 쓰기를 통해 주제에 관한 전문 지식의 내용을 쉽게 제시하여 독자의 이해를 돕습니다. 이론적 배경을 구성하는 내용은 주제와 관련해서 그동안 어떤 연구가 이루어졌고, 이론 및 지식은 어떤 것들이 있는지가 있습니다. 기존의 연구물이나 단행본(책)을 막연하게 읽어서는 작성할 수 없습니다. 자신이 주제에 대해 얼마나 알고 있고, 어떤 관점에서 비판적으로 접근하며, 자신이 하고자 하는 연구는 선행 연구를 토대로 보았을 때 어느 수준과 위치에 있는지 제시할 수 있도록 분석적으로 글을 써야 합니다.

이론적 배경에서 이루어지는 선행 연구 분석 글쓰기는 자신의 연구 주제와 관련해 중요한 문헌이라고 판단하는 연구물을 수집하여 제시하는 것에서 시작합니다. 문헌 수집은 앞서 2단계에서 제시한 '〈표〉 자료 조사 리스트'를 참고하여 작성합니다. 이어 독자는 4단계에서 제시한 '〈표〉 문헌노트'를 활용하여 자료 조사 리스트에 작성한 연구물을 비판적·분석적·체계적으로 탐구하고 선별한 후, 연구의 이론적 기반을 다지는 작업을 합니다. 비판적 탐구는 문헌을 요약 및 정리하는 수준을 넘어 연구의 목적, 문제, 내용 등과 관련한 옳고 그름을 판단하여 지적하는 행위를 말합니다. 분석적 탐구는 문헌을 구성하는 목차를 중심으로 서론, 본론, 결론을 구성하는 내용을 구분해 살펴보고, 내용 간 일관성, 연계성, 구체성, 명확성, 중심성 등의 관점으로 자세히 분석하는 행위를 의미합니다. 체계적 탐구는 앞서 분석적 탐구를 통해 살펴본 서론, 본론, 결론의 내용이 짜임새 있게 체계적으로 제시되었는지 검토하는 행위를 의미합니다.

이론적 배경에서 살펴볼 선행 연구물은 크게 '기초적인 내용', '전문적인 내용', 그리고 '쟁점 내용'으로 구분해서 분석할 수 있습니다. 첫째, 기초적인 내용은 독자가 설정한 주제와 관련한 문헌에서 제시하고 있는 개념, 이론 지식을 말하며, 언론 기사(Article), 포털 사이트(네이버, 구글, 다음 등), 백과사전(위키백과, 네이버 지식백과, Daum 백과 등) 등의 검색을 통해 얻은 정보입니다. 둘째, 전문적인 내용은 연구 논문만을 이용한 분석입니다. 연구 논문은 다양한 전문가의 심사를 거쳐 검증한 내용으로 신뢰할 수 있습니다. 또한, 다른 연구자가 주제와 관련한 다양한 연구물을 분석해서 선행하여 제시한 내용을 손쉽게 살펴볼 수 있습니다. 다른 연구자가 제시한 선행 연구 분석 내용은 독자의 주제와 관련한 연구의 경향성을 분석하는 데 활용할 수 있습니다. 예를 들어, 아래 제시한 〈표〉 교육공동체(검색어) 관련 선행 연구 동향 분석은 '교육공동체'에 관한 선행 연구에서 발췌한 내용입니다. 만약 독자가 '교육공동체'에 관해 연구 프로젝트를 하고자 한다면, 〈표〉를 활용하여 한국에서 관련 연구가 어떻게 이루어졌고, 시기별로 나타난 특징은 무엇인지 분석할 수 있습니다. 셋째, 쟁점 내용은 선행 연구에서 발견한 미흡한 점, 문제점, 한계 등과 같은 '틈(Gap)'을 말합니다. 독자는 자신의 연구를 통해서 그 틈을 채운다고 생각하기 바랍니다. 즉 선행 연구 분석을 통해 연구의 쟁점을 발견하고, 자신의 연구가 필요하며 수행해야 하는 이유나 명분을 제시합니다.

"선행 연구 분석 쓰기의 실제 사례를 살펴보겠습니다."

먼저, 선행 연구 분석 글쓰기는 2단계로 구분합니다.

선행 연구 분석 글쓰기 단계

1단계 연구자의 판단에 기반한 글쓰기	2단계 선행 연구의 쟁점에 기반한 글쓰기
유형1: 연도별, 제목별, 저자별, 키워드별로 구분해서 기술 유형2: 선행 연구를 주제 또는 개념별로 묶어서 구분하여 기술 유형3: 연구물 중 독자가 중요하다고 판단한 연구물을 선별해서 기술 유형4: 최근 경향성을 제시하기 위해 대표 연구물 기술	선행 연구의 쟁점 기술
4가지 유형 중 선택	공통

각 단계를 수행하는 과정은 다음과 같습니다. 먼저, 독자는 아래 〈표〉 교육공동체(검색어) 관련 선행 연구 동향 분석과 같은 내용을 작성하기 바랍니다.

교육공동체(검색어) 관련 선행 연구 동향 분석				
연도	주제	저자	연구 키워드	연구 방법
1996	교육개혁을 위한 학교공동체 구축	노종희	학교공동체	문헌연구
2001	학교분쟁의 해결 전략: 교육공동체적 관점	김성열	교육공동체	문헌연구
2003	한국 초중등학교의 민주적 공동체 건설 방안	심성보	민주적 공동체 학교	문헌연구
2004	교육공동체의 형성과 발전: 동·서양 공동체론으로부터의 시사	신현석	교육공동체	문헌연구
. . .	. . .	. . .	. . .	. . .
2015	지역사회 기반 교육공동체 구축 원리에 대한 탐색적 접근: 복잡성 과학, 사회적 자본, 교육 거버넌스 원리 적용을 중심으로	김용련	교육공동체	문헌연구
2018	자유학기제 운영과정에서 나타난 교육공동체 형성과정에 관한 연구: 학교·지역사회·가정의 연계와 의미	홍지오	교육공동체	질적연구
2022	마을교육공동체 성장 과정에서 마을교육과정 운영 경험에 대한 현상학적 연구	이인회 외	마을교육공동체	질적연구

출처: 홍지오(2020: 40-41)를 수정 및 보완하여 제시함.

1단계(선택) 연구자의 판단에 기반한 글쓰기입니다. 기술 방법은 앞서 제시한 〈표〉 선행 연구 분석 글쓰기 단계에서, 1단계의 4가지 유형으로 구분해서 살펴보겠습니다. 먼저, 유형 1의 연도별, 제목별, 저자별, 키워드별로 구분한 기술 방법 중, 연도별로 기술한 사례입니다.

 선행 연구를 연도별로 기술하는 글쓰기 사례 ·

교육공동체 관련 선행 연구를 통해, 연도별로 나타나고 있는 흐름과 특징을 살펴보면 다음과 같다. 교육공동체는 교육개혁을 위한 학교공동체 구축(노종희, 1996)을 시작으로 학교분쟁의 해결 전략(김성열, 2001)으로 전개되었다. 다음으로, 교육공동체에 대한 이론적, 철학적 접근이 이루어졌다(신현석, 2004). 이후 2000년대 초반부터 현재까지 이루어진 교육공동체 관련 연구는 대부분 대상을 '학교조직', '교장', '교사' 등으로 제시하고 있으며, 그중에서도 가장 많이 다루어지고 있는 연구 대상은 '교사'로 나타났다. 즉, 교육개혁에 대한 대안을 학교혁신에서 찾고 있으며, 학교혁신을 위한 방안으로 교육과정 재구성 등 교육과정의 변화를 요구하는 것으로 나타나고 있다. 결국 이러한 흐름은 교육개혁을 위한 학교혁신은 교육과정을 운영하는 교사이기 때문에, 교사를 대상으로 한 공동체적 접근이 많이 보고되고 있음을 보여준다.

출처: 홍지오(2020: 42-43).

다음으로, 유형 2의 선행 연구를 주제 또는 개념별로 묶어서 구분하여 기술한 사례입니다.

 선행 연구를 구분하여 주제(또는 개념)별로 묶어서 기술하는 글쓰기 사례‧‧‧‧‧

교육공동체 개념은 현상을 바라보는 주체에 따라 크게, '학교', '지역사회', '학교와 지역사회' 등으로 구분할 수 있다(홍지오, 2018).

먼저 학교를 중심으로 한 교육공동체가 있다. 학교는 학생, 학부모, 교사, 교장, 학부모, 행정가 등 학교를 구성하는 다양한 주체들 간의 관계를 중심으로 구성된다(Beck & Foster, 1999; Sergiovanni, 1994). 각 주체들은 학교 공간에서 공동의 목적을 달성하기 위한 하나의 공동체를 구성하고, 이를 '학교공동체'라고도 지칭한다. 이러한 학교공동체와 관련한 연구는 교장 리더십(이경호, 2011), 학교공동체 문화가 교사의 직무만족 및 조직몰입에 미치는 영향(위은주, 2013), 교사 조직을 중심으로 한 교사공동체(박영숙 외, 2016) 등과 같은 연구가 있다. 그중 박영숙 외(2016)의 연구를 살펴보면, 학교 내 의사소통 문제와 갈등 해결, 교사 개개인의 전문성 강화를 위한 교사학습공동체의 필요성 등을 주장하면서, 학교에서 발생하고 있는 문제를 해결하고 방안을 탐색하는 과정에서 학교를 중심으로 한 구성원들 간 공동체적 관점으로의 접근을 제시한다.

둘째, 지역사회를 중심으로 한 교육공동체가 있다. 교육은 더 이상 학교만의 역할과 책임이 아니라는 인식과 함께, 지역사회에서 발생하고 있는 문제의 해결과 발전을 위해서도 교육이 중요한 요인이라는 인식이 나타나고 있다. 인식의 변화는 교육에 대한 관심이 학교 교육과 직접적인 관련성이 있는 기관인 지방교육청뿐만 아니라, 지방자치단체(이하 지차체)에서도 관심이 높게 나타나고 있다. 이러한 측면에서, 교육개혁을 위한 학교혁신은 정형화된 학교 교육만으로는 한계가 있기 때문에, 대안적인 교육이념으로의 확대를 의미하는 '평생교육' 측면으로도 볼 수 있다는 관점이 나타나고 있다(남정걸 외, 2003). 즉 평생교육은 교육 대상을 단순히 성인으로만 볼 것이 아니라, 학령 전 교육에서부터 초·중등교육, 그리고 그 이후의 교육을 총망라하는 것으로서 봐야 한다는 것이다(Dave, 1973; Lengrand; 1975). 즉 교육을 부분이 아니라 전체로 보는 관점이다. 이러한 관점은 한 사람의 전 생애에 걸쳐 필요한 가정

·학교·사회 교육에 대한 통합적인 접근(이향란, 2016)을 보여준다.

  셋째, 학교와 지역사회 간 협력적 관계 형성을 중심으로 한 교육공동체가 있다. 교육공동체
의 모습은 교육이 가지고 있는 공간적, 시간적, 인간적, 교육 방법적 범위를 학교만이 아니라
학교 안과 밖으로 확대한 접근이다. 이러한 접근은 학교 교육의 외연을 확장하고 있다는 의
미에서 '지역사회 공동체(신현석, 2006)'라고도 한다. 지역사회 공동체는 학교와 지역사회 간
협력적 관계 형성을 통해 이루어지는 학교 교육과정과 운영의 변화를 의미하며, 이는 학생·
학부모·교사·교장·지역주민·행정가·지자체장 및 관련 공무원 등 다양한 교육공동체 주체
들 간의 역할과 협력적 관계 형성, 의사소통 구조(네트워크), 의사결정 등이 이루어지는 것을
의미한다.

출처: 홍지오(2020: 34-35).

  유형 3의 독자가 중요하다고 판단한 연구물을 선별해서 기술한 사례는 아래와 같습니다.

 독자가 판단해서 중요하다고 생각하는 연구물을 기술하는 글쓰기 사례·······

  교육공동체 관련 선행 연구를 구체적으로 살펴보면 다음과 같다. 노종희(1996)는 학교의
관료적, 공동체적인 이중적 성격과 함께 공동체가 상실되어 가고 있는 학교현장을 살펴보고,
학교공동체의 중심원리의 설정과 단위학교와 교육청 수준의 공동체 구축방안을 제시하였다.
이는 학생들의 교육을 위해서는 교사, 학부모, 지역사회 인사 등 학교공동체 구성원 모두의
지혜와 협력이 필요하다는 접근이다. 나아가 우리 교직사회의 고질적인 문제라고 할 수 있는
교장·교사 간, 교사·학부모 간의 대립, 갈등, 불신의 관계를 해소하기 위해서는 상호 간에 협
력과 신뢰를 기반으로 하는 호혜의 동반자적 관계가 형성될 수 있는 공동체가 필요하다고 강
조하였다. 다음으로 신현석(2004)은 교육 관련 이해집단들의 갈등과 분열 양상을 해소하기
위한 방안으로 교육공동체 논의가 활발하게 이루어지고 있는 상황에서, 논의가 교육 문제를
해결하기 위한 실질적인 방안이 되기보다는 구호성 담론 수준으로 이루어지고 있다는 점을
발견하였다. 이러한 측면에서 향후 교육공동체 논의의 방향성 정립의 필요에 따라, 공동체의
현대적 의미와 역사적·철학적 논의를 동·서양으로 구분하여 살펴보았다. 그 결과, 향후 교육
공동체 논의는 다원주의 사회의 맥락에서 교육공동체의 존재와 가치를 탐구하는 데 집중할
필요가 있고, 시민사회와 같이 자유주의적 함축을 지니면서도 공동체주의적 특성을 보완한
시민공동체(civil community)를 지향하며, 서로의 다름을 인정하고 함께라는 의식을 공유
하는 기능적 조화와 균형에 바탕을 두는 방향성 등을 제시하였다. 최근 김용련(2015)은 기존
의 학교공동체와 관련한 논의와는 다르게, 지역사회를 기반으로 하는 마을교육공동체 접근을

통한 개념을 정의하였다. 개념은 크게, 학생들이 지역사회의 교육자원을 활용하여 학습하는 '마을을 통한 교육(learning through community)', 학교 정규 교육과정에서 지역사회를 다루는 '마을에 관한 교육(learning about community)', 학생들이 지역사회에서 교육을 통해 성장하고 발전에 기여하는 자원이 되는 '마을을 위한 교육(learning for community)' 등으로 구분하여 제시하였다.

출처: 홍지오(2020: 42).

마지막으로, 유형 4의 최근 경향성을 제시하기 위해 대표 연구물을 기술한 사례입니다. 유형 4의 최근 경향성을 보여주는 선행 연구를 분석 및 기술하는 경우, 주제와 관련하여 수집한 연구물 5편 이상을 선택하기 바랍니다. 참고로 선택한 연구물은 10년 이내에 발행한 것으로 가급적 독자가 발견한 사회 현상과 상황 맥락이 단절적이지 않고, 연속성 있게 전개하는 것이 좋습니다.

 최근 대표 연구를 중심으로 선행 연구를 기술한 글쓰기 사례 · · · · · · · · · · · · ·

자유학기제 정책 관련 선행 연구

구분	최근 대표 연구
자유학기제 운영과정 및 개선 방안 연구	박균열·홍지오 외, 2019
자유학기제 교육과정 및 교수·학습방법 연구	김희경 외, 2018
자유학기제 활동 연구	김은경, 2019
자유학기제 평가방법 연구	임종헌·최원석, 2018
자유학기제 효과 및 영향요인 분석 연구	최원석 외, 2019
자유학기제와 타 정책과의 연계 연구	김위정 외, 2016

특히 자유학기제와 타 정책과의 연계 연구는 경기도교육청에서 시작되어 현재 전국적으로 확산되고 있는 혁신학교, 혁신교육지구, 마을교육공동체와 연계가능성이 높다는 결과를 제시한다. 즉 상기 정책들은 모두 공교육 내실화를 위한 방안으로 학교혁신을 도모한 결과에 따라 교실의 변화가 필요함을 보여준다. 또한 앞서 제시한 자유학기제 정책 선행 연구들에서 나타난 교실의 변화는 교육과정의 변화에서 이루어질 수 있으며, 교육과정의 변화는 학교 안의 교육자원으로는 한계가 나타날 수밖에 없음을 보여준다. 이에 본 연구에서는 학교와 지역사회 간 협력적 관계 형성의 필요성에 따라 자유학기제 정책과 교육공동체를 연계하여 접근하였다. 교육공동체는 지속되는 교육 관련 이해집단들의 갈등과 분열, 그리고 관료적·폐쇄적·개인주

의적 학교문화 속에서 교육개혁을 위한 방안으로 등장했다. 즉 교육공동체의 등장은 교육개혁에 대한 필요와 요구에 따른 대응이라고 할 수 있다. 교육공동체에 대한 논의를 살펴보면, 교육공동체는 '공교육 위기의 극복 대안', '교육행정학의 도전적 과제', '교육 갈등 해소와 바람직한 교육의 모습을 회복하는 교육운동의 일환', '학교분쟁 해결' 등 다양한 측면에서 활발하게 논의되고 있다(신현석, 2004). 또한 교육공동체는 한국 교육 패러다임의 전환이라고 할 수 있는 5·31 교육개혁에서도 논의되었다(홍지오 외, 2019). 이후 교육공동체에 대한 논의는 학교와 지역사회의 협력적 관계 형성을 통한 개념 정립이 이루어지고 있으며 관련 사례도 꾸준히 소개되고 있다(서용선 외, 2015; 양병찬, 2008; 홍지오, 2017). 그간 신자유주의가 지배해 온 시장경제 논리를 바탕으로 한 한국 사회의 경쟁적 모습은 학교 교실 속 학생들의 모습을 경쟁적으로 변화시켰다. 즉 경제에서 소비자와 공급자가 만나는 시장과 같이, 이제 학생과 교사가 만나는 학교도 자연스럽게 시장화되고 있다(김용련, 2019). 이러한 흐름 속에서 학교 교육은 서비스로 인식되면서, 형식적 교육 부분에서 사교육과 경쟁을 하게 되는 양상이 나타났다. 나아가 학교 교육은 체험활동, 돌봄 등 다양한 비형식 교육도 사회로부터 요구받으면서 과부하 상태. 이에 따라 최근 등장하고 있는 혁신학교, 혁신교육지구, 마을교육공동체, 자유학기제, 고교학점제 등의 대표적인 교육정책들은 공통적으로 학교와 지역사회의 협력적 관계 형성을 통한 교육공동체의 필요와 함께, 구체적인 방안을 제시하며 시행되고 있다. 즉 경쟁보다 협력적 관계 형성의 필요와 주체 간 민주성의 관점으로 전환되고 있는 것이다.

출처: 홍지오(2021: 58).

이렇듯 선행 연구 분석을 통해 개념 및 이론, 맥락, 현장성을 보여주는 것은 중요합니다. 따라서 연구 주제와 관련한 개념 및 이론을 명확하게 제시하고, 해당 개념 및 이론은 사회 현상이 가진 맥락에 기반하여 설명하며, 현장에 적용 가능성을 높여, 연구의 가치를 높일 수 있도록 합니다.

2단계(공통) 선행 연구의 쟁점에 기반한 글쓰기입니다. 1단계에서 연구자의 판단에 따라 4가지 유형 중 선택하여 선행 연구 글쓰기를 했다면, 2단계에서는 1단계에서 선택한 연구물이 가진 쟁점을 공통적으로 기술합니다. 연구의 쟁점에 기반한 실제 글쓰기 사례를 살펴보겠습니다.

선행 연구가 문헌연구, 양적 연구 방법의 비중이 높게 나타나고 있고, 질적 연구 방법을 적용한 연구의 경우에도 깊이 있는 접근이 이루어지지 못했다는 점에서 아쉬움이 있다. 물론 임종헌(2016)의 연구는 사례 학교를 대상으로 한 학기 동안 포괄적으로 연구하고, 연구자의 직접적인 참여를 바탕으로 자료를 수집하는 등 질적 연구 수행을 통해 자유학기제 운영을 깊이 있게 탐구하였으나, 주로 학교를 중심으로 한 정책 운영과정을 보았으며, 현상에 대한 해석이 선행 연구를 통해 도출한 분석틀을 전제로 하고 있다.

　본 연구는 지리적 범위를 행정 구역상 라온동으로 한정하고, 해당 지역 내에 위치한 학교, 지역사회, 가정 중에서 라온중 자유학기제 운영과정을 통해 나타나고 있는 실제적인 교육공동체 형성과정을 깊이 있게 탐구할 수 있는 교육주체를 연구 대상으로 설정하였다. 또한 분석틀을 설정하지 않고, 연구자의 직접·참여관찰을 통해 라온중 자유학기제 운영과정에서 나타난 교육공동체 형성과정을 최대한 훼손하지 않는 범위에서 연구를 수행하였다.

출처: 홍지오(2020: 44).

　다음은 앞서 제시한 기술 사례에서 주요 키워드를 제거해 만든 글쓰기 프레임입니다. 자신이 생각하는 적절한 내용을 빈칸에 넣어 작성해보기 바랍니다.

🌐 선행 연구를 연도별로 기술하는 글쓰기 프레임 ·

(＿＿＿＿＿＿＿＿＿＿＿＿＿＿＿＿＿＿＿＿) 관련 선행 연구를 통해, 연도별로 나타나고 있는 흐름과 특징을 살펴보면 다음과 같다.
(＿＿＿＿＿)은/는 (＿＿＿＿＿＿＿＿＿＿＿＿＿＿＿＿)(으)로 전개되었다. 다음으로, (＿＿＿＿＿)에 대한 (＿＿＿＿＿) 접근이 이루어졌다(OOO, YYYY).
이후 YYYY년대 초반부터 현재까지 이루어진 (＿＿＿＿＿＿＿) 관련 연구는 대부분 대상을 '(＿＿＿＿＿)', '(＿＿＿＿＿)', '(＿＿＿＿＿)' 등으로 제시하고 있으며, 그중에서도 가장 많이 다루어지고 있는 연구 대상은 '(＿＿＿＿)'(으)로 나타났다. 즉, (＿＿＿＿＿)고, (＿＿＿＿)며, (＿＿＿＿)(으)로 나타나고 있다. 결국 이러한 흐름은 (＿＿＿＿＿)을/를 보여준다.

🌐 선행 연구를 카테고리화하여 주제(또는 개념)별로 묶어서 기술하는 글쓰기 프레임

(_____) 개념은 현상을 바라보는 주체(대상)에 따라 크게, '(_____)', '(_____)',
'(_____)' 등으로 구분할 수 있다(OOO, YYYY).

첫째, (_____)이/가 있다. (_____)은/는 (_____)이다(OOO, YYYY).
(_____(OOO, YYYY).
(_____(OOO, YYYY).
그중 OOO(OOOO)의 연구를 살펴보면, (_____(OOO, YYYY)
을/를 제시한다.

둘째, (_____)이/가 있다. (_____)은/는 (_____)이다(OOO, YYYY).
(_____(OOO, YYYY).
(_____(OOO, YYYY).
그중 OOO(OOOO)의 연구를 살펴보면, (_____(OOO, YYYY)
을/를 보여준다.

셋째, (_____)이/가 있다. (_____)은/는 (_____)이다(OOO, YYYY).
(_____(OOO, YYYY).
(_____(OOO, YYYY).
그중 OOO(OOOO)의 연구를 살펴보면, (_____(OOO, YYYY)
을/를 의미한다.

🌐 독자가 판단해서 중요하다고 생각하는 연구물을 기술하는 글쓰기 프레임 · · · · · · ·

(_____) 관련 선행 연구를 구체적으로 살펴보면 다음과 같다.
OOO(YYYY)은/는 (_____)을/를 살펴보고, (_____)며,
(_____)을/를 제시하였다. 이는 (_____)다는 접근이다.
특히 (_____)을/를 강조하였다.
다음으로 OOO(YYYY)은 (_____)을/를 발견하였다.
이러한 측면(관점)에서 (_____)을/를 살펴보았다.
그 결과, (_____)을/를 제시하였다. 최근 OOO(YYYY)은/는 (_____)의
개념을 정의하였다. 개념은 크게, (_____), (_____),
(_____) 등으로 구분하여 제시하였다.

선행 연구 분석 마무리 글쓰기 프레임 ·

선행 연구가 (_____이유 1_____) 있고, (_____이유 1_____) 점에서
아쉬움이 있다. (필요시) 물론 (_____최근에 아쉬움을 보완해서 잘 이루어졌다고 판단
하는 연구 소개_____)의 연구는 (_____잘한 포인트_____) 하였으나,
(_____그럼에도 아쉬운 포인트=내 연구가 필요한 이유가 됨_____)을/를 전제로
하고 있다.
본 연구는 (_____나의 연구에서 선행 연구의 아쉬움을 보완한 포인트 1_____)하고,
(_____나의 연구에서 선행 연구의 아쉬움을 보완한 포인트 2_____) 하였다. 또한
(_____나의 연구에서 선행 연구의 아쉬움을 보완한 포인트 3_____) 연구를 수행하
였다.

이러한 선행 연구 분석 글쓰기는 자기 주도 학습으로 이루어집니다. 정답을 위한 공부가 아
니라, 정답을 알아가는 과정에 관한 공부를 스스로 주도하기 때문입니다. 또한, 단순히
연구 프로젝트를 하기 위한 글쓰기에서 머물지 않고, 일상생활 속 다양한 상황에서 독자
의 이야기를 할 수 있는 좋은 도구이기도 합니다.

 선행 연구 분석 내용 기술 Tip_선행 연구 분석 글쓰기 따라 하기 · · · · · · · · ·

선행 연구 분석 내용을 기술하는 요령은 다른 연구자가 분석한 내용을 따라서 해보는 것입
니다. 독자는 연구를 구성하는 목차와 목차에 따라 필요한 내용에 관하여 연구자 간 약속을
앞서 학습했습니다. 약속은 연구의 틀(Frame)을 의미합니다. 연구자 간 약속은 당연히 다른
연구물에서도 지켜서 적용하기 때문에, 학습한 약속(틀)을 바탕으로 연구물을 효율적으로 분
석할 수 있습니다. 만약 독자가 연구의 서론(연구의 필요성, 목적, 문제 등)을 작성할 때 참고
할 만한 내용이 필요하다면, 다른 문헌의 서론을 보면 도움을 받을 수 있습니다. 단, 논문을 엄
격하게 선별하여 약속(틀)을 지키지 못한 논문은 제외하고, 잘 쓴 논문을 선택해서 따라 하기
바랍니다.

2) '2. 연구 프로젝트 과정' 쓰기

연구 프로젝트 과정은 연구 현장, 연구 참여자, 연구 방법, 자료 수집, 자료 분석, 연구의 타당성 및 신뢰성, 연구 설계 등으로 기술합니다. 독자는 연구 프로젝트 과정에 관한 글쓰기를 할 때, 내용을 머릿속에 떠올릴 수 있을 정도로 가능한 구체적이고 생생하게 작성하기 바랍니다. 아래 〈표〉와 같이 연구 프로젝트 과정 쓰기는 크게 5단계로 이루어집니다.

연구 프로젝트 과정 쓰기 5단계

1단계: 연구 프로젝트 현장 쓰기
2단계: 연구 프로젝트 참여자 쓰기
3단계: 연구 프로젝트 방법 쓰기
4단계: 연구 프로젝트 자료 수집 쓰기
5단계: 연구 프로젝트 자료 분석 쓰기

지금부터 연구 프로젝트 과정 글쓰기의 1단계인 연구 프로젝트 현장 글쓰기를 살펴보도록 하겠습니다.

 1단계 연구 프로젝트 현장 쓰기

독자는 자신이 발견한 특정 사회 현상을 포착하고, 주제(가)[14]를 설정하면서 연구 프로젝트를 시작합니다. 독자가 명심해야 할 점은 글을 읽는 사람들은 제시된 사회 현상과 주제에 대한 이해도가 낮은 상황이라고 가정하고 내용을 이해하기 쉽게 작성해야 합니다. 따라서 연구 현장에 관하여 구체적이고 친절한 내용 전달을 하기 위한 글쓰기가 필요합니다. 또한, 연구 프로젝트는 상황 맥락에 따라 다른 접근과 해석이 이루어질 수 있습니다. 특정 연구 대상을 언제, 어떻게 연구하느냐에 따라 결과가 달라질 수 있다는 의미입니다. 따라서 자신이 연구하는 시기의 특성을 반영해 연구 대상에 대해 세밀하게 기술하여 연구 내용과 결과에 대한 상황 맥락적 이해가 가능하도록 설득력 있는 글쓰기가 필요합니다.

---

14 주제에 '(가)'를 표기한 이유는 연구 초반에 임시로 설정한 주제이기 때문입니다. 주제는 연구를 진행하면서 나타나는 변화과정을 통해 최종적으로 확정할 수 있습니다.

연구 프로젝트 현장에 관한 글쓰기는 독자가 왜, 굳이, 이 현장에 관하여 연구했는지 상대방을 이해시키는 지점에서 출발합니다. 연구 현장에 관한 기술은 먼저 독자가 사회 현상을 포착하고 관련 주체(사람, 기관 등)를 알아가는 과정을 이야기하는 방식으로 작성합니다. 이어서 독자가 연구 현장을 어떻게 발견하였으며, 현장을 연구하는 데 자신이 적절한 연구자인지 설명합니다. 연구 프로젝트 현장 글쓰기의 도입 쓰기 사례 내용은 아래와 같습니다.

연구 프로젝트 현장 글쓰기 사례 1_도입 쓰기 ·

본 연구에서 수행되는 질적 사례연구는 초기 사례 지역에 대한 접근이 먼저 이루어졌다. 연구자는 해당 지역에서 진행되고 있는 마을 행사와 지역에 위치한 센터의 활동 프로그램, 학교의 교육 운영 현황 등에 대한 이야기를 접하고 직·간접적으로 참여했다. 그 과정에서 지역에 위치한 라온중을 중심으로 나타나고 있는 교육현장의 다양한 모습을 알 수 있었다. 이후, 초기에 수집한 자유학기제 운영과정 관련 자료와 교육공동체 관련 개념을 살펴보고, 해당 개념을 사례에 직접적으로 적용하여, 교육공동체 형성과정의 모습과 특징 그리고 영향요인을 밝히고자 하였다. 따라서 본 연구에서는 사례연구를 수행하기 위해 연구현장(서울시 노원구 라온2동)의 설정과 다양한 자료원으로부터 풍부한 자료를 수집하는 것이 중요했다.

연구자는 한국교육개발원 교육정책지원연구본부 자유학기제연구센터에 연구원으로 '자유학기(학년)제 발전 방향 탐색(2019)'과 '2019년 자유학기 활동 안정화 연구학교 운영 컨설팅 및 방문조사 결과보고서(2019)' 등의 연구에 참여하는 등 자유학기제 관련 연구 및 지원 업무를 하고 있다. 이러한 점에서 자유학기제는 연구자에게 풍부한 데이터를 바탕으로 한 연구를 수행하는 데 적절한 정책이다. 또한 연구자는 교육공동체와 관련된 다양한 연구를 꾸준히 수행하고 있다.[15] 이는 연구에 대한 연구자의 접근성과 용이성이 높다는 점에서 장점인 반면에, 연구자의 지식과 가치의 개입이 나타날 수 있다는 단점이 있다. 따라서 연구자는 판단중지(epoche)를 통해 연구자의 경험을 가두고 연구 중인 현상에 대해 다양한 관점을 갖고자 최대한 노력하였다.

출처: 홍지오(2020: 50-51)

---

15 '마을교육공동체 개념 정립과 정책 방향 수립 연구(서용선 외, 2015)', '혁신교육지구사업 비교분석을 통한 협력적 교육거버넌스 발전 방안 연구(최창의 외, 2016)', '마을교육공동체의 효율적 구축을 위한 주민자치 실천방안 탐색연구(홍지오, 2017)', '마을교육공동체 구축과정에서 나타나는 교육주민자치 실천에 관한 연구: 서종면 교육주민자치 사례를 중심으로(홍지오 외, 2018)', '학교와 지역사회 간 교육공동체 구축에 관한 인과지도 분석(홍지오, 2018)', '학교장의 학교와 지역사회 연계인식의 영향요인에 관한 탐색적 연구(홍지오 외, 2019)' 등의 연구에 참여했습니다.

다음으로 연구 현장에서 발견한 맥락을 기술합니다. 연구 프로젝트 현장이 가진 상황 맥락을 설명하여 연구 과정 및 결과를 이해할 수 있도록 하는 것은 중요합니다. 맥락은 연구자가 연구 현장에서 분석하여 발견한 이야기를 의미합니다. 이를 위해 포착한 사회 현상 및 연구 현장에서 발견한 맥락을 분석적으로 제시하는 글쓰기를 합니다. 맥락은 사회 현상 및 연구 현장에 관한 정보를 단순히 설명하는 '전달식 글쓰기'가 아니라, 연구와 관련성이 높은 내용을 중심으로 탐색하는 '분석적 글쓰기'를 합니다. 예를 들어, 연구 주제의 핵심 키워드인 '자유학기제'와 '교육공동체'와 관련이 있으며, 내용에서 나타난 중심 주체인 '학교', '지역사회', '가정'의 이야기가 연계해서 나타나고 있는 맥락을 찾아내서 기술합니다. 그러면 연구 현장을 기술할 때 연구 주제와 관련성 있는 내용을 효율적으로 제시할 수 있습니다. 연구 프로젝트 현장 글쓰기의 맥락 쓰기 사례 내용은 아래와 같습니다.

 연구 프로젝트 현장 글쓰기 사례 2_맥락 쓰기 · · · · · · · · · · · · · · · · · ·

맥락을 구체적으로 살펴보면 다음과 같다. 라온동은 지역에 위치한 센터를 통해 다양한 교육 활동 프로그램이 운영되고 있다. 그 과정에서 센터 공간은 지역에 거주하고 있는 주민의 참여 활동이 이루어지는 장이 되고 있다. 주민들은 다양한 참여 활동을 통해 점차 역량이 강화되어, 현재 마을활동가로 적극적인 활동 모습을 보여주고 있다. 이러한 센터와 센터의 운영을 지원하고 있는 마을활동가의 힘은 지역 교육력으로 나타나고 있다. 라온중은 2014년 자유학기제 연구학교로 지정되면서 교육과정의 변화와 함께 학생들의 다양한 교육 활동 프로그램을 운영해야만 하는 상황에 직면했었다. 학교는 자유학기제 운영 초기, 업체나 소개 등을 통해 외부 강사를 섭외해서 수업을 진행하였다. 학교는 그 과정에서 학생들로부터 지역에 센터가 있다는 것을 알게 되면서, 학교와 지역사회 간 연계가 시도되기 시작했다. 즉 학교의 자유학기제 운영과정에서 학교와 지역사회의 연계에 대한 필요와 요구가 나타나면서 시작될 수 있었으며, 준비된 라온동의 지역 교육력은 학교의 필요와 요구를 만족시켜 주었던 것이다. 그 결과 학교는 점차 외부 강사의 범위를 업체만이 아닌, 지역사회(센터, 마을활동가)로 넓게 인식하고 있었다. 그 이유는 학교는 지역사회와의 연계를 통해 진행한 자유학기 활동 프로그램에 대해 높은 만족도를 경험했기 때문이었다. 이러한 변화는 라온중 자유학기제 운영과정에서 교육 활동의 공간적 범위가 학교에서 학교를 포함한 지역사회로 확대되고, 학교의 지역사회에 대한 신뢰와 지역사회의 학교 교육에 대한 믿음이 강화되며, 교육공동체 주체들의 교육에 대한 인식이 확대되는 모습으로 나타나고 있다.

출처: 홍지오(2020: 52).

마지막으로 연구 현장의 현황을 기술합니다. 연구 현장을 효과적으로 기술하는 방법은 '현장 현황'을 제시하는 것입니다. 연구 프로젝트 현장 글쓰기는 연구자가 연구를 통해 전하고자 하는 메시지의 타당성을 뒷받침하는 내용입니다. 주의할 점은 연구자의 판단에 따라 군더더기 없게 필요한 내용만 작성하는 것입니다. 만약 불필요한 내용이 많으면 가독성이 떨어지고, 메시지 전달이 효과적으로 이루어지지 못하며, 효율적인 글쓰기가 어려워집니다. 쉽게 말해서 연구자의 메시지 전달력이 떨어질 수 있습니다. **연구 프로젝트 현장 글쓰기의 현장 현황 쓰기 사례 내용은 아래와 같습니다.**

 연구 프로젝트 현장 글쓰기 사례 3_현장 현황 쓰기 · · · · · · · · · · · · · ·

학교 현황

라온중은 서울시 노원구 라온 2동에 위치한 공립학교로 1984년에 설립되었다. 학교가 위치한 지역에는 라온중을 포함하여 총 13개 초·중·고등학교가 있으며, '서울과학기술대학교, 서울여자대학교, 삼육대학교' 등 총 4개의 대학과 '라온센터, 화랑대역사관, 노원문화원' 등의 시설이 위치한 지역이다. 학교 규모는 30학급, 772명의 학생이 있으며, 학급당 학생 수는 25.7명으로 서울 평균보다는 0.7명이 많지만, 전국 평균으로 보면 0.8명이 적다(2019년 4월 기준). 학교 시설은 체육관, 운동장, 일반·교과교실, 특별교실 등이 있으며, 학교 수업에 지장이 없는 시간 내에 모두 개방 및 사용 허가를 하고 있다. 최근에는 교사, 학생, 마을활동가들이 협력하여 노원구 예산 2천만 원을 지원받아, 학교 내에 '지미집'이라는 학생들의 휴식 및 전시 공간을 마련했다. 이는 노원구 학교 내 쉼터 문화예술플랫폼 조성사업을 통한 '뚝딱 프로젝트' 추진의 결과물이다.

학교 개요 및 특징

구분	내용
위치	(내용은 분량상 생략함)
규모	(내용은 분량상 생략함)
관리자 특성	(내용은 분량상 생략함)
자유학기 운영 현황	(내용은 분량상 생략함)
운영 사례	(내용은 분량상 생략함)

출처: 라온중학교 학교알리미(2019. 04. 01. 기준.)

라온중은 연구자가 참여한 '자유학기(학년)제 발전 방향 탐색' 연구의 전문가로 참여한 김관홍 교장을 통해, 그동안 라온중에서 자유학기제가 어떻게 계획 및 운영되었는지 인지할 수 있었다. 라온중에서는 전수영 전 교장이 자유학기제 시행을 위해, 정책에 대한 이해를 교사뿐만 아니라, 학부모의 참여를 바탕으로 함께 만들어 나가는 과정을 이루어내고 있었다. 또한 라온중에 대한 지역사회와 학부모들의 참여 및 이해도 높게 나타났었다. 2019년 9월에 발령 받은 김관홍 교장은 그동안 지역사회에서 라온중의 위치와 역할에 대한 인지를 하고 있었으 며, 학교와 지역사회 및 가정(학부모) 간 소통과 참여의 중요성을 인식하고 있다는 점에서, 자 유학기제 운영과정에서 나타나는 교육공동체 형성을 살펴보는데 좋은 사례 학교라고 할 수 있다. 라온중은 2014년에 자유학기제 연구학교로 지정되었으며, 본격적으로 자유학기제가 학교·지역사회·가정 간 연계를 통해 운영된 것은 2018년부터라고 할 수 있다. 현재 라온중 의 자유학기제 운영 조직도는 다음 그림과 같다.

라온중학교 자유학기제 운영 조직도

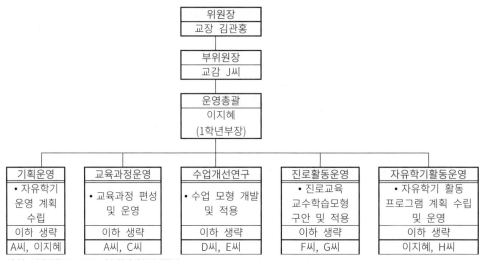

출처: 라온중학교 2019 자유학년제운영계획서.

자유학기 활동 프로그램 운영은 크게, 자유학기 활동 프로그램 계획 수립 및 운영, 자유학 기 체험활동 운영, 외부 전문가 및 기관 섭외와 연계 등으로 구분할 수 있다. 연구자는 연구 과정을 통해 학교에서 운영하는 자유학기 활동 프로그램의 계획 수립에서부터 지역사회 기 관 및 마을활동가, 학부모 등과 연계하는 모습을 발견할 수 있다. 또한 체험활동 운영과 외부 전문가 섭외 및 연계는 교사의 참여와 노력도 중요했지만, 그 과정이 학교 내 담당 교사들로 만 이루어지지 않았다는 특징이 있다. 이러한 과정을 통해 수행된 자유학기제 운영 현황을 살펴보면 다음 그림과 같다.

자유학기제는 2019년 9월 기준으로, 1학년 1학기(199시간)와 1학년 2학기(102시간)로 운 영되고 있다. 교과활동은 주로 수·목·금요일 오전에 운영하였으며, 자유학기활동(1학기 시수: 2학기 시수)은 크게, '주제 선택 활동(34:34)', '예술·체육 활동(51:34)', '동아리 활동(17:17)', '진로 탐색 활동(17:17)'으로 구분하여 편성되었다.

라온중학교 자유학년제 운영 현황

| 1학기 119시간 운영 | | | | | | 2학기 102시간 운영 | | | | | |

라온중학교 자유학년제 운영 현황 — 1학기 119시간 운영

요일\시간	월	화	수	목	금
1	주제 선택 (1–5)	예술 (6–10)	* 교과 및 창의적 체험 활동 * 자유학기 활동 (주당11시간)		
2					
3	주제 선택 (6–10)	예술 (1–5)			
4					
5			학교 스포츠 (1–5)		동아리
6			학교 스포츠 (6–10)		진로 탐색
7					

▶ 한 학기에 4가지 활동을 모두 운영

2학기 102시간 운영

요일\시간	월	화	수	목	금
1	주제 선택 (1–5)		* 교과 및 창의적 체험 활동 * 자유학기 활동 (주당8시간)		
2					
3	주제 선택 (6–10)				
4					
5		학교 스포츠			동아리
6		체육			진로 탐색
7					

▶ 한 학기에 4가지 활동을 모두 운영

출처: 라온중학교 2019 자유학년제운영계획서.

라온중 자유학기제 운영 계획과 함께 실제 학교·지역사회·가정 간 연계를 통해 운영된 '2019 라온중 자유학기제 연계 운영계획(안)'의 내용을 살펴보면, 학교·지역사회·가정 간 예를 통한 운영은 2019년 3월 12일부터 7월 15일까지, 매주 월요일 총 18회를 진행하였다. 활동 프로그램 대상은 라온중 1학년 2개 반이며, 장소는 라온중 및 라온동 일대에서 이루어졌다. 활동 프로그램 내용은 라온동 지역사회의 역사와 마을공동체에 관한 것으로 내용을 구성하고, 참여 및 운영한 주체는 학교(담당 선생님), 지역사회(센터 선생님 및 마을활동가), 가정(마을활동가 및 학부모)이었다. 학교·지역사회·가정 간 연계를 통해 운영된 라온중 자유학기제는 2018년 2학기에 7차시로 운영되었으나, 2019년에는 학교의 요청으로 시간이 확대되어 다음 표와 같이 9차시 수업을 2번에 나누어 운영되었다. 이를 통해 보다 많은 학생들이

2019년 라온중학교 자유학년제 운영계획(안)

차시	주제	담당	내용
1차, 10차 1분기(3.11) 2분기(5.20)	마을 알아보기: 마을교과 오리엔테이션	라온 청소년 문화정보센터	우리 마을 이야기 교과과정 설명 마을 관련 그림책 읽기 공동체 놀이 진행
2차, 11차 1분기(3.18) 2분기(5.27)	마을 걸어보기: 경춘선 숲길코스	꿈마을 여행단	경춘선 숲길공원을 따라 우리 마을 돌아보기
(내용은 분량상 생략함)			

출처: 라온청소년문화정보센터(2019a).

활동 프로그램을 경험할 수 있었다.

출처: 홍지오(2020: 53-58).

현장 글쓰기는 학교를 대상으로 한 경우, '학교 개요 및 특징', '학교 운영 조직도', '학교에서 진행하는 (연구와 관련성이 높은) 특정 프로그램의 운영 현황', '프로그램의 운영 계획' 등의 자료를 제시합니다. 각 자료는 조직을 설명할 때 대표되는 구성 요소입니다. 따라서 해당 내용을 통해 현장(학교)에 관한 효과적인 글쓰기를 할 수 있습니다. 독자는 연구 현장에 관한 글쓰기를 할 때, 해당 현장을 구성하는 대표적인 요소를 찾아, 각 요소를 설명하는 글쓰기를 하기 바랍니다.

위 〈표〉의 사례를 바탕으로 내용을 살펴보면, 학교 현황은 학교의 설립 시기, 행정 지표, 주변 환경, 연구 주제와 관련한 내용을 기술합니다. 현황을 가급적 구체적으로 기술하는 이유는 연구 내용을 이해하는 데 도움을 주기 때문입니다. 예를 들어, 지역사회 주민들이 학교에 와서 수업하는 과정에서 발견한 이야기를 연구한다고 가정해 봅시다. 연구자는 다른 학교와 비교해서 우리 학교에 주민이 와서 수업하는 것이 익숙하고 잘 이루어진다고 이야기합니다. 반면에 다른 학교에는 주민이 참여한 수업이 잘 이루어지지 못하고, 많은 문제점이 나타나고 있습니다. 이 경우, 다른 학교와 지역 주체들은 연구자의 연구를 이해하지 못할 수 있습니다. 연구자가 이해를 돕기 위해 연구에 등장하는 학교와 지역의 맥락을 충분히 설명하지 않았기 때문입니다. 연구자의 연구 현장인 학교는 이미 10년 전부터 지역사회와 연계해 아이들의 수업을 해 오고 있었으며, 사람과 조직 간 네트워크를 형성해서 운영하는 특징이 있었던 곳입니다. 그 결과 자유학기제 정책으로 학교와 지역사회 간 연계 가능성과 빈도가 더 높아질 수 있었던 것입니다. 즉 이미 준비된 학교이기에 성공 사례가 될 수 있었습니다. 이렇듯 학교가 가진 맥락을 충분히 설명하지 않으면 연구를 이해하는 데 어려움이 있습니다. 따라서 연구자는 연구 현장에 관한 이야기를 구체적으로 전달해야 합니다.

다음은 앞서 제시한 기술 사례에서 주요 키워드를 제거해 만든 글쓰기 프레임입니다. 자신이 생각하는 적절한 내용을 빈칸에 넣어 작성해보기 바랍니다.

연구 프로젝트 현장 글쓰기 사례 1_도입 쓰기

본 연구는 초기 (_____)에 대한 접근이 먼저 이루어졌다. 연구자는 (_____)에 대한 이야기를 접하고 직간접적으로 참여했다. 그 과정에서 (_____) 모습을 알 수 있었다. 이후, 초기에 수집한 (_____) 자료와 (_____) 개념을 살펴보고, 해당 개념을 사례에 직접적으로 적용하여, (_____연구 문제 1_____), (_____연구 문제 2_____), _____연구 문제 3_____)을/를 밝히고자 하였다. 따라서 본 연구에서는 연구를 수행하기 위해 (_____연구 현장_____)의 설정과 다양한 자료원으로부터 풍부한 자료를 수집하는 것이 중요했다.

연구자는 (_____연구 현상과 독자가 연계한 지점(공부, 직업, 환경 등)_____)을/를 하고 있다. 이러한 점에서 (_____연구 주제의 핵심 키워드_____)은/는 연구자가 (_____)하는 데 적절하다. 또한 연구자는 (_____)이다. 이는 연구에 대한 연구자의 접근성과 용이성이 높다는 점에서 장점이다.

연구 프로젝트 현장 글쓰기 사례 2_맥락 쓰기

맥락을 구체적으로 살펴보면 다음과 같다. (_____연구 현장_____)은/는 (_____)이/가 있다. (_____)은/는 (_____연구 현장의 특징 1_____), (_____연구 현장의 특징 2_____), (_____연구 현장의 특징 3_____)이다. 특히 (_____연구 현장의 핵심 특징_____)이/가 나타나고 있다. (_____연구 현장_____)은 (_____연구 현장의 상황 설명_____)상황이었 다. (_____연구 현장의 과거 상황에 대한 구체적 설명_____). 그 결과 (_____연구 현장의 현재 상황에 대한 구체적 설명_____)이다. (_____본 연구와 관련성이 높은 특징 기술_____) 때문이다. 이러한 특징은 (_____)(으)로 나타나고 있다.

연구 프로젝트 현장 글쓰기 사례 3_현장 현황 쓰기

-연구 현장의 개요 및 특징

(_____연구 현장_____)은/는 (_____위치_____)이다. (_____현장 지역의 전체적 설명-map을 통해 현장이 그림으로 그려지도록 기술_____)이다. (_____현장을 구성하는 특징(인구, 시설물, 등) 제시_____). 최근에는 (_____)이다.

(연구 현장)의 개요 및 특징

구분	내용
위치	
규모	
특성	
프로그램	
운영 사례	

-조직도

(_____연구 현장_____)은/는 (_____연구 현장의 조직도 설명_____)이다.
(_____연구 현장 조직_____)은/는 (_____조직의 특징 1_____),
(_____조직의 특징 2_____), (_____조직의 특징 3_____)이다.
특히 (_____조직의 핵심 특징_____)이/가 나타나고 있다. 현재 (_____연구
현장_____)의 운영 조직도는 아래 [그림]과 같다.

*필요시 해당 조직의 조직도를 그림으로 보여줍니다.

-프로그램 운영 현황 및 계획서

(_____)프로그램 운영은 크게, (_____프로그램 운영 내용 1_____),
(_____프로그램 운영 내용 2_____), (_____프로그램 운영 내용 3_____)(으)로
구분할 수 있다. 연구자는 프로그램 운영 내용을 통해 (_____내용의 특징 1_____),
(_____내용의 특징 2_____), (_____내용의 특징 3_____) 등의 모습을
발견할 수 있다. 이러한 내용을 바탕으로 한 운영 현황을 살펴보면 다음 [그림]과 같다.

*필요시 해당 운영 현황을 보여주는 그림을 보여줍니다.

(_____) 프로그램 운영은 (_____계획서 세부 내용 1_____),
(_____계획서 세부 내용 2_____), (_____계획서 세부 내용 3_____)
등으로 구분하여 진행되었다. (_____연구 현장_____)의 (_____운영
계획서_____) 내용을 자세히 살펴보면, 첫째, (_____계획서 세부 내용 1 및
특징_____)이다. 둘째, (_____계획서 세부 내용 2 및 특징_____)이다.
마지막으로, (_____계획서 세부 내용 3 및 특징_____)이다. (_____)프로그
램 운영 계획표는 다음 <표>와 같다.

*필요시 프로그램 운영 계획표를 보여줍니다.

2단계 연구 프로젝트 참여자 쓰기

　연구 프로젝트에서 연구 참여자를 구체적으로 제시하는 것은 중요합니다. 연구 내용과 결과가 어떤 사람들에게서 나왔는지 출처를 밝혀서 연구의 신뢰성을 높일 수 있기 때문입니다. 연구에서 제시한 출처를 통해, "아~ 이러한 특징을 가진 사람들로부터 연구 내용과 결과가 나온 거구나!" 하고 연구를 이해시키고 신뢰할 수 있도록 합니다. 따라서 연구자는 연구 참여자를 어떻게 섭외했고, 이들은 어떤 특징을 갖는지 설명해야 합니다. 아래 내용은 실제 논문에서 연구 참여자를 기술한 사례입니다.

 연구 프로젝트 참여자 글쓰기 사례 1_도입 쓰기‥‥‥‥‥‥‥‥‥‥‥‥‥‥

연구 참여자

　라온중은 2014년 자유학기제 연구학교를 시작으로, 자유학기제를 운영한 지 올해로 7년 차가 되었다. 7년여의 긴 시간만큼, 자유학기제 활동이 학교·지역사회·가정 간 연계를 통해 이루어진 과정에는 수많은 구성원이 참여했다. 따라서 연구 참여자를 섭외하는 과정은 학교의 학교장, 센터의 센터장, 그리고 마을회의 참석을 통해 알게 된 학부모를 통해서 시작되었지만, 학교장이 관련성이 높다고 판단되는 교사를 소개해주고, 또 소개받은 교사를 통해 관련한 교사를 소개받았으며, 센터장이 소개해준 센터 선생님을 통해 자유학기제와 관련성이 높은 다른 센터 선생님과 마을활동가를 소개받는 등의 과정으로 연구 참여자를 섭외할 수 있었다. 이러한 스노우 볼링을 통해 다양한 연구 참여자와 함께 연구를 진행할 수 있었다. 특히 센터장과 센터 선생님은 마을활동가, 학부모 등을 만나는 데 결정적인 도움을 주었다. (이하 생략)

　본 연구의 참여자를 선정하는 기준은 최소 1년 이상의 시간 동안 자유학기제를 직간접적으로 경험한 교육공동체의 구성원 중 적극적인 활동을 한 참여자를 중심으로 선정하였다. 단, 학부모의 경우 다양한 의견을 수렴하기 위해 적극적인 참여를 보였던 학부모이면서 마을활동가뿐만 아니라, 적극적인 참여는 하지 않았지만 관심이 높은 학부모도 연구 참여자로 선정하여 자료 수집을 더욱 풍부하게 할 수 있었다. 이렇듯 본 연구에 함께한 연구 참여자들은 연구자와 함께 최소 1년여의 시간 동안 일면식이 있는 상황에서 원활한 진행이 이루어질 수 있었다. 또한 그동안 함께 형성한 믿음과 신뢰 덕분에 연구 참여가 끝난 다음에도, 본 연구와 적절하다고 생각되는 또 다른 연구 참여자를 소개해주고 내용을 전해줄 정도로 풍부한 자료를 수집할 수 있었다.

출처: 홍지오(2020: 61-62).

제시한 내용의 이해를 돕기 위해, '연구 참여자'와 '스노우 볼링 및 편의 표집' 개념에 관하여 설명하겠습니다. 연구 참여자는 연구자를 제외하고 연구 과정에 참여하는 주체들을 능동적인 존재로 보는 관점을 의미합니다. 앞서 언급한 바와 같이, 연구 프로젝트는 질적 연구를 기반으로 합니다. 질적 연구는 연구에 등장하는 인물, 조직 등을 대상화, 객체화하지 않습니다. 그런데도 일부 연구자는 선행 연구물에서 '연구 대상'이라는 표현을 통해 주체를 객체화하고, 연구자와의 구분을 통해 수동적이며 불평등한 의미를 함의하는 용어를 사용하기도 합니다. 이제부터 중요한 약속을 해야 합니다.

"우리는 연구에 등장하는 주체에게 존중과 감사의 마음을 담아
'연구 참여자'라는 개념을 사용할 것을 약속합니다."

필자가 저술한 단행본(책)이나 연구물은 연구 참여자가 없었으면 이야기할 수 없는 내용을 담고 있습니다. 연구 참여자는 우리에게 가장 중요한 파트너임을 꼭 명심하기 바랍니다. 더하여, 우리는 연구 참여자들에게 "그래서 당신의 연구가 나(연구 참여자)에게 주는 의미는 무엇인가요?"라는 물음에 답을 제시해야 합니다. 연구 참여자가 연구를 통해 의미를 찾고 주체가 되도록 하는 것도 우리의 중요한 역할입니다.

다음으로, '스노우 볼링'과 '편의 표집'이라는 표집 방법의 개념에 대해 알아보겠습니다. 스노우 볼링은 연구 참여자를 만나는 방법을 의미하며, '눈덩이 표집법(Snowball Sampling)'이라고도 말합니다. 스노우 볼링은 산에서 작은 눈덩이를 굴려 내려보내면 내려올수록 눈덩이가 점차 커지는 현상을 말합니다. 즉 독자는 산의 정상을 연구의 출발점이라고 생각하고, 관련한 소수의 연구 참여자를 만나 관계를 형성하면서 소개 및 추천을 통해, 눈덩이가 커지듯 점차 많은 연구 참여자를 만나게 됩니다. 편의 표집은 연구자가 자신의 주변 사람들을 연구 참여자로 선정하여 수행하는 방법입니다. 연구자는 잘 모르는 지역과 분야에 관해 연구하고자 할 때, 연구 참여자를 만나는 것에서부터 어려움을 경험합니다. 이 경우 연구 참여자와의 친밀한 관계 형성을 의미하는 '라포(Rapport)형성'에서부터 많은 시간과 노력이 필요하며, 연구 수행 기간은 더욱 늘어나게 됩니다. 편의 표집은 연구자가 연구를 수월하게 진행할 수 있도록 하는 방법으로, 연구 참여자로부터 짧은 시간 안에 깊은 이야기를 들을 수 있는 장점이 있습니다.

필자는 편의 표집과 스노우 볼링 표집을 권하지만, 주의할 점이 있습니다. 편의 표집과 스노

우 볼링 방식으로 연구 참여자를 만나는 경우, 해당 연구 참여자들이 연구에 적절한지 이유를 분명하게 제시해야 합니다. 아래 내용은 실제 논문에서 연구 참여자를 기술한 사례입니다. 학교에서 연구 참여자를 어떻게 만났고, 어떤 맥락(교직 경력, 담당 학년, 직위, 소속, 특징 등)을 갖는지 설명합니다.

 연구 프로젝트 참여자 글쓰기 사례 2_구체적 쓰기· · · · · · · · · · · · · · · · · · · ·

학교 참여자

2014년 라온중에서 자유학기제를 도입하여 연구학교를 운영한 시기에 근무했던 전수영 전 교장은 2019년 9월 다른 학교로 발령이 나서 학교를 떠나게 되었다. 전 교장은 자유학기제 연구학교를 신청하고 라온중에서 자유학기제가 도입되고 정착되는 데 기여한 바가 크다. 또한 학부모 및 지역사회에서는 전 교장의 교육관과 자유학기제 도입에 대한 긍정적인 평가가 나타나고 있었다. 반면에, 학부모는 전 교장이 학생들의 학업을 너무 소홀히 했다는 부정적인 평가도 동시에 하고 있는 것으로 나타났다. 이후 새로 부임한 김관홍 교장은 학교 혁신에 대한 관심과 함께 지역사회 회의에 참석할 정도로 학교와 지역사회에 대한 관심이 높았다. 또한 김관홍 교장은 학교·지역사회·가정 간 연계도 꼭 필요한 부분이라고 하면서도, 학생들의 학업능력이 떨어지는 우려에 대한 학부모의 목소리도 중요하다는 관점을 가지고 있었다. 특히 김관홍 교장의 경우, 한국교육개발원에서 진행하는 자유학기제 관련 연구 사업에 전문가로 참여하여 연구 자문 역할을 하였으며, 학교 운영의 혁신에 대한 경험과 조예가 깊다는 평가를 받고 있었다. 또한 자유학기제가 라온중에 도입되고 정착되는 초기에 업무를 담당했던 선생님과 자유학기 활동 프로그램이 본격적으로 학교·지역사회·가정 간 연계를 통해 운영되었다고 할 수 있는 2018·2019년 시기에 자유학기제 업무를 담당한 선생님이 있

라온중학교 연구 참여자

순번	이름	교직경력/학년	자유학기제 경험 유무	직위/소속	특징
1	김관홍	38년	유	교장	자유학기제 운영
2	전수영	34년	유	전 교장	자유학기제 운영
3	김초원	18년 (라온중 8년)	유	교무부장	초기 자유학기제 담당
4	이지혜	16년 (라온중 8년)	유	1학년 부장	2018년부터 자유학기제 담당
5	문지성	중2	유	라온중 학생	2018년 자유학기제 참여
...	...	...	...	...	...

었다. 이 두 선생님은 현재 라온중에서 경험한 자유학기제 활동 사례를 정리하여 경진대회에 지원할 계획을 가질 정도로, 자유학기제 운영에 대한 관심과 열의가 높았다.

이에 본 연구자는 자유학기제를 도입한 초기에 근무했던 전 교장, 그리고 현재 근무 중인 교장, 자유학기제 업무 경험이 있는 두 교사가 연구 참여자로 적절하다고 판단하였다. 또한 자유학기 활동 프로그램을 경험한 학생들의 이야기를 통해, 학생들의 관점에서 현장에 대한 이해를 하고자 하였다. 따라서 라온중의 연구 참여자는 위 표와 같다.

출처: 홍지오(2020: 62-63).

다음은 앞서 제시한 기술 사례에서 주요 키워드를 제거해 만든 글쓰기 프레임입니다. 자신이 생각하는 적절한 내용을 빈칸에 넣어 작성해보기 바랍니다.

🌐 연구 프로젝트 참여자 글쓰기 프레임 ··

연구 프로젝트 참여자 글쓰기 사례 1_도입 쓰기

(_____연구 현장_____)은/는 (_____연구 현장 구성원의 특징_____)이다. 따라서 연구 참여자를 섭외하는 과정은 (_____특정 구성원 제시_____)을/를 통해서 시작되었지만, (_____연구 참여자_____)이/가 관련성이 높다고 판단되는 (_____연구 참여자_____)을/를 소개해주고, 또 소개받은 (_____연구 참여자_____)을/를 통해 (_____연구 참여자_____)을/를 소개받는 등의 과정으로 연구 참여자를 섭외할 수 있었다. 이러한 스노우 볼링을 통해 다양한 연구 참여자와 함께 연구를 진행할 수 있었다. 연구의 참여자를 선정하는 기준은 (_____)(으)로 선정하였다. 선정한 연구 참여자는 (_____특징 1_____), (_____특징 2_____), (_____특징 3_____)의 특징이 있다.

연구 프로젝트 참여자 글쓰기 사례 2_구체적 쓰기

(_____연구 참여자 1_____)은/는 (_____연구 참여자 1의 특징_____)이다.
(_____연구 참여자 2_____)은/는 (_____연구 참여자 2의 특징_____)이다.
(_____연구 참여자 3_____)은/는 (_____연구 참여자3의 특징_____)이다.
특히 (_____연구 참여자 3_____)의 경우, (_____연구 참여자 3의 주목할 만한 특징_____)이/가 있다.
이에 본 연구자는 (_____)이/가 연구 참여자로 적절하다고 판단하였다.
따라서 (_____연구 현장_____)의 연구 참여자는 아래 <표>와 같다.

연구 참여자

순번	이름	교직경력/학년	관련 경험 유무	직위/소속	특징
1	AAA	00년	유		
2	BBB	00년	유		
3	CCC	00년	유		
…	…	…	…	…	…

 3단계 연구 프로젝트 방법 쓰기

연구 프로젝트 방법을 기술하는 파트에서는 연구 방법에 대해 안내하고, 연구 목적의 달성과 문제해결을 위해, '왜 연구 프로젝트 방법이 적절한가?'에 대해 설명하며, 어떻게 적용하여 수행했는지 작성합니다. 실제 연구에서 제시한 연구 방법 기술 사례는 다음과 같습니다.

 연구 프로젝트 방법 글쓰기 사례 ·······························

연구 방법에 대한 선택의 고민

연구 방법은 라온중 자유학기제 운영과정에서 나타난 교육공동체 형성과정에 대한 맥락적 차원을 고려하여 깊이 있는 접근을 하기 위해서, 교육행정학의 학문적 토대를 철학적·과학적으로 강화하는 "지혜에 대한 사랑(교육행정철학)"에서부터 출발했다(박선형, 2012). 이에 연구자는 교육행정 이론의 발생과 생성에 대한 의문을 철학적으로 탐구하면서 교육행정 실제에 부합하기 위한 과학적 증거를 지속적으로 확보하고자 하였다. 즉 교육정책 운영과정에서 나타나고 있는 교육공동체에 관한 내용적 지식을 끊임없이 공부하고, 연구 과정에서 발견되는 교육공동체 형성과정에 대한 직·간접적 탐구를 통해 인식을 확대하며, 사례에서 발생하고 있는 현상에 대한 원인적 지식을 지속적으로 탐색하고자 하였다. 이를 위해서는 양적 연구 방법뿐만 아니라, 질적 연구 방법이 필요하다.

선택한 연구 방법에 대한 설명_개념 및 특징

사례연구(Case Study)는 일반적으로 정의하기 어려울 만큼 학자들마다 제시하고 있는 개념의 범위가 넓다. 그중 몇몇 선행 연구를 바탕으로 사례연구의 개념을 제시하면 다음과 같다. 사례연구는 특정한 어느 실제 현상에 대하여 연구자의 통제 없이, 그 현상이 '왜' 혹은 '어떻게' 발생했는지 접근하고, 현상에 대한 이해를 위해서는 특정 현상에 대한 맥락과 상황

안으로 깊숙이 들어가 의미를 찾을 수 있는 연구 방법이라고 할 수 있다(Merriam, 1988; Stake, 1994; Yin, 2003). 특히 Yin(2014)은 사례연구의 정의가 개정판을 거쳐 진화하고 있다고 제시하면서, 사례연구는 범위적 측면에서 실생활에서 발생하는 현상에 대해 깊이 있게 탐구하는 실증적인 연구이며, 현상과 맥락 사이의 경계가 명확하지 않을 때 사용하는 연구 방법이라고 하였다. 또한 사례연구는 보편성이나 일반성을 추구해야 하는 학문의 기대수준을 충족시키기 위한 것이 아니라, 사례의 개별적이고 특수한 상황에 대한 연구이다(윤견수, 2008).

연구 목적을 달성하고 연구 문제를 해결하는데 왜 이 연구 방법이 적절한지 설명

따라서 본 연구의 목적을 달성하기 위해서는 '실증적 사례연구'가 적합하다고 할 수 있으며, 그 이유는 다음과 같이 정리할 수 있다. 첫째, 라온중 자유학기제 운영과정에서 나타나고 있는 교육공동체 형성이 현장에서 어떤 모습으로 발견되고 있으며 그 이유는 무엇인지를 보고자 하기 때문이다. 자유학기제는 교육과정의 재구성을 통해 학교혁신을 이루고자 하였고, 그 과정에서 학교의 인적·물적 자원의 한계가 나타났으며, 이에 대한 방안으로 학교와 지역사회 간 연계가 요구되었다(박균열·홍지오 외, 2019; 최상덕 외, 2014c). 하지만 사례 현장에서는 학교와 지역사회 간 연계는 단순히 학교의 한계를 보완하기 위한 수단이 아닌, 학교 개방체제로의 전환을 통한 혁신, 학교가 위치한 지역사회에서 일어나고 있는 교육을 중심으로 한 모임 및 활동 등 다양한 형성과정이 발견되고 있다. 이러한 교육공동체 형성이 왜, 어떻게 발생하고 있는지, 현장에 밀착하여 최대한 깊이 있게 들여다보기 위해서는 실증적 사례연구가 적합하다고 할 수 있다.

둘째, 라온중 자유학기제 운영과정에서 나타난 교육공동체 형성이 발견되고 있는 사례는 특정한 맥락과 상황 속에서 나타나고 있기 때문이다. 교육공동체를 이해하기 위해서는 형성과정이 나타나고 있는 지역의 학교 규모, 학교가 위치한 지역사회의 환경, 지역사회의 조직 및 단체에 소속된 구성원의 신분 및 계층 등 다양한 맥락과 상황이 존재한다. 교육공동체 형성은 이러한 맥락과 상황을 고려하여 접근할 필요가 있으며, 이를 위해서는 실증적 사례연구가 적합하다.

셋째, 라온중 자유학기제 운영과정에서 나타난 교육공동체 형성 연구는 선행 연구에서 인과적으로 규명되지 않는 복잡한 인과적 과정에 대해 접근하여, 이론화[16]되는데 영향을 주고자 하기 때문이다. 본 연구의 대상은 서울시 노원구 라온동에 위치한 학교에서 시행된 자유학기제의 운영과정에서 나타나고 있는 교육공동체 형성에 관한 연구이다. 해당 학교에는 학교 수업 혁신에 대한 고민과 인식을 가지고 있는 교장과 교사가 있었으며, 지역사회에는 다양한 인적·물적 자원의 플랫폼 역할을 하고 있는 센터를 통해 교육 프로그램이 운영되고 있

---

16 이론화란 규칙을 찾고 체계를 구축하는 과정으로, 실제 현상에서 나타나고 있는 모습, 특징, 복잡한 인과적 과정에 대한 접근 등을 통해 이론이 만들어지는 것을 말한다.

었다. 그리고 학교와 지역사회의 구성원이라고 할 수 있는 교장, 교사, 학부모, 학부모이면서 마을활동가, 센터 구성원, 공무원 등이 있었다. 이렇듯 본 연구에서는 학교·지역사회·가정 속 다양한 개인들로 구성되어 복잡한 인과적 과정이 이루어지고 있다. 이러한 복잡한 인과적 과정에 대한 접근을 통해, 다양한 교육정책 운영과정과 그 과정에서 발견되는 교육공동체 형성이 이론화되는데 영향을 줄 수 있으며, 이를 위해서는 실증적 사례연구가 적합하다.

출처: 홍지오(2020: 65-70)를 수정 및 보완하여 제시함.

다음은 앞서 제시한 기술 사례에서 주요 키워드를 제거해 만든 글쓰기 프레임입니다. 자신이 생각하는 적절한 내용을 빈칸에 넣어 작성해보기 바랍니다.

🌐 연구 프로젝트 방법 글쓰기 프레임 ·

연구 방법에 대한 선택의 고민

연구 방법은 (_____)을/를 하기 위해서,
(_____)을/를 하였다. 이를 통해 연구자는
(_____)하고자 하였다.
즉 (_____)하고자 하였다. 이를 위해서는
(_____)연구 방법이 필요하다.

선택한 연구 방법에 대한 설명 (개념 및 특징)

연구 프로젝트 방법은 (_____)이다.
연구 프로젝트 방법은 (_____특징 1_____), (_____특징 2_____),
(_____특징 3_____)(이)라는 특징이 있다.
이러한 특징은 (_____본 연구에서 접근하는 현상_____)에 대한 접근을 돕는다.

연구 목적을 달성하고 연구 문제를 해결하는 데 왜 이 연구 방법이 적절한지 설명

따라서 본 연구의 목적을 달성하기 위해서는 연구 프로젝트 방법이 적합하다고 할 수 있으며, 그 이유는 다음과 같이 정리할 수 있다.
첫째, (_____사례 현상_____)에서 나타나고 있는 (_____연구 문제 1_____)을/를 보고자 하기 때문이다. (_____연구 문제 1의 특징-이유 기술_____).
둘째, (_____연구 문제 2_____) 때문이다.
(_____연구 문제 2의 특징-이유 기술_____).
셋째, (_____연구 문제 3_____) 때문이다.

(_____연구 문제 3의 특징-이유 기술_____).
이렇듯 본 연구에서는 (_____연구 문제 1, 2, 3_____)을/를
해결하기 위해 연구 프로젝트 방법이 적절하다.

4단계 연구 프로젝트 자료 수집 쓰기

　　연구 프로젝트 자료 수집 쓰기는 연구의 진행 시기(초반, 중반, 후반)에 따라 자료의 비중이 다르게 나타나는 상황을 고려해서 작성합니다. 연구 초반에는 연구 현장에 처음 접근하는 시기로 간접적인 자료의 수집 비중이 높습니다. 연구 중반에는 현장에 깊이 들어가 직접적인 대면 관찰을 수행한 자료 수집의 비중이 높습니다. 마지막 연구 후반에는 초반과 중반에 수집한 자료에서 부족하거나 추가 확인이 필요하다고 판단하는 경우 인터뷰를 통해 보완합니다.

　　이렇듯 연구 시기에 따른 과정의 맥락을 고려하여 '연구 초반-중반-후반'을 구분해서 자료 수집을 계획하고 실행할 것을 권합니다. 연구 프로젝트 자료 수집의 자료원은 〈표〉 연구 프로젝트 자료 수집 종류(123쪽)에서 제시한 바와 같이 '문서자료 1차 기록물', '기록자료 2차 기록물', '인터뷰', '연구자 관찰' 등이 있습니다. 또한, 앞서 각 자료원으로부터 자료를 기록하고 수집하는 방법으로 '문헌노트', '메모노트', '관찰노트'로 구분하고 작성 방법을 설명한 내용을 참고하기 바랍니다.

　　자료 수집 쓰기 파트에서는 문헌노트, 메모노트, 관찰노트를 통해 수집한 자료를 연구에서 어떻게 글쓰기로 표현할 수 있는지도 설명하겠습니다. 글쓰기 내용은 다음 [그림]과 같이 크게 '자료 수집 방법', '자료 수집 종류', '연구 시기' 등으로 구분하여 작성합니다.

　　연구 프로젝트에서 다음과 같은 [그림]을 작성한 후에는 연구 시기별로 어떻게 자료 수집을 진행했는지 작성합니다. 먼저 '연구 프로젝트 자료 수집 과정의 초반'에 해당하는 사례를 살펴보겠습니다.

자료수집	방법	면담 / 관찰		
	종류	문서자료 기록자료 직접관찰	인터뷰 직접관찰 참여관찰	인터뷰
연구 시기		연구 초반	연구 중반	연구 후반

출처: 홍지오(2020: 78).

 자료 수집 글쓰기 사례_초반 ·

연구 초반에는 문서자료, 기록자료, 그리고 직접관찰 등을 통해 자료를 수집하였다. 사전 연구에서는 자유학기제 관련 연구 보고서, 논문 등을 수집하여 분석 및 정리하였으며, 라온중 홈페이지를 통해 공개된 자유학기 활동 프로그램에 대한 내용과 만족도 조사 등의 자료를 수집하였다. 라온센터를 통해서는 자유학기제 활동 계획서, 영상자료, 워크북, 사례집 등을 수집할 수 있었다.

또한 라온중 방문과 함께 라온동 마을 축제, 마을 정기회의, 워크숍, 포럼 등에 참석하여 직접관찰을 하면서, 학교·지역사회·가정 간 연계를 통해 운영되는 자유학기제의 기획 및 진행 과정에 대한 다양한 자료를 수집할 수 있었다.

연구자가 참여한 회의에는 라온센터를 포함하여, 라온동에 있는 지역 기관 및 단체, 마을활동가, 학부모, 주민 등 다양한 주체가 모여 진행되었다. 특히 회의 겸 포럼이 이루어진 날에는 라온중에 새로 부임한 교장이 참석한 적이 있었다. 교장의 참석은 지역사회와 가정으로부터 매우 긍정적인 반응을 야기하였으며, 학교·지역사회·가정 간 연계에 대한 기대가 표출되었다. 현장에 함께 한 연구자는 교장이 지역사회와 가정에 주는 영향력과 학교·지역사회·가정 간 연계가 이루어지는 과정에서 교장의 역할에 대해 생각해보고 경험할 수 있는 기회가 되었다.

또한 연구자는 학교뿐만 아니라, 지역사회·가정과 라포를 형성하기 위해, 지역사회의 대표적인 행사에 참여하기도 했다. 2019년 10월, 노원구에서는 탈축제 행사를 진행했는데, 해당 행사에는 각 지역별 기관 및 단체, 마을활동가와 학부모 등이 탈 제작부터 안무까지 만들어 참여하였다. 연구자는 해당 행사에 작은 역할이지만 함께 참여하면서 의미 있는 시간을 통해 라포를 형성할 수 있었다. 연구자가 축제를 통해 연구 참여자와 함께 한 일은 향후 반 구조화된 인터뷰가 원활하게 진행되는 데 긍정적인 영향을 주었다.

출처: 홍지오(2020: 78-79).

다음으로 '연구 프로젝트 자료 수집 과정의 중반'에 해당하는 사례를 살펴보겠습니다.

 자료 수집 글쓰기 사례_중반 ···

연구 중반에는 인터뷰, 직접관찰, 참여관찰을 진행했다. 인터뷰는 연구 중반부터 현장에서 만난 연구 참여자들을 대상으로 틈틈이 진행하여 현장감 있는 목소리를 담고자 하였다. 학교 및 지역사회 행사 참여와 함께 마을회의도 최대한 꾸준히 참석하였다. 또한 라온중 자유학기 제 정책이 본격적으로 학교·지역사회·가정 간 연계를 통해 운영되었던 2018년과 2019년 기간 동안의 관찰을 통해 다양한 자료를 수집할 수 있었다.

출처: 홍지오(2020: 80).

다음은 '연구 프로젝트 자료 수집 과정의 후반'에 해당하는 사례를 살펴보겠습니다.

 자료 수집 글쓰기 사례-후반 ···

연구 후반에는 연구 참여자들을 대상으로 본격적인 인터뷰를 수시로 진행하였다. 연구 초반과 중반 과정을 통해 수집한 관찰 자료, 틈틈이 진행한 인터뷰 자료와 함께, 연구 후반에 이루어진 인터뷰 자료는 그동안 수집한 자료에 대한 이해를 높여 주었으며, 연구 참여자의 진솔하고 다양한 의견을 수집할 수 있는 과정이었다. 연구 참여자와의 라포는 그동안 마을회의와 행사 그리고 자유학기 활동 프로그램 관찰을 통해 잘 이루어졌지만, 1:1 면담은 부담스러울 수 있겠다는 연구자의 판단에 따라, 주로 그룹인터뷰(FGI: Focus Group Interview)방식으로 진행하였다. 그룹인터뷰는 적게는 1대 2, 많게는 1대 4로 구성하여 진행했다. 연구 참여자는 연구를 진행하거나 참여한 경험이 많지 않기 때문에, 면담에 대한 부담을 덜기 위해 사전에 질문지를 전자우편을 통해 공유하였다. 현장에서는 전자우편과 관련한 내용도 다루었지만, 반구조화된(unstructured interview) 방식으로 최대한 자연스럽게 진행하였다. 인터뷰는 도중에 연구 참여자 간 토론이 이루어질 정도로 열띤 대화의 장이 되었다. 그 과정에서 한 연구 참여자는 인터뷰가 끝난 후, 그동안 자신이 참여한 자유학기제 활동을 스스로 돌아보고 정리할 수 있었던 시간이라는 피드백을 하기도 했다.

출처: 홍지오(2020: 81).

마지막으로, 연구 프로젝트 시기와 상관없이 기록하여 수집하는 노트를 활용한 자료 수집 과정 기술 사례를 살펴보겠습니다.

 자료 수집 글쓰기 사례_노트 활용 기술 ·

연구 초반부터 후반까지 연구자가 틈틈이 작성한 관찰노트 자료를 정리하여 최종 수집하였다. 연구자는 자유학기 활동 프로그램이 운영되는 과정에서 학교·지역사회·가정 간 연계가 이루어지고 있는 사례를 관찰하고 자료를 수집하는 과정을 관찰자 시각으로 보며, 참여자들의 표정, 결과물, 현장 분위기 등을 관찰하여 노트에 기록하였다. 또한, 연구자는 참여관찰을 통해 현장에 최대한 깊숙이 들어가서, 학교·지역사회·가정 간 연계를 통해 운영되는 자유학기제 활동과 그 과정에서 발견되는 교육공동체 형성과정의 모습을 노트에 기록하였다. 이렇게 수집한 관찰노트는 연구 후반에 수행한 인터뷰 내용을 이해하고 분석하는 데도 유용한 자료가 되었으며, 연구자가 연구 기간 중 놓칠 수 있는 현장감을 되살려주는 데 좋은 자료가 되었다.

출처: 홍지오(2020: 81).

다음은 앞서 제시한 기술 사례에서 주요 키워드를 제거해 만든 글쓰기 프레임입니다. 자신이 생각하는 적절한 내용을 빈칸에 넣어 작성해보기 바랍니다.

자료 수집 글쓰기 프레임 ·····································

연구 프로젝트 과정의 변화 흐름 그림

자료 수집	방법			
	종류			
연구 시기				

자료 수집 글쓰기 사례_초반

연구 초반에는 (_____) 등을 통해 자료를 수집하였다. 사전 연구에서는 (_____ 등을 수집하여 분석 및 정리하였으며, (_____)을/를 통해 (_____) 등의 자료를 수집하였다. (_____)을/를 통해서는 (_____) 등을 수집할 수 있었다. 또한 (_____) 등에 참석하여 직접관찰을 하면서, (_____)에 대한 다양한 자료를 수집할 수 있었다. 특히 연구자가 참여한 (_____)에서는 (_____) 수 있는 기회가 되었다. 또한 연구자는 (_____)에 참여하기도 했다. 이는 (_____**참여 이벤트 소개**_____). 연구자는 (_____) 참여를 통해 라포를 형성할 수 있었다. 연구자가 축제를 통해 연구 참여자와 함께 한 일은 향후 반 구조화된 인터뷰가 원활하게 진행되는 데 긍정적인 영향을 주었다.

자료 수집 글쓰기 사례_중반

연구 중반에는 (_____)을/를 대상으로 틈틈이 진행하여 현장감 있는 목소리를 담고자 하였다. (_____)에 최대한 꾸준히 참석하였다. 또한 (_____)의 관찰을 통해 다양한 자료를 수집할 수 있었다.

자료 수집 글쓰기 사례_후반

연구 후반에는 (_____)을/를 대상으로 본격적인 인터뷰를 수시로 진행하였다. 연구 초반과 중반 과정을 통해 수집한 (_____)자료는 연구 후반에 이루어진 (_____)에 대한 이해를 높여 주었으며, (_____)을/를 수집할 수 있는 과정이었다. 그룹인터뷰(FGI: Focus Group Interview)는 적게는 1대 2, 많게는 1대 4로 구성하여 진행했으며, 방식은 (_____)(으)로 운영했다. 인터뷰를 진행하면서 (_____**관련하여 인상적이고 구체적인 에피소드 간단히 기술**_____) 했다.

연구 초반부터 후반까지 연구자가 틈틈이 작성한 관찰노트 자료를 정리하여 최종 수집하였다. 연구자는 (_____)사례를 관찰하고 자료를 수집하는 과정을 관찰자 시각으로 보며, (_____) 등을 관찰하여 필드노트에 기록하였다. 또한, 연구자는 참여관찰을 통해 (_____)을/를 관찰노트에 기록하였다.

이렇게 수집한 필드노트와 관찰노트는 (_____)을/를 이해하고 분석하는 데도 유용한 자료가 되었으며, 연구자가 연구 기간 중 놓칠 수 있는 현장감을 되살려주는 데 좋은 자료가 되었다.

 5단계 연구 프로젝트 자료 분석 쓰기

　연구 프로젝트 자료 분석 쓰기에서는 앞서 '연구 프로젝트 자료 분석하기'에서 학습한 1차·2차·3차 코딩 분석 방법을 수행하는 과정과 도출한 결과를 작성합니다. 연구자는 1차·2차·3차 코딩 분석을 통해 도출한 개념, 소주제, 중주제, 대주제의 과정을 포함하는 다음 '〈표〉 자료 코딩 분석 과정'을 제시하고, 〈표〉와 함께 자료 분석 글쓰기를 합니다. 실제 연구 사례를 살펴보겠습니다.

 자료 분석 글쓰기 사례 1_분석 과정 ·

　본 연구에서 수행한 자료 분석 과정을 종합하여 살펴보면, 크게 1차 코딩 분석과 2차 코딩 분석으로 구분할 수 있다. 먼저 1차 코딩 분석은 수집한 문서자료(1차 기록물), 기록자료(2차 기록물), 인터뷰, 직접관찰, 참여관찰 등을 바탕으로 유의미하다고 판단되는 단어와 문장을 중심으로 추출하여 범주화하는 과정이다. 이러한 개방코딩 분석은 수집한 자료를 반복적으로 읽으면서 중요하거나 의미가 있는 경우 여과 없이 추출하는 1차 자료 분석과정이다. 연구에서는 코딩과정에서 코드나 범주에 이름을 붙이는 방식으로 비보 코드(vivo code)를 적용하였다. 비보 코드는 연구 참여자의 말을 그대로 가져다 이름을 붙이는 코드를 말한다. 이는 경험 주체자인 연구 참여자(participant)를 중심으로 하는 에믹(emic) 관점으로 접근하기 위함이다. 비보 코드는 주로 첫 번째 코딩을 할 때 많이 사용하며, 연구 참여자의 관점이 중요한 경우 효과적이다. 반면에 맥락화되어 표현되기 때문에 로컬 언어(local-language) 수준으로 사투리, 비속어, 축약어 등의 여과 없는 언어가 사용되어 정제가 필요할 수 있다는 단점이 있다. 하지만 학교·지역사회·가정에서 나타나는 교육공동체 형성이라는 특정한 환경과 맥락을 이해하고, 양상과 특징을 발견하기 위해서는 1차 코딩 분석에서 비보 코드를 적용하는 것이 적절하다고 할 수 있다. 이에 수집한 자료를 바탕으로 분석한 비보 코드를 종합하여 개방코딩을 실시한 결과 총 590개의 코드로 범주화할 수 있었다.

2차 코딩 분석은 1차 코딩 분석을 통해 도출된 내용을 바탕으로, 본 연구에서 접근하고자 하는 연구 목적 및 문제를 고려하여 연관성이 높고 중요하다고 판단되는 내용을 범주화하여 주제를 추출하는 분석 과정이다. 이렇게 도출한 1차 주제를 소주제로 설정하고, 소주제 중 반복되어 제시되며, 연구 목적 및 문제와 연관성이 높다고 확신이 생기는 내용을 중주제로 설정하였다. 대주제는 소주제와 중주제를 종합하여 제시할 수 있는 내용을 도출하였다. 이를 위해 1차 코딩 분석 과정에서 활용한 문서자료(1차 기록물), 기록자료(2차 기록물), 인터뷰, 직접관찰, 참여관찰 등의 원자료를 통해 소주제와 중주제가 도출된 내용의 전후를 다시 읽어보고, 맥락을 파악한 후 최종적으로 대주제를 설정하였다.

특히 본 연구에서 최종적으로 설정한 대주제는 학교·지역사회·가정의 연계를 통해 형성된 교육공동체의 모습과 특징을 중심으로, 교육공동체적 의미를 가장 잘 표현할 수 있는 은유(metaphor) 표현을 사용하였다.[17] 이러한 은유 표현은 개인이 생활하는 현실에 대한 이해와 단순한 언어 사용을 통해서는 표현할 수 없는 현상 및 관념을 표현할 수 있으며, 현상의 복잡성을 표현하는 데 적절하다고 할 수 있다(Erica, 2016). 따라서 은유 표현을 사용하여 소주제와 중주제를 종합적으로 보여주는 대주제를 제시함으로써, 교육공동체 형성과정의 모습과 특징을 표현하는 데 보다 효과적이라고 할 수 있다.

자료 코딩 분석 과정

구분	방법	내용 단위	표현	자료
1차 코딩 분석	개방코딩	개념화 범주화	vivo code	[자료원] • 문서자료(1차 기록물) • 기록자료(2차 기록물) • 인터뷰 • 직접관찰 • 참여관찰
2차 코딩 분석	소·중주제 코딩	구조화	구조화된 언어	1차 코딩 분석 자료
3차 코딩 분석	주제별 코딩	주제화	주제 분석표	2차 코딩 분석 자료

---

17 메타포 분석(Metaphor Analysis)은 교육공동체와 같이 다소 추상적이고 심오한 개념에 대한 이해를 돕기 위해 구체적인 사물을 활용하여 표현하고, 이러한 표현을 바탕으로 그 안에 내재된 의미를 분석하는 방법(Erica, 2016)이다. 본 연구에서는 메타포 분석 방법을 중심으로 적용하지는 않았지만, 사례 분석 결과를 통해 교육공동체 형성과정의 모습과 특징을 표현하는 방법으로 메타포(metaphor), 즉 은유적 표현 방식을 사용하였다.

이상의 논의를 정리하면, 본 연구에서 수행한 코딩 분석 과정은, 먼저 1차 코딩 분석에서는 중요하다고 생각되는 문장과 문단을 중심으로 개방 코딩한 내용을 비보 코드를 적용하여 그 대로 도출하고, 도출한 내용을 바탕으로 공통된 의미를 나타내고 있는 내용을 점차 범주화하여 총 590개의 코드를 생성하였다. 다음으로 2차 코딩 분석에서는 1차 코딩 분석을 통해 범주화한 내용을 바탕으로 구조화하였다. 특히 2차 코딩 분석은 1차 코딩 분석한 내용을 바탕으로, 본 연구의 목적 및 문제에 적절하면서 빈도가 높은 내용을 구분하기 위해 수차례 반복하여 읽었으며, 총 3차례에 걸쳐 소주제를 설정하는 작업을 했다.

출처: 홍지오(2020: 84); 홍지오(2020: 81-84).

아래 〈표〉는 앞서 자료 분석한 내용을 종합한 주제 분석표입니다. 자료 분석 글쓰기의 마지막은 자료 분석을 종합한 '주제 분석표'를 제시하는 것으로 마무리합니다.

 자료 분석 글쓰기 사례 2_분석 결과 ·

소주제 중 연구의 목적 및 문제와 연관성이 더욱 높고 중요하다고 판단되는 주제를 중주제로 구조화하였으며, 소주제와 중주제를 종합할 수 있는 대주제를 은유적 표현을 통해 설정하였다.

대주제를 은유적 표현으로 제시한 이유는, 일상 언어 속 은유적 표현을 통해 제시하고자 하는 활동에 대한 구조화와 통찰을 줄 수 있으며, 이는 내용에 대한 이해를 돕는 데 용이하기 때문이다(Lakoff & Johnson, 2003). 작성된 소주제, 중주제, 대주제는 자유학기제 및 질적 연구 관련 전문가의 검토를 통해 수정 및 보완되었으며, 분석과정을 통해 도출한 주제 분석표는 아래 〈표〉와 같다.

주제 분석표

대주제	중주제	소주제
3차 코딩	2차 코딩	2차 코딩
주제화	구조화	개념화, 범주화 (1차 코딩)
경계의 '담'	• 학교·지역사회·가정의 연계에서 나타난 문제	• 학교·지역사회·가정 간 협력적 관계 형성의 문제 • 활동 프로그램에 대한 학교 지원시스템의 부재 • 학교·지역사회·가정 간 인식의 차이
	• 활동 프로그램에서 나타난 문제	• 활동 프로그램의 질에 대한 의문 • 활동 프로그램의 다양성과 수용력의 한계 • 활동 프로그램의 지속성의 한계

대주제	중주제	소주제
	• 가정(학부모) 참여의 부재로 인한 한계	• 학부모의 불안 • 학부모 참여의 부재로 인한 인식의 한계
담에 생긴 '틈'	• 학교의 변화와 노력	• 교사 인식의 변화 • 활동 프로그램을 경험한 학생들의 변화 • 학교장 인식의 변화
	• 지역사회의 변화와 노력	• 지역사회가 학교와 연계를 통해 경험한 긍정적 변화 • 학교와 연계를 위한 지역사회의 노력 • 학교와 연계를 위한 마을활동가의 노력
	• 학부모의 변화와 노력	• 학부모 인식의 변화 • 학부모 참여를 통한 변화
	• 학교·지역사회·가정 간 연계를 통한 변화와 노력의 확대	• 센터가 제공한 학생들의 공간이 가져온 변화 • 학교와 지역사회 연계를 통한 활동 프로그램 운영의 변화와 노력
	• 변화와 노력을 도운, 라온동 지역 교육력	• 작지만 실천 중이었던 학교와 지역사회 연계의 움직임 • 센터가 보여준 역할 • 센터장의 역할이 보여준 교육력
틈이 모여 만들어진 변화의 '문'	• 교육공동체(학교·지역사회·가정)에 관한 인식과 발견	• 학교·지역사회·가정 간 연계에 대한 주체의 인식 확장 • 지역사회에서 중요한 학교의 가치 발견
	• 교육공동체(학교·지역사회·가정)를 통한 채움	• 학교에서 부족한 교육은 지역사회·가정에서 채우기 • 교육공동체(학교·지역사회·가정)에서 이루어진 학생의 배움
	• 교육공동체(학교·지역사회·가정)에 의한 움직임의 확대	• 교육이라는 공통분모를 가진 움직임 • 준비된 지역사회와 학교의 자유학기제가 만나 열린, 교육공동체
	• 교육공동체(학교·지역사회·가정)를 위한 지속성의 고민	• 자유학기제 정책이 가져온 변화의 지속성에 대한 바람 • 교육공동체의 지속성에 대한 고민으로의 확대 – 지역의 교육력을 다지다

출처: 홍지오(2020: 84-85).

다음은 앞서 제시한 기술 사례에서 주요 키워드를 제거해 만든 글쓰기 프레임입니다. 자신이 생각하는 적절한 내용을 빈칸에 넣어 작성해보기 바랍니다.

자료 분석 글쓰기 사례 1_분석 과정

본 연구에서 수행한 자료 분석 과정을 종합하여 살펴보면, 크게 1차 코딩 분석과 2차 코딩 분석으로 구분할 수 있다. 먼저 1차 코딩 분석은 (＿＿＿＿＿＿＿＿＿＿＿＿＿) 과정이다. 개방코딩 분석은 (＿＿＿＿＿＿＿＿＿＿＿＿＿＿＿)이다. (＿＿＿＿＿＿＿＿＿)은/는 (＿＿＿＿＿＿＿＿)(이)라는 점에서 적절하다고 할 수 있다. 이에 수집한 자료를 바탕으로 분석한 비보 코드를 종합하여 개방코딩을 실시한 결과 총 (＿＿)개의 코드로 범주화할 수 있었다.

2차 코딩 분석은 (＿＿＿＿＿＿＿＿＿＿＿＿＿＿＿＿＿)하는 분석 과정이다. (＿＿＿＿＿＿＿＿＿＿＿＿)에서는 (＿＿＿＿＿＿＿＿＿＿＿＿)을/를 설정하였다. 이를 위해 (＿＿＿＿＿＿＿＿＿＿＿＿＿＿)을/를 설정하였다.

자료 코딩 분석 과정

구분	방법	내용 단위	표현	자료
0차 코딩 분석				
0차 코딩 분석				
0차 코딩 분석				

정리하면, 본 연구에서 수행한 코딩 분석 과정은, 먼저 (＿＿＿＿＿＿＿＿＿＿)하고, (＿＿＿＿＿＿＿＿＿)하여 총 (＿＿＿＿＿＿＿＿＿)개의 코드를 생성하였다. 다음으로 (＿＿＿＿＿＿＿＿＿＿)에서는 (＿＿＿＿＿＿＿＿＿＿＿)하였다. 특히 (＿＿＿＿＿＿＿＿)은/는 (＿＿＿＿＿＿＿＿＿＿＿)을/를 했다.

자료 분석 글쓰기 사례 2_분석 결과

(＿＿＿＿＿＿＿＿＿＿＿)(으)로 구조화하였으며, (＿＿＿＿＿＿＿＿＿)을/를 통해 (＿＿＿＿＿＿＿＿＿＿＿) 설정하였다. (＿＿＿＿＿＿＿＿＿)을/를 통해 도출한 주제 분석표는 아래 <표>와 같다.

주제 분석표

대주제	중주제	소주제
0차 코딩	0차 코딩	0차 코딩
주제화	구조화	개념화, 범주화 (1차 코딩)
	• • •	• • •

대주제	중주제	소주제
	• • •	• • •
	• • •	• • •
	• • •	• • •
	• • •	• • •
	• • •	• • •
	• • •	• • •
	• • •	• • •
	• • •	• • •

3) '3. 연구 프로젝트 설계' 쓰기

기존에 발행된 연구물(논문, 학술지, 보고서 등)을 보면, 일부 자료에서 분석틀을 볼 수 있습니다. 분석틀은 연구자가 현상을 관찰할 때 사용하는 현미경과 같습니다. 발견한 사회 현상을 분석틀이라는 현미경으로 확대해서 집중적 보는 연구 방식입니다. **분석틀을 가진 연구의 장점은** 연구를 효과적·효율적으로 수행할 수 있습니다. 현상에서 보고자 하는 부분이 분명하기 때문입니다. 반면에 **단점은** 현상에서 보고자 하는 부분이 분명해서 보지 못하고 놓치는 부분도 있다는 것입니다. 연구자가 미리 만들어 놓은 분석틀로 인하여 놓치는 부분은 현상을 포착하고 분석 및 해석하는 데 중요한 내용일지라도, 분석틀에 없기 때문에 놓칠 수 있습니다. 즉 연구자가 접근하는 사회 현상은 기존의 연구와 이론으로는 이해 및 설명할 수 없는 모습을 가지고 있지만, 연구를 통해 온전하게 발견하고 제시하는 데는 한계가 있습니다. 따라서 **연구에서 분석틀 사용 여부의 판단은 연구자의 몫입니다.**

"만약 독자가 분석틀 없는 연구를 하고자 한다면 무엇이 필요할까?"

독자가 분석틀 없이 연구를 수행하고자 할 때는 연구의 흐름을 보여주는 플로우 차트(Flow Chart)를 포함한 '연구 프로젝트 설계도'가 필요합니다. 연구 프로젝트 설계도는 분석틀이 없는 경우뿐만 아니라, 분석틀은 있지만 연구 과정을 효과적으로 보여주고자 할 때도 사용하는 방법입니다.

"연구 프로젝트 설계도를 작성했다면,
연구의 50%는 이미 다 완성한 것입니다."

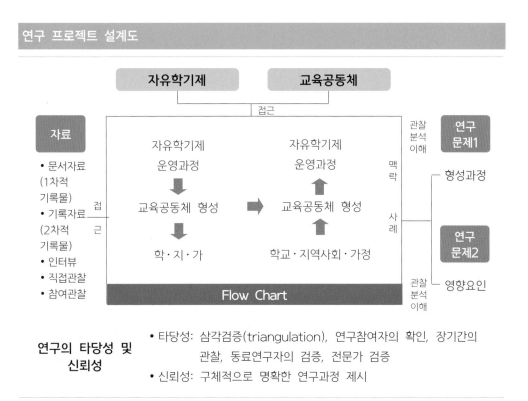

연구 프로젝트 설계도

출처: 홍지오(2020: 75).

연구 프로젝트 설계도는 연구 주제를 중심으로 설정한 연구 문제와 이를 해결하기 위해 조사한 연구자료를 분석하여 결론에 이르기까지 수행하는 일련의 논리적 과정을 말합니다(Yin, 2014). 즉 연구 과정을 구성하는 연구 현장 및 참여자, 연구 방법, 자료 수집, 자료 분석, 연구의 타당성 및 신뢰성 등을 한 눈에 보여주는 지도(Map)와 같습니다. 위 [그림]은 실제 연구에서 제시한 연구 프로젝트 설계도 사례입니다.

아래는 위 [그림] 연구 프로젝트 설계도를 설명한 글쓰기 내용입니다. 독자는 '[그림] 연구 프로젝트 설계도'와 '연구 프로젝트 설계 글쓰기 사례'를 보면서, 연구 과정이 머릿속에 그려지는지 생각해보기 바랍니다.

 연구 프로젝트 설계 글쓰기 사례 ·······················

본래 본 연구는 라온중 자유학기제 운영과정에서 나타나고 있는 학교·지역사회·가정 간의 연계 움직임을 통해 교육공동체 형성과정을 포착할 수 있었다. 이에 자유학기제 및 교육공동체와 관련된 문서자료를 수집하면서, 교육정책 운영과정에서 나타나고 있는 맥락과 학교·지역사회·가정의 연계와 의미의 중요성을 보다 깊이 있게 인지할 수 있었다. 이후 사례 지역을 본격적으로 관찰하기 시작하면서, 학교·지역사회·가정의 연계를 통한 교육공동체 형성과정의 다양한 모습과 특징, 그리고 영향요인에 접근할 수 있었다. 이러한 접근을 바탕으로, 교육부에서 시작된 자유학기제가 '어떻게', '왜' 학교·지역사회·가정 간 연계에 영향을 주고, 교육공동체 형성이 나타날 수 있었는지를 실제 사례를 바탕으로 제시할 수 있었다. 마지막으로 본 연구의 목적을 달성하기 위해 수행한 실증적 사례연구의 타당성과 신뢰성을 제고하기 위한 방법 중 하나로, 연구 설계를 통해 연구 과정을 구체적이고 명확하게 제시하여 흐름을 보여주고자 하였다.

출처: 홍지오(2020: 76).

다음은 앞서 제시한 사례에서 주요 키워드를 제거해 만든 글쓰기 프레임입니다. 자신이 생각하는 적절한 내용을 빈칸에 넣어 작성해보기 바랍니다.

연구 프로젝트 설계도

```
┌─────────────────────────────────────────────────────────────┐
│                                                             │
│                                                             │
│                                                             │
│                                                             │
│                                                             │
│                                                             │
└─────────────────────────────────────────────────────────────┘
```

본 연구는 (_____연구에서 발견한 사회 현상_____)을/를 포착할 수 있었다. 이에 (_____자료 수집 과정_____) 수집하면서, (_____사회 현상_____)을/를 보다 깊이 있게 인지할 수 있었다. 이후 (_____연구 문제 1, 2, 3_____)에 접근할 수 있었다. 이러한 접근을 바탕으로, (_____연구 결과_____)을/를 제시할 수 있었다. 마지막으로 본 연구의 목적을 달성하기 위해 (_____연구의 타당성과 신뢰성을 높이기 위해 수행한 내용_____)하였다.

4) '4. 연구 프로젝트 결과' 쓰기

연구 프로젝트 결과는 연구의 목적 및 문제를 수행하여 얻은 데이터로 작성합니다. 데이터는 앞서 수행한 연구자료 수집 과정에서 취합한 자료를 기반으로 분석 및 해석한 결과물을 의미하며, 정리된 언어, 〈표〉, [그림] 등의 방식으로 작성합니다.

연구 결과를 작성하는 글쓰기 과정을 살펴보면, 먼저 수집하여 분석한 내용을 대주제, 중주제, 소주제로 구분합니다. 구분한 내용은 수집한 자료를 분석하는 과정에서 독자와 연구 참여자가 중요하다고 판단한 내용을 바탕으로 범주화한 결과입니다. 각 주제는 전체 내용을 압축해서 전달할 수 있는 핵심 키워드와 내용으로 제시합니다. 일부 연구자는 수집한 연구자료에 분석틀을 적용하여 연구 문제에 따른 결과를 도출하기도 합니다. 앞서 설명한 바와 같이, 분석틀을 적용한 연구는 효율적·효과적으로 수행하는 장점이 있습니다. 반면에 다양한 연구 참여자가 전하는 이야기, 연구자가 현상에 관하여 예상하지 못한 내용 등은 도출하지 못하는 단점이 있습니다. 무엇보다도 현상을 관찰하여 분석하는 연구에서 '현상 중심'이 아닌 '연구자 중심'이 되어, 연구자가 연구 결과에 절대적으로 영향을 줄 수 있다는 한계가 있습니다.

다음으로 수집한 연구자료를 분석하는 과정에서 나타난 연구자의 해석과정을 결과에서 제시합니다. 이를 위해 수집한 연구자료를 매우 꼼꼼하게 읽고, 연구자료 분석 과정에서 발견한 내용과 해석에 대해 세밀하게 메모해야 합니다. 메모는 연구자가 연구자료를 분석하는 과정을 생생하게 담고 있으며, 연구 결과 내용에 직접 인용할 수도 있는 중요한 기록입니다.

앞서 기술한 내용을 종합한 아래 〈표〉는 연구 프로젝트 결과 분석 및 글쓰기 과정을 보여줍니다.

연구 프로젝트 결과 분석 및 글쓰기 과정

<연구 프로젝트 자료 수집>
문서자료, 기록자료, 인터뷰, 연구자 관찰 등
↓
<연구 프로젝트 자료 분석>
수집한 자료를 바탕으로 분석(범주화) - 주제 분석표, 메모
↓
<연구 프로젝트 결과 쓰기>
주제 분석표 및 메모를 바탕으로 주제별(대주제, 중주제, 소주제) 기술

아래 내용은 실제 연구에서 제시한 주제 분석표 사례입니다.

주제 분석표

대주제	중주제	소주제
경계의 '담'	• 학교·지역사회·가정의 연계에서 나타난 문제	• 학교·지역사회·가정 간 협력적 관계 형성의 문제 • 활동 프로그램에 대한 학교 지원시스템의 부재 • 학교·지역사회·가정 간 인식의 차이
	• 활동 프로그램에서 나타난 문제	• 활동 프로그램의 질에 대한 의문 • 활동 프로그램의 다양성과 수용력의 한계 • 활동 프로그램의 지속성의 한계
	• 가정(학부모) 참여의 부재로 인한 한계	• 학부모의 불안 • 학부모 참여의 부재로 인한 인식의 한계
담에 생긴 '틈'	• 학교의 변화와 노력	• 교사 인식의 변화 • 활동 프로그램을 경험한 학생들의 변화 • 학교장 인식의 변화
	. . .	. . .
틈이 모여 만들어진 변화의 '문'	• 교육공동체(학교·지역사회·가정)에 관한 인식과 발견	• 학교·지역사회·가정 간 연계에 대한 주체의 인식 확장 • 지역사회에서 중요한 학교의 가치 발견
	. . .	. . .

사례로 제시한 주제 분석표는 대주제를 경계의 '담', 담에 생긴 '틈', 틈이 모여 만들어진 '문' 등으로 '담', '틈', '문'이라는 은유적 표현을 사용해서 주제 내용을 압축적으로 보여줍니다. 각각의 대주제는 연계하여 연속적인 흐름으로 전개합니다. 마찬가지로 각각의 중주제는 하나의 대주제의 아래에서 연속적인 흐름으로 전개합니다. 예를 들어, 대주제인 경계의 '담'을 구성 및 설명하기 위해 제시한 중주제는 '학교·지역사회·가정의 연계에서 나타난 문제', '활동 프로그램에서 나타난 문제', '가정(학부모) 참여의 부재로 인한 한계'입니다. 마찬가지로 중주제 중 하나인 '학교·지역사회·가정의 연계에서 나타난 문제'를 구성 및 설명하기 위해 제시한 소주제는 '학교·지역사회·가정 간 협력적 관계 형성의 문제', '활동 프로그램에 대한 학교 지원시스템의 부재', '학교·지역사회·가정 간 인식의 차이'가 있습니다.

연구 프로젝트 결과 글쓰기 흐름은 아래 [그림]과 같이, 주제를 형성하는 과정을 생각해보면 쉽게 이해할 수 있습니다. 먼저, 연구자료 분석 과정에서는 수집한 연구자료를 바탕으로 다양한 소주제를 발견할 수 있습니다. 다음으로, 발견한 소주제를 묶어서 중주제를 만들고, 중주제를 묶어서 대주제를 설정합니다.

연구 프로젝트 주제 형성 과정

주제별로 묶은 내용은 독자가 이해하기 쉽게 스토리텔링(Storytelling)합니다. 아래 내용은 실제 논문에서 기술한 연구 결과 글쓰기 사례입니다.

연구 프로젝트 결과 글쓰기 사례 ·····················

대주제 쓰기 사례

경계의 '담'은 주로 라온중에서 자유학기제 정책을 시행하기 전 시기, 라온중이 연구학교를 운영한 초기(2014년) 경험에서 나타난 모습을 담고 있다. 이는 크게 '학교·지역사회·가정의 연계에서 나타난 문제', '활동 프로그램에서 나타난 문제', '가정(학부모) 참여의 부재로 인한 한계' 등의 특징으로 제시할 수 있었다.

중주제 쓰기 사례

1) 학교·지역사회·가정의 연계에서 나타난 문제

라온중에서 자유학기제가 운영되기 전과 운영 초기에는 학교·지역사회·가정 간 연계가 이루어지면서 다양한 문제가 나타났다. 이는 학교·지역사회·가정 간 협력적 관계 형성의 문제, 활동 프로그램에 대한 학교 지원시스템의 부재, 학교·지역사회·가정 간 인식의 차이 등이었다.

소주제 쓰기 사례

가) 학교·지역사회·가정 간 협력적 관계 형성의 문제

라온중에서 자유학기제가 운영되는 과정에서는 학교·지역사회·가정 간 협력적 관계가 형성되는 부분에서 문제가 나타났다. 학교는 활동 프로그램을 관리하고 지역사회는 이를 운영하는 입장 간 차이가 있었으며, 소통의 부재(학교·가정, 학교·지역사회), 그리고 학교 안에서 지역사회는 학교의 파트너가 아닌 외부자로 인식되는 등의 문제점이 있었다.

이러한 문제점을 구체적으로 살펴보면, 먼저 자유학기 활동 프로그램이 운영되는 과정에서 지역사회는 학교의 관리와 방향에 따라야 했으며, 프로그램 운영에 대한 선택권이 많지 않았다고 말했다. 그러면서 지역사회는 학교와 연계를 통해 활동 프로그램을 운영했지만, 그 과정에서 서로 간의 방향이 다르다는 것을 인식하게 되었다.

(센터 선생님) 저희가 <u>결정할 수 있는 폭이 많이 줄어들었어요.</u> 물론 학생들이 모여 있고, 홍보도 되어있는 상황인데, 시간이나 여러 가지 제반 상황을 우리가 결정하지 못하는 상황이 있었어요. (중략) 예를 들어, 수업 교시는 우리가 생각하는 적절한 교시가 있는데 학교에서 요청하는 교시에 맞춰서 해야 하는 거죠. <u>일반적으로 우리가 맞춰야 해요.</u> (남윤철 센터 선생님)

(…생략…)

출처: 홍지오(2020: 89).

다음은 앞서 제시한 글쓰기 사례에서 주요 키워드를 제거해 만든 글쓰기 프레임입니다. 자신이 생각하는 적절한 내용을 빈칸에 넣어 작성해보기 바랍니다.

🌐 연구 프로젝트 결과 글쓰기 프레임 ·

대주제 쓰기 프레임

(___대주제___)은/는 (_____)이다. 이는 크게 (_____대주제를 구성하는 중주제 1_____), (_____대주제를 구성하는 중주제 2_____), (_____대주제를 구성하는 중주제 3_____)의 특징으로 제시할 수 있었다.

중주제 쓰기 프레임

1) (_____대주제를 구성하는 중주제 1_____)
(_____대주제를 구성하는 중주제 1 내용 및 특징_____)이다. 이는 크게 (_____중주제를 구성하는 소주제 1_____), (_____중주제를 구성하는 소주제 2_____), (_____중주제를 구성하는 소주제 3_____) 등이었다.

소주제 쓰기 프레임

가) (_____중주제를 구성하는 소주제 1_____)
(_____소주제 1_____) 현상이 나타났다.
(_____소주제 1에 관한 특징 제시_____)이/가 있었다. 구체적으로 살펴보면 (_____관련 내용 기술_____)이다.
　(___"필요시 앞서 설명한 소주제와 관련한 연구 참여자의 실제 이야기 발췌해서 보여주기"___)
　　　　　　　　　　　　　　　(OOO(이름) OOOOOOOOO(소속))

나) (_____중주제를 구성하는 소주제 2_____
(_____소주제 2_____) 현상이 나타났다.
(_____소주제 2에 관한 특징 제시_____)이/가 있었다. 구체적으로 살펴보면 (_____관련 내용 기술_____)이다.
　(___"필요시 앞서 설명한 소주제와 관련한 연구 참여자의 실제 이야기 발췌해서 보여주기"___)
　　　　　　　　　　　　　　　((OOO(이름) OOOOOOOOO(소속))

다) (_____중주제를 구성하는 소주제 3_____)
(_____소주제 3_____) 현상이 나타났다.
(_____소주제 3에 관한 특징 제시_____)이/가 있었다. 구체적으로 살펴보면 (_____관련 내용 기술_____)이다.
　(___"필요시 앞서 설명한 소주제와 관련한 연구 참여자의 실제 이야기 발췌해서 보여주기"___)
　　　　　　　　　　　　　　　(OOO(이름) OOOOOOOOO(소속))

5) '5. 연구 프로젝트의 타당성 및 신뢰성' 쓰기

"완벽하게 객관적인 연구가 있을까요?"

아니요. 세상에 100% 객관적인 연구는 없습니다. 연구는 사람이 합니다. 연구 주제를 설정하고 설계하며 결과를 도출하는 일련의 과정은 사람에 의해 수행됩니다. 따라서 대부분의 연구에는 사람의 생각이 개입합니다. 어떤 사람은 양적 연구 방법에 대해 통계 데이터를 이용해서 분석하기 때문에 객관적이라고 말합니다. 질적 연구 방법은 연구자의 개입으로 이루어져서 객관적이지 못하다고 지적합니다. 하지만 양적과 질적 연구 방법을 구분할 필요는 없습니다. 대부분의 연구는 사람을 통해 수행되어 100% 객관적이라고 말할 수 없기 때문입니다. 특히 양적 연구 방법은 연구자가 세운 가설을 검증하기 위해 통계 데이터를 수집하고 분석하는 과정에서 연구자의 해석과 판단에 따라 조작적으로 이루어질 가능성이 있습니다.

독자가 수행하는 연구도 객관적이라고 전제할 수 없습니다. 대신에 연구의 객관성을 높이기 위해 다양한 노력을 할 수 있습니다. 연구 프로젝트 방법의 토대인 질적 연구 방법에서는 타당성과 신뢰성을 확보하기 위한 다양한 시도와 노력이 이루어지고 있습니다.

먼저 **타당성을 확보하는 방법**은 크게, '삼각검증', '원자료 제공자 확인 과정', '장기간 관찰', '전문가의 검증' 등이 있습니다. 아래 내용은 실제 연구에서 타당성을 확보하기 위해 기술한 사례입니다.[18]

🌐 연구 프로젝트의 타당성을 기술하는 글쓰기 사례 · · · · · · · · · · · · · · · · · · ·

연구는 연구자가 개인의 선입견이 개입된 주관적인 판단에 의존하여 분석되는 경향이 높기 때문에 객관화된 방법을 사용하지 않는다는 지적이 있다(Flyvbjerg, 2006; Yin 2014).

---

18 연구 프로젝트 계획서에는 제시된 <연구 프로젝트의 타당성을 기술하는 글쓰기 사례> 내용처럼 구체적으로 작성할 필요는 없습니다. 독자가 연구의 타당성을 확보하기 위해 세운 계획 수준의 내용을 간명하게 기술하기 바랍니다. 따라서, '연구 프로젝트 계획서'에는 글쓰기 사례 내용에서 밑줄 친 내용의 수준으로 제시하고, '연구 프로젝트 본문'에는 글쓰기 사례로 제시한 전체 내용을 작성하기 바랍니다.

이에 본 연구에서는 연구의 타당성을 확보하기 위해 다음과 같은 방법을 수행하였다.

첫째, 삼각검증은 수집한 자료와 이를 바탕으로 생성한 연구 결과를 세 가지 이상의 방법 (문서정보, 인터뷰, 참여관찰 등)으로 검토하는 것을 의미한다(김영천 외, 2019). 즉 수집한 자료를 통합하여 세 번 정도 검토했을 때, 가장 정확한 결과를 도출할 수 있다는 사실에 근거한 방법이다. 그 결과 연구자료 해석에서의 결점과 판단의 오류를 보완하여 연구 결과가 올바르다는 사실을 논리적으로 지지해줄 수 있다. 본 연구에서는 문서자료(1차 기록물), 기록자료(2차 기록물), 인터뷰, 직접관찰, 참여관찰 등의 자료를 수집하고 비교하는 등의 과정을 통해 자료를 통합적으로 접근하는 삼각검증법을 수행하여 타당성을 높였다.

둘째, 자료 수집을 바탕으로 분석한 내용은 원자료 제공자인 연구 참여자의 확인 과정을 거쳤다. 수집한 자료를 분석하는 과정에서 연구자의 주관적인 판단이 개입될 가능성이 있다. 이에 연구 참여자가 말한 내용의 의도 및 의미가 연구자가 분석한 내용을 통해 적절하게 표현되었는지 검토하는 과정을 수행하여 타당성을 높였다.

셋째, 장기간의 관찰을 수행하였다. 본 연구는 2018년 9월부터 2020년 4월까지 대략 2년이라는 기간 동안 진행되었다. 단, 집중관찰 시기는 2019년 4월 처음 연구 참여자를 인터뷰한 시기부터이다. 이렇듯 긴 연구 기간 동안 연구 대상을 통해 나타나고 있는 교육공동체 형성과정을 최대한 깊고 길게 관찰하기 위해서 장기간 집중적인 관찰을 수행한 것이다. 연구자는 교육공동체 형성과정에서 나타나는 연구 대상에 대한 깊이 있는 장시간 관찰을 통해 현상에 대한 접근과 이해를 하고자 했다. 이는 단순한 사실이 아닌 다양한 상황과 맥락을 관찰하여 많은 자료를 수집하고, 연구 대상의 본질에 최대한 가까이 가기 위한 방법이자 타당성을 높일 수 있는 전략이었다.

마지막으로, 동료 연구자 및 전문가의 검증을 수행하였다. 본 연구자는 한국교육개발원 자유학기제연구센터에 근무하면서 연구와 관련한 공부와 업무를 수행하는 동료가 있으며, 오랜 연구경력을 가진 전문가와 관계를 가질 수 있었다. 이러한 관계를 통해 자유학기제 연구 경력을 가진 전문가와는 주로 내용적 측면에서 검증이 이루어졌으며, 질적 연구 방법 연구를 수행한 경험이 있는 전문가와는 연구 방법 측면에 대한 검증이 이루어졌다. 또한, 본 연구를 수행하면서 사례연구 설계, 수집한 자료의 질 판단, 자료 분석 과정, 분석 결과 등 연구 과정에서 개입될 수 있는 연구자의 주관성을 최대한 배제하기 위한 노력을 하였다. 특히 수집한 자료를 코딩 분석하는 과정은 연구자 혼자 수행할 경우 주관적인 해석으로 인하여 오류가 발생할 가능성이 높고, 또 본 연구에서 중요한 연구 과정 중 하나이기에 동료 연구자와 전문가의 검증을 통해 타당성을 확보하였다.

출처: 홍지오(2020: 86-87).

아래 내용은 앞서 제시한 글쓰기 사례에서 주요 키워드를 제거해 만든 글쓰기 프레임입니다. 자신이 생각하는 적절한 내용을 빈칸에 넣어 작성해보기 바랍니다.

🌐 연구 프로젝트의 타당성을 기술하는 글쓰기 프레임 ·

연구는 연구자가 개인의 선입견이 개입된 주관적인 판단에 의존하여 분석되는 경향이 높기 때문에 객관화된 방법을 사용하지 않는다는 지적이 있다(Flyvbjerg, 2006; Yin 2014). 이에 본 연구에서는 연구의 타당성을 확보하기 위해 다음과 같은 방법을 수행하였다. 첫째, 삼각검증법을 수행했다. 삼각검증법은 (_____)을/를 의미한다(OOO, YYYY). (_____) 방법이다. 본 연구에서는 (_____)을/를 통해 자료를 통합적으로 접근하는 삼각검증법을 수행하여 타당성을 높였다.

둘째, 자료 수집을 바탕으로 분석한 내용은 원자료 제공자인 연구 참여자의 확인 과정을 거쳤다. (_____) 검토하는 과정을 수행하여 타당성을 높였다.

셋째, 장기간의 관찰을 수행하였다. (_____) 관찰을 수행한 것이다. 연구자는 (_____)에서 나타나는 연구 대상에 대한 깊이 있는 장시간 관찰을 통해 현상에 대한 접근과 이해를 하고자 했다. (_____) 전략이었다. 마지막으로, 동료 연구자 및 전문가의 검증을 수행하였다.

본 연구자는 (_____)와/과 관계를 가질 수 있었다. 이러한 관계를 통해 (_____)에 대한 검증이 이루어졌다. 또한, 본 연구를 수행하면서 (_____) 동료 연구자와 전문가의 검증을 통해 타당성을 확보하였다.

다음으로 **신뢰성을 확보하는 방법**은 연구 프로젝트 과정을 구체적이고 명확하게 제시하는 것입니다. 신뢰성은 연구자가 수행한 연구를 다른 연구자가 같은 주제와 방법으로 수행했을 때도, 같은 결과를 얻는 것을 의미합니다(Yin, 2014). 이를 위해 앞서 학습한 '2. 연구 프로젝트 과정 - 라. 연구 프로젝트 자료 수집'에서 제시한 [그림] 사례와 '3. 연구 프로젝트 설계 쓰기'에서 제시한 [그림] 사례를 참고하여 작성할 수 있습니다. 각 [그림] 사례는 연구 과정의 변화 흐름과 설계를 보여줍니다. 아래 내용은 실제 연구에서 신뢰성을 확보하기 위해 작성한 사례입니다.

연구 프로젝트의 신뢰성을 기술하는 글쓰기 사례 · · · · · · · · · · · · · · · · · ·

　'신뢰성'을 확보하기 위한 방법은 구체적이고 명확한 연구 과정을 제시하는 것이다. 질적 연구에서 신뢰성은 수행된 연구를 다른 연구자가 동일한 주제와 방법으로 수행했을 때에도 같은 결과를 얻을 수 있는가를 의미한다(Yin, 2014). 단, 다른 사례를 대상으로 같은 연구 방법을 반복하는 것이 아니라, 동일한 주제와 방법으로 수행했을 때 같은 결과를 얻을 수 있어야 하는 것이다. 따라서 연구의 신뢰성을 확보하기 위해서는 다른 연구자가 동일한 주제를 가지고 동일한 대상과 연구 방법을 적용할 수 있도록 연구 설계를 제시해야 한다. 따라서 본 연구의 설계는 앞서 제시한 [그림] 연구 프로젝트 과정의 변화 흐름과 같이, 연구결과가 동일하게 나올 수 있을 만큼 연구 과정을 최대한 구체적이고 명확하게 제시하였다.

출처: 홍지오(2020: 87).

　　아래 내용은 앞서 제시한 글쓰기 사례에서 주요 키워드를 제거해 만든 글쓰기 프레임입니다. 자신이 생각하는 적절한 내용을 빈칸에 넣어 작성해보기 바랍니다.

 연구 프로젝트의 신뢰성을 기술하는 글쓰기 프레임 · · · · · · · · · · · · · · · · · ·

'신뢰성'을 확보하기 위한 방법은 (＿＿＿＿＿＿＿＿＿＿＿＿＿＿＿＿＿＿＿＿＿)이다. 질적 연구에서 신뢰성은 수행된 연구를 다른 연구자가 동일한 주제와 방법으로 수행했을 때에도 같은 결과를 얻을 수 있는가를 의미한다(Yin, 2014). 단, 다른 사례를 대상으로 같은 연구 방법을 반복하는 것이 아니라, 동일한 주제와 방법으로 수행했을 때 같은 결과를 얻을 수 있어야 하는 것이다. 연구의 신뢰성을 확보하기 위해서는 (＿＿＿＿＿＿＿＿＿＿＿＿＿＿＿) 제시해야 한다. 따라서 본 연구의 설계는 앞서 제시한 [그림] ＿＿＿＿＿＿＿＿＿＿＿＿＿＿, [그림] ＿＿＿＿＿＿＿＿＿＿＿＿＿＿)와/과 같이, 연구결과가 동일하게 나올 수 있을 만큼 연구 과정의 변화 흐름과 설계를 최대한 구체적이고 명확하게 제시하였다.

　　이처럼 연구자는 연구의 타당성과 신뢰성을 확보하기 위해 연구를 수행하는 과정에서 어떤 노력을 했는지 반드시 작성해야 합니다.

다. 'Ⅲ. 요약 및 결론' 쓰기

1) '1. 요약' 쓰기

요약은 독자에게 연구의 내용과 결론을 효율적으로 이해할 수 있도록 돕는 역할을 합니다. 요약의 내용은 '중요 맥락', '연구 목적', '연구 문제', '연구 방법', '연구 결과' 등으로 구성하며, 1~2페이지 분량으로 간략하게 작성합니다. 아래 내용은 실제 연구에서 작성한 요약 글쓰기 사례입니다.

 연구 프로젝트의 요약 글쓰기 사례 ·

중요 맥락

오늘날 복잡다단한 사회 환경의 변화는 교육에 대한 다양한 사회적 요구로 표출되고 있다. 또한 교육부의 권한이 점차 시·도교육청과 단위학교로 이양되어가는 흐름 속에서, 교육정책은 지역의 특성을 바탕으로 이루어질 가능성이 높아졌다.

연구 목적

이에 본 연구는 대표적인 교육정책인 자유학기제의 운영과정에서 나타난 교육공동체 형성과정 사례를 포착하고, 형성과정의 모습 및 특징, 그리고 의미를 탐색하기 위한 질적 사례연구를 수행했다.

연구 결과

연구 결과, 교육공동체 형성과정의 모습 및 특징은 크게, 경계의 '담', '담에 생긴 '틈', 틈이 모여 만들어진 변화의 '문'이라는 3개의 대주제로 나타났다. 또한 교육공동체 형성과정의 의미는 '교육공동체가 학교·지역사회·가정 간 연계를 통한 정책 운영과정을 지원하는 원동력을 제시', '학교조직이 가진 교육자원의 한계가 교육공동체를 통해 해소되는 과정', '학교 중심이 아닌 교육 중심의 교육공동체적 인식과 접근', '교육공동체를 통한 실제적인 행정 지원 시스템 구축의 필요' 등으로 논의하였다.

출처: 홍지오(2020)를 수정 및 보완하여 제시함.

다음은 앞서 제시한 기술 사례에서 주요 키워드를 제거해 만든 글쓰기 프레임입니다. 자신이 생각하는 적절한 내용을 빈칸에 넣어 작성해보기 바랍니다.

🌐 **연구 프로젝트의 요약 글쓰기 프레임** ·

중요 맥락

오늘날 (_____)하고 있다.

이러한 흐름 속에서 본 연구는 (_____).

Tip 최근 상황 및 이슈를 제시합니다. 이에 대한 내용은 관련 연구물 또는 신문을 통해 찾을 수 있습니다. 더하여 연구자는 맥락을 통찰하는 내용을 기술하면 좋습니다.

연구 목적

이에 본 연구는 (_____)(이)고, (_____)(이)며,

(_____) 수행했다.

연구 결과

연구 결과를 보면, (_____) 크게 (_____)가지고 살펴볼 수 있다.

첫째, (_____).

둘째, (_____).

셋째, (_____).

이를 바탕으로 (_____) 등에 대해 논의하였다.

(_____)을/를 시사점으로 제시하였다.

---

2) '2. 결론' 쓰기

연구 프로젝트 '결과' 쓰기와 '결론' 쓰기를 어려워하는 연구자가 있습니다. 결과와 결론에 대한 개념을 명확하게 이해하지 못했기 때문입니다. 우선, 결과와 결론의 개념을 살펴보겠습니다. **결과**는 연구의 목적 및 문제에 따라 수행해서 얻은 데이터를 의미합니다. 데이터는 정리된 언어, 〈표〉, [그림] 등으로 제시하고 해석하는 방식으로 기술합니다. **결론**은 연구 문제를 탐구하여 도출한 결과 데이터를 종합한 메시지를 의미합니다. 종합한 메시지는 연구자가 연구를 통해 전달하고자 하는 핵심 내용입니다.

> "연구의 결과와 결론을 구분할 수 있다면,
> 본격적으로 결론 쓰기를 시작하겠습니다."

결론은 연구자가 연구 프로젝트를 통해 달성하고자 했던 연구 목적과 해결하고자 했던 연구 문제를 통해 검증한 자신의 의견(메시지)을 객관적이고 논리적으로 말하는 파트입니다. 필자는 결론을 쓸 때 가장 신이 납니다. 연구를 마무리하는 글이라서가 아닙니다. 연구를 통해 보여주고 싶었던 메시지를 온전하게 전달할 수 있는 기회이기 때문입니다. 연구자가 연구를 하는 이유 중 하나는 자신이 생각한 메시지에 타당한 근거를 제시해서 사회에서 신뢰할 수 있도록 전달하는 방법이기 때문입니다. 따라서 결론 쓰기는 매우 흥분되는 파트입니다. 독자는 흥분을 가라앉히고, 용을 그리는 그림에 마지막으로 용의 눈동자를 멋지게 그리듯 연구 프로젝트의 결론 쓰기를 하기 바랍니다.

실제 연구에서 제시된 결론 쓰기 사례는 아래 내용과 같습니다. 참고로 결론에서는 연구를 통해 도출한 결과를 바탕으로 기술해야 합니다. 만약 연구에서 다루지 않은 내용이나 결과와 상관없는 내용을 기술한다면, 연구의 신뢰성이 크게 떨어질 수 있다는 점을 주의하기 바랍니다. 또한, 일부 연구물에서 제시한 결론 내용을 보면, 연구 결과를 요약해서 제시하는 잘못된 사례도 있습니다. 독자는 앞서 학습한 바와 같이, 결론은 단순히 연구 결과를 제시하는 파트가 아님을 인식하기 바랍니다.

 연구 프로젝트 결론 글쓰기 사례 ·······················

본 연구에서는 라온중 자유학기제 운영과정에서 나타난 교육공동체 형성과정의 모습 및 특징을 크게, 경계의 '담', '담에 생긴 '틈', 틈이 모여 만들어진 변화의 '문'이라는 3개의 대주제를 설정하여 탐색했다. 연구 결과를 바탕으로 제시한 교육공동체 형성과정이 가지는 의미는 다음과 같습니다.

첫째, 라온중 자유학기제 운영과정에서 나타난 교육공동체 형성은 학교·지역사회·가정 간 연계에서 정책 운영과정을 지원하는 원동력을 제시했다는 의미를 갖는다. 학교·지역사회·가정 간 연계를 위한 협력적 관계가 형성되는 과정에서는 교육공동체의 특성이 발견되었으며, 특성은 자유학기제 운영과정에서 정책을 통한 지원이 최대한이 아닌, 최소한으로도 이루어질 수 있는 힘이 되었다. 그 힘은 최소한의 지원으로 이루어지는 과정을 통해 보다 느슨하고 유연한 참여의 기회가 보장되면서, 더욱 많은 참여가 이루어질 수 있었음을 의미한다. 이 과정에서 라온센터는 중심적 역할을 했다. 본 연구에 참여한 대부분의 주체들이 라온센터와 센터 구성원(센터장, 센터 선생님, 마을활동가 등)의 중요성을 언급하기도 했다. 또한 연구자는 관찰 및 면담 과정에서 연구 참여자들이 사용하는 언어에 대해 깊이 놀랐다. 그들이 사용하는 정리된 언어는 앞으로 경험의 암묵지를 드러내고, 학교·지역사회·가정 간 연계가 더욱 단단하게 이루어질 수 있는 방향성을 정립하는 데 중요한 힘으로 작용할 것이다.

둘째, 라온중 자유학기제 운영과정에서 나타난 교육공동체 형성은 학교조직이 가진 교육자원의 한계가 교육공동체를 통해 해소되는 과정이 형성되고, 학교 중심이 아닌 교육 중심의 인식과 접근이 이루어졌다는 의미를 갖는다.

(...생략...)

셋째, 라온중 자유학기제 운영과정에서 나타난 교육공동체 형성은 교육행정학에서 보다 현실적인 교육행정의 모습과 본질에 접근하여, 실제적인 행정 시스템 구축의 필요성을 제시한다는 의미를 갖는다.

(...생략...)

마지막으로 라온중 자유학기제 운영과정에서 나타난 교육공동체 형성은 학교가 적극적으로 지역사회를 이해하고 접근하는 사례도 나타났다는 점에서 의미를 갖는다. 또한 학교장과 교사가 학교 안에서 지역사회를 바라보는 것이 아니라, 지역사회에서 학교의 역할과 중요성을 인식하기 시작했다는 것에 의미가 있다.

(...생략...)

본 연구자는 연구 과정을 통해 교육공동체에 관한 다양한 통찰을 얻을 수 있었다. 통찰 중 하나는, 라온중 자유학기제 운영과정에서 나타난 교육공동체 형성의 힘은 학교·지역사회·가정의 느슨한 결합 속에서 끈끈하게 나타나고 있는 개개인의 공동체 정신을 바탕으로 한 지역교육력이라는 것이다.

출처: 홍지오(2020)를 수정 및 보완하여 제시함.

다음은 앞서 제시한 기술 사례에서 주요 키워드를 제거해 만든 글쓰기 프레임입니다. 자신이 생각하는 적절한 내용을 빈칸에 넣어 작성해보기 바랍니다.

연구 프로젝트 결론 글쓰기 프레임 ·

본 연구에서는 (_____연구 목적 요약 기술_____)을/를 분석한 결과 (_____)의 특징을 크게 (_____)등 (____)개의 대주제를 설정하여 탐색했다. 연구 결과를 바탕으로 제시한 (_____)의 의미는 다음과 같습니다.
첫째, (_____)은/는 (_____)의 의미를 갖는다. (_____이론 상황___). (_____연구자가 접근한 연구 실제 상황_____). 이를 통해 다음과 같이 개선 방향을 제시하였다. 따라서/그러므로 (_____)점에서 의미가 있다.
둘째, (_____)은/는 (_____)의 의미를 갖는다.

(_____이론 상황_____). (_____연구자가 접근한 연구 실제 상황_____). 이를 통해 다음과 같이 개선 방향을 제시하였다. 따라서/그러므로 (_____) 점에서 의미가 있다.

셋째, (_____)은/는 (_____)의 의미를 갖는다. (_____이론 상황_____). (_____연구자가 접근한 연구 실제 상황_____). 이를 통해 다음과 같이 개선 방향을 제시하였다. 따라서/그러므로 (_____)점에서 의미가 있다.

본 연구자는 연구 과정을 통해 (_____)에 관한 통찰을 얻을 수 있었다. 연구자가 현상을 바탕으로 통찰한 내용의 핵심은 (_____)입니다.

3) '3. 연구 프로젝트의 한계점 및 제언' 쓰기

가) '연구 프로젝트의 한계점' 쓰기

"연구자는 스스로 한계를 인정하고 유연해야 합니다."

연구 프로젝트 글쓰기의 마지막은 연구에서 나타난 한계점을 분명하게 밝히는 것입니다. 100% 완벽한 연구는 없습니다. 그래서 연구가 가진 한계를 인식하고 보완하기 위한 노력과 함께, 한계점을 인정하는 글쓰기를 합니다. 연구의 한계점을 기술하는 이유는 결과물에 대한 신뢰도를 높이는 방법이기 때문입니다. 아래 내용은 실제 연구에서 작성한 한계점 글쓰기 사례입니다.

🌐 연구 프로젝트의 한계점 글쓰기 사례 ·

본 연구는 교육공동체 형성과정과 영향요인은 맥락적 환경을 바탕으로 이루어졌다. 따라서 본 연구에서 다룬 라온중 자유학기제 운영과정에서 나타난 교육공동체 형성과정과 영향요인은 해당 사례가 가진 특정한 맥락적 환경에서 이루어졌다는 점에서 다른 사례와는 차이가 있다는 한계를 밝히는 바이다.

출처: 홍지오(2020: 207)를 수정 및 보완하여 제시함.

다음은 앞서 제시한 기술 사례에서 주요 키워드를 제거해 만든 글쓰기 프레임입니다. 자신이 생각하는 적절한 내용을 빈칸에 넣어 작성해보기 바랍니다.

🌐 연구 프로젝트의 한계점 글쓰기 프레임 ·····················

본 연구는 (_____)을/를 바탕으로 이루어졌다. 따라서 본 연구에서 다룬 (_____)다는 점에서 다른 사례와는 차이가 있다는 한계를 밝히는 바이다.

나) '연구 프로젝트의 제언' 쓰기

연구 프로젝트 제언 글쓰기는 연구자가 연구를 마무리하고 생각한 아쉬운 부분, 연구가 더 필요한 내용 등을 작성합니다. 연구 제언 내용은 일반적으로 '실제 개선을 위한 제언'과 '후속 연구를 위한 제언' 등으로 구분합니다. 먼저 실제 개선을 위한 제언은 연구 프로젝트를 통해 문제 현상을 개선(Improvement)하고 변화(Change)에까지 접근하는 내용입니다. 내용의 핵심은 연구를 통해 도출한 결과를 현장에서 어떻게 적용할 수 있을지 실제적인 방법을 제시하는 것입니다. 현장 전문가와 관련자가 무엇을 수행해야 하는지 행동 계획(Action Plan)을 제시하면 더욱 좋습니다. 아래 내용은 실제 연구에서 작성한 연구 프로젝트 제언 글쓰기(실제 개선을 위한 제언 쓰기) 사례입니다.

🌐 연구 프로젝트 제언 글쓰기 사례_실제 개선을 위한 제언 쓰기 ············

본 연구의 결과를 바탕으로 학교·지역사회·가정 측면에서 필요한 개선 방향과 후속 연구를 위한 제언을 구분하여 제시하였다. 먼저 라온중 자유학기제 운영과정에서 나타난 교육공동체 형성과정을 통해 학교·지역사회·가정 측면에서 실제 필요한 개선 방향을 제언하면 다음과 같다.

첫째, 학교 측면에서는 자유학기제를 운영하는 과정에서 나타난 학교·지역사회·가정 구성원의 헌신과 희생에 의존할 것이 아니라, 적절한 예산과 학교 시스템 구축을 통한 지원 방안이 모색될 필요가 있다. (…생략…) 이러한 방안은 타 지역에서 단위학교를 중심으로 이루어지는 자유학기제 운영과정에서 고려해 볼 만한 지원방안이 될 것이다.

둘째, 지역사회 측면에서는 어렵게 낮아진 학교의 문턱이 다시 높아지지 않도록 학교와 연계한 교육활동의 질 관리가 필요하다. (...생략...)

셋째, 가정 측면에서는 라온중 자유학기제 운영과정에서 중요한 역할을 한 학부모가 정보 부재로 인한 부정적 인식과 고립을 경험하지 않도록 다양한 정보 제공 방안이 필요하다. (...생략...)

출처: 홍지오(2020: 213-217).

아래 내용은 앞서 제시한 기술 사례에서 주요 키워드를 제거해 만든 글쓰기 프레임입니다. 자신이 생각하는 적절한 내용을 빈칸에 넣어 작성해보기 바랍니다.

🌐 연구 프로젝트 제언 글쓰기 프레임_실제 개선을 위한 제언 쓰기 · · · · · · · · · ·

먼저 (_____수행한 연구 프로젝트 핵심 내용_____) 측면에서 실제 필요한 개선 방향을 제언하면 다음과 같다.

첫째, (_____)할 필요가 있다.
(_____구체적 제시_____)이다. 이러한 방안은 (_____)이/가 될 것이다.
둘째,(_____)할 필요가 있다.
(_____구체적 제시_____)이다. 이러한 방안은 (_____)이/가 될 것이다.
셋째, (_____)할 필요가 있다.
(_____구체적 제시_____)이다. 이러한 방안은
(_____)이/가 될 것이다.

다음은 후속 연구를 위한 제언입니다. 연구하기 전에는 생각하지 못했지만, 수행하는 과정에서 중요하다고 판단하여, 후속 연구가 필요한 내용을 기술하는 파트입니다. 두 명 이상의 연구자들은 서로 다른 관점과 지식을 가지고 있어서, 동일한 현상을 보고도 포착하는 현상, 연구 주제, 연구 목적, 연구 문제 등이 다릅니다. 한 명의 연구자도 마찬가지입니다. 동일한 현상일지라도, 연구자는 연구를 수행하는 시기와 상황에 따라 다른 관점과 연구 문제를 가질 수 있습니다. 따라서 많은 연구는 결과를 도출하고 끝나는 것이 아니라, 이후에 더욱 발전된 내용을 도출하기 위한 후속 연구를 제언하고 계획할 수 있습니다.

독자는 연구 프로젝트를 한 번에 완벽하게 하지 못하고, 왜 후속 연구를 위한 제언을 작성하느냐는 의문이 들 수 있습니다. 연구자가 게을러서일까요? 아닙니다. 현재 진행 중인 연구는 분명한 연구 주제, 연구 목적, 연구 문제 등을 계획해서 수행하고 있습니다. 만약 연구 과정 중에 또 다른 관점의 연구 문제를 포함하면 연구 계획서에서 수립한 연구 설계가 중심을 잃을 수 있습니다. 따라서 연구를 수행하는 중간에 아무리 좋은 연구 현상과 문제를 발견하여도, 현재 수행하고 있는 연구의 계획과 내용에 부적절하다면 후속 연구로 제언해야 합니다. 그렇게 하지 않으면 1층 단독주택의 설계도를 가지고 건물을 짓다가 갑자기 여러 층의 아파트를 지은 결과, 기반이 부실하여 위태로운 집을 완성한 꼴이 됩니다. 따라서 1층 단독주택을 짓다가 더 높은 아파트를 짓고 싶은 아쉬움이 있다면, 그 아쉬움을 기록과 계획으로 남기는 작업이 후속 연구를 위한 제언입니다. 아래 내용은 실제 연구에서 작성한 연구 프로젝트 제언 글쓰기(후속 연구를 위한 제언) 사례입니다.

🌐 연구 프로젝트 제언 글쓰기 사례_후속 연구를 위한 제언 쓰기 · · · · · · · · ·

라온중 자유학기제 운영과정에서 나타난 교육공동체 형성과정을 종합하여 후속 연구를 제언하면 다음과 같다. 제언에 앞서 본 연구에서 제시한 후속 연구는 교육정책 운영과정에서 나타나는 교육공동체 형성이 누적적으로 발전한다는 점을 고려하여 제시했음을 밝힌다.

첫째, 라온중 자유학기제 운영과정 연구와 같이 교육정책 운영과정에서 나타나고 있는 공동체 형성을 보여줄 수 있는 다양한 사례연구 제시를 통해, 아직까지 추상적으로 접근되고 있는 교육공동체의 개념을 보다 명확하게 정립할 수 있는 후속 연구가 필요하다.

(...생략...)

본 연구에서는 라온중 자유학기제 운영 초기 과정에서 교사가 생각하는 교육공동체와 지역사회가 생각하는 교육공동체 간 차이를 발견할 수 있었다. 즉 교사는 자유학기 활동 프로그램을 운영하는 과정에서 필요한 교육자원을 충족하기 위해 교육공동체가 필요하다고 말했다. 반면에 지역사회는 지역에서 공통의 '가치와 규범, 협동, 참여, 신뢰, 유대, 결속 등의 공동체성'을 바탕으로 한 사람들의 관계와 문화가 형성될 필요가 있으며, 이를 위해 교육을 중심으로 한 공동체, 즉 교육공동체가 필요하다고 말했다. 따라서 후속 연구를 통해, 자유학기제를 포함한 교육정책 운영과정에서 나타나고 있는 교육공동체의 규범과 실천의 통합적인 접근이 필요하다. 이는 행정적·재정적 지원을 통한 물리적 결합이 아닌, 규범과 실천의 화학적 결합을 통한 교육공동체의 개념 정립을 의미한다.

둘째, 자유학기제 연구를 학교 교육으로 한정한 접근이 아닌, 평생교육체제로 전환한 접근의 후속 연구가 필요하다.

(...생략...)

셋째, 자유학기제를 포함한 교육정책 운영과정에서 나타난 교육공동체를 연구하기 위해서는, 사례 현장에 대한 지속적인 접근을 통한 후속 연구가 이루어져야 한다. 즉 교육공동체 연구는 한 편의 연구물로 끝나는 사례연구가 아닌, 해당 사례를 지속적으로 관찰하여 현장에서 포착할 수 있는 암묵지를 꾸준히 해석해 낼 수 있는 후속 연구가 이루어질 필요가 있다.

(...생략...)

출처: 홍지오(2020: 217-220).

다음은 앞서 제시한 기술 사례에서 주요 키워드를 제거해 만든 글쓰기 프레임입니다. 자신이 생각하는 적절한 내용을 빈칸에 넣어 작성해보기 바랍니다.

🌐 연구 프로젝트 제언 글쓰기 프레임_후속 연구를 위한 제언 쓰기 ··········

(_____수행한 연구 프로젝트의 핵심 내용_____)을/를 종합하여 후속 연구를 제언하면 다음과 같다.

첫째, (_____)할 수 있는 후속 연구가 필요하다.
(_____구체적 내용 제시_____)이다.
본 연구에서는 (_____후속 연구 제언과 관련하여 자신이 수행한 연구 프로젝트에서 발견한 포인트 제시_____)을/를 발견할 수 있었다. (_____관련한 구체적 내용 제시_____)이다. 따라서 후속 연구를 통해, (_____)이/가 필요하다.

둘째, (_____)접근의 연구가 필요하다.
(_____구체적 내용 제시_____)이다.
본 연구에서는 (_____후속 연구 제언과 관련하여 자신이 수행한 연구 프로젝트에서 발견한 포인트 제시_____)을/를 발견할 수 있었다. (_____관련한 구체적 내용 제시_____)이다. 따라서 후속 연구를 통해, (_____)이/가 필요하다.

셋째, (_____) 후속 연구가 이루어져야 한다.
(_____구체적 내용 제시_____)이다.
본 연구에서는 (_____후속 연구 제언과 관련하여 자신이 수행한 연구 프로젝트에서 발견한 포인트 제시_____)을/를 발견할 수 있었다. _____관련한 구체적 내용 제시_____)이다. 따라서 후속 연구를 통해, (_____)이/가 필요하다.

한 가지 힌트를 드리겠습니다.

"연구 프로젝트를 하고 싶은데,

사회 현상을 발견하거나, 주제 잡기가 어려운가요?"

그렇다면 독자가 관심 있는 분야 및 키워드만이라도 생각해서, 관련한 연구물을 검색해 보기 바랍니다. 검색 방법은 '3교시 – 2단계 사회 현상 선정 및 학습하기'에서 찾을 수 있습니다. 검색한 문헌 중 가급적 최근 연구물에서, 후속 연구를 위해 제언한 내용을 살펴보기 바랍니다. 이를 통해 독자는 관심 있는 사회 현상과 주제를 더욱 수월하게 설정할 수 있습니다.

2. 연구 프로젝트 글쓰기 마무리 단계

"이제, 연구 프로젝트 글쓰기를 마무리하는 단계입니다."

연구자는 마무리 단계에서 연구 프로젝트를 적절하게 작성했는지 검토해야 합니다. 연구물을 읽는 독자의 관점으로 검토하면 좋습니다. 이를 위해 아래에 제시한 3가지 체크 포인트를 참고하여 글쓰기를 마무리하기 바랍니다.

체크 포인트 1: 연구의 목차에 따라 적절한 내용을 기술했나요?
체크 포인트 2: 연구의 목적 및 문제를 해소했나요?
체크 포인트 3: 연구의 내용을 구조적, 체계적, 논리적으로 기술했나요?

가. 체크 포인트 1: 연구의 목차에 따라 적절한 내용을 기술했나요?

첫 번째 체크 포인트는 연구의 목차에 따라 내용을 적절하게 기술했는지 확인하는 작업입니다. 앞서, 연구 프로젝트의 목차를 집을 짓기 위한 설계도에 비유했습니다. 목차는 설계도와 같아서 글의 전체적인 틀을 보여주기 때문에, 목차(틀) 안에서 내용을 적절하게 제시했는지 검토하고 절제된 글쓰기가 이루어졌는지 확인할 수 있습니다. 만약 글을 쓰는 과정에서 목차(틀)가 없으면 방향을 잃고 불필요한 글쓰기를 할 가능성이 있습니다. 필자는 목차(틀)를 내비게이션에도 비유하면서, 방향과 길을 잃지 않도록 목차(틀)에 따라 내용을 기술해야 한다고 강조한 바 있습니다. 따라서 연구 프로젝트 글쓰기의 마지막 단계에서는 목차와 같은 설계도와 내비게이션을 보면서, 잘 지어졌는지, 잘 이동했는지 확인하는 과정을 수행합니다.

목차(틀)에 맞는 내용을 적절하게 기술했는지 확인하기 위해, 책상 한쪽에는 목차를 두고, 다른 한쪽에는 작성한 내용을 보면서 비교 검토를 합니다. 목차에서 제시한 주제(대주제·중주제·소주제)에 따라 부적절한 내용은 제거하고, 불균형한 분량의 글은 수정하는 등의 작업을 통해 연구 내용을 더욱 간명하게 제시합니다.

나. 체크 포인트 2: 연구의 목적 및 문제를 해소했나요?

두 번째 체크 포인트는 연구의 내용에서 목적 및 문제가 나타나고 있는지 검토하는 작업입니다. 연구자는 연구 프로젝트 계획을 세우면서 목적을 설정하고, 달성하기 위한 연구 문제를 구체적으로 제시합니다. 제시한 연구 문제는 분석과정에서 도출한 연구 결과로 해소하고, 최종적으로 연구의 목적을 달성합니다.

특히 연구자가 수행한 연구 결과가 연구 문제를 충실하게 해결했는지 재확인해야 합니다. 연구 결과의 내용에서 연구자의 견해로만 작성한 부분이 있는지, '매우, 엄청난, 대단한' 등의 감정적 표현으로 객관성을 저해하는 표현을 사용했는지, 연구 문제와 관련 없는 내용이 있는지 등을 검토하여 수정 및 보완합니다.

다. 체크 포인트 3: 연구의 내용을 구조적, 체계적, 논리적으로 기술했나요?

세 번째 체크 포인트는 연구의 내용을 구조적, 체계적, 논리적으로 기술했는지 확인하는 작업입니다. 먼저 구조적 글쓰기는 목차 간, 문단 간 연계성을 의미합니다. '4교시 청소년을 위한 연구 프로젝트 글쓰기 비법(Research Project Writing for Youth)'에서 다시 설명하겠지만, 문단 글쓰기의 특징으로 두괄식 글쓰기가 있습니다. 두괄식 글쓰기는 핵심 문장(내용)을 문단의 맨 앞에 제시합니다. 따라서 구조적 글쓰기를 확인하는 방법은 각 문단의 첫 문장을 읽고도 글의 전체 내용이 물 흐르듯 잘 이어지는지 검토하는 것입니다. 예를 들어, 서론을 잘 썼는지 검토하는 방법은 서론을 구성하는 각 문단의 첫 문장만으로, 연구의 필요성, 목적, 문제 등의 내용을 확인하는 것입니다. 특히 서론의 핵심 문장(내용)인 Hook 문장, 문제 제기, 문제에 대한 접근의 필요성, 기존에 접근된 사례, 연구의 차별점, 목적, 문제 등의 내용을 참고해서 검토하면 좋습니다. 이렇듯 연구 프로젝트 내용을 최종적으로 검토할 때, 구조적 글쓰기 관점에서 각 문단의 첫 문장으로 글을 구성하는 서론·본론·결론의 전체 내용을 이해할 수 있는지 확인하기 바랍니다.

체계적 글쓰기는 연구 프로젝트의 내용을 구성하는 연구 목적, 연구 문제, 연구 방법, 연구 결과 등에 따른 적재적소(適材適所)의 글쓰기 방식을 의미합니다. 특히 체계적 글쓰기를 잘한 연구 프로젝트는 '요약'을 작성할 때 확인할 수 있습니다. 연구의 전체 내용을 요약할 때 필요한 핵심 내용이 예상하는 적절한 위치에 있다면, 해당 내용을 쉽게 찾을 수 있기 때문입니다. 반면에 요약하는 과정에서 무엇이 연구 목적이고, 연구 문제이며, 연구 결과인지 내용을 쉽게 확인하기 어렵다면, 체계적인 글쓰기가 이루어졌는지 의심할 필요가 있습니다.

논리적 글쓰기는 연구자의 주장, 해석, 방안 등의 내용이 모순되지 않도록 근거를 기반으로 제시하는 글쓰기입니다. 독자가 연구 프로젝트를 수행하는 이유 중 하나는 자신의 이야기를 근거 있게 제시해서 상대방에게 신뢰할 수 있는 메시지를 전달할 수 있기 때문입니다. 따라서 연구자의 단순 해석이나 주장을 이야기하는 내용은 없는지 스스로 의심하고, 마치 연구자의 이야기를 많은 사람이 말하는 것처럼 일반화하는 오류를 범하고 있는 내용은 없는지 확인하기 바랍니다. 근거를 발견하고 분석하여 제시하는 방법은 앞서 '4단계 연구 프로젝트 자료 수집'과 '5단계 연구 프로젝트 자료 분석'을 통해 학습했으니 참고하기 바랍니다.

3. 연구 프로젝트 심사(평가) 단계: 심사(평가)받을 때 필요한 연구자의 태도

연구자는 수행한 연구 프로젝트를 심사받습니다. 청소년 연구자의 경우, 교사, 교수, 연구원 등으로부터 평가라는 이름으로 심사받을 것입니다. 심사는 다양한 관점을 가진 심사자들로부터 이루어집니다. 일부 연구자는 심사 과정에서 말 못 할 답답함으로 억울함을 호소하기도 합니다. 자신이 수행한 연구 프로젝트에 가해지는 공격으로부터 보호하기 위해, 본능적으로 방어기제를 작동하기도 합니다. 연구 내용과 결과를 헛되지 않게 하려고 심사자의 조언에 민감하게 반응하고, 의견을 부정하며, 심사자와 자신의 관점이 다르다는 자기합리화를 통해 잘못된 이해를 하기도 합니다. 그러고는 심사평이 근거도 없는 부정적·공격적인 내용이었다며 항변합니다. 심사자는 공격수이고 연구자는 수비수로 생각하는 어리석은 모습입니다.

연구 프로젝트를 수행하는 과정에서 가장 중요한 것은 '연구자의 태도'입니다. 심사자는 자신의 관점에서 의견을 제시하여 연구자가 더욱 우수한 결과물을 얻을 수 있도록 돕는 역할을 합니다. 물론 심사자가 근거 없이 비난 혹은 비판한다면 잘못된 심사 태도입니다. 마찬가지로 연구자가 심사평을 거부하고 수용할 가능성을 보이지 않는다면 잘못된 연구 태도입니다. 연구자는 심사자의 의견을 수용할 수 있는 범위 내에서 인정하고, 자신의 연구를 발전시키기 위한 협업의 과정으로 인식해야 합니다. 이렇듯 연구자가 수용적 태도를 가지기 위해서는 냉철해야 합니다. 수행한 연구 영역 및 내용에서는 자신이 전문가라는 인식과 함께 자신감을 가지고 판단하기 바랍니다.

청소년을 위한 연구 프로젝트 글쓰기 비법
(Research Project Writing for Youth)

글쓰기가 청소년의 미래를 성공으로 이끈다.

-미국을 비롯해 여러 나라로 번진
'청소년 글쓰기 센터'의 모토-

서점에는 문장 글쓰기, 문단 글쓰기, 연구 글쓰기 등의 글쓰기 방법을 소개하는 다양한 책이 있습니다. 글쓰기 역량이 중요하기 때문입니다. 하지만 수많은 책에서 제시하는 내용은 반복적이고, 작가마다 자기만의 경험을 통해 만든 글쓰기 습관을 제시하고 있어서 글쓰기 방법을 공부하는 데 비효율적인 측면도 있습니다. 많은 글쓰기 방법을 자신의 글쓰기 역량으로 만드는 것은 온전히 독자의 몫입니다.

사람들이 글쓰기를 어려워하는 이유는 방식을 모르기 때문입니다. 연구 분야에서의 글쓰기 방식은 흔히 학술적 글쓰기, 연구 글쓰기 등으로 지칭합니다. 연구 글쓰기를 하는 석박사과정 대학원생들에게, 연구 글쓰기는 어떻게 쓰는 것이냐고 물으면 의외로 쉽게 대답하지 못합니다. 누군가 정의하고 정리해서 친절하게 알려주지 않기 때문입니다. 연구 글쓰기는 많은 연구물을 읽고, 쓰기를 반복하는 훈련과정을 통해 학습할 수 있습니다. 스스로 학습하기 때문에, 연구 글쓰기 스타일과 역량은 연구자마다 다릅니다. 많은 연구자는 일반적인 글쓰기 방식에서 시작하여 훈련의 과정을 거쳐, 자신만의 글쓰기 스타일을 갖습니다.

본 책에서 제시하는 연구 프로젝트 글쓰기 비법은 연구에 적합하면서, 학교, 회사, SNS 등에서도 필요한 글쓰기 역량을 포함하고 있어서 글쓰기 공부의 시작으로 적절합니다. 필자는 감히 말합니다. 연구 프로젝트 글쓰기 비법은 다른 분야의 글쓰기 영역을 포괄하기 때문에, 무한한 글쓰기 역량과 잠재 가능성을 가질 수 있습니다. 쉽게 말해서, 글쓰기에서 만큼은 두려움이 없는 연구자, 작가, 칼럼니스트 등의 역량을 발휘할 수 있습니다. 물론 글쓰기를 잘하기 위해서는 방법만이 아니라, 글을 쓰고 싶은 관심사가 있어야 합니다. 독자는 본 책에서 제시하는 연구 프로젝트 글쓰기를 통해 관심사를 찾는 과정(3교시)과 글쓰기 비법(4교시)을 한 번에 학습하기 바랍니다.

글쓰기는 누구나 가질 수 있는 역량입니다. 하지만 누구나 가지고 있지 못합니다. 그 이유는 꾸준한 훈련과 노력이 필요하기 때문입니다. 한 아이가 마을에서 만난 사람들에게 항상 반갑게 인사를 합니다. 아이의 인사는 만성피로와 함께 무거운 발걸음으로 출근길에 나선 어른의 차가운 표정도 밝게 만듭니다. 마을에서 우연히 만난 떡집 아주머니께 인사를 했더니, 떡을 사러 갈 때마다 반갑다며 떡 하나를 더 주십니다. 아이의 인사는 생각보다 주변을 많이 변화시킵니다. 부자가 아니어도 자신의 노력으로 베풀고 변화시킬 수 있는 가치 있는 행위이기 때문입니다. 글쓰기는 인사와 같습니다. 글쓰기를 통해 상대방을 기쁘게 할 수 있고, 마을과 사회를 변화시킬 수도 있습니다. 우리는 꾸준함만으로 가치 있는 글쓰기 역량을 얻을 수 있습니다.

문장 글쓰기 비법 10가지 ✏️
- 필력 향상을 위한 글쓰기

1. 문장 글쓰기

문장은 '최대한' 간결하고 견고하게 씁니다. '최대한'이라고 표현한 이유는 완벽하지 못하더라도 최선의 노력을 통해 '최대한'에 근접한 문장을 쓰기 위해서입니다. 그래야 의미전달을 충분히 할 수 있는 완성도 높은 문장을 쓸 수 있습니다.

완전한 문장에 최대한 다가가는 방법은 지속적으로 고쳐쓰는 작업입니다. 『노인과 바다』, 『무기여 잘 있거라』로 잘 알려진 작가 헤밍웨이는 "내 초고는 쓰레기였다"라는 말로도 유명합니다. 헤밍웨이는 『무기여 잘 있거라』의 첫 부분만 50번 이상 고쳐 쓴 것으로 알려져 있습니다.

문장 글쓰기 비법 10가지는 '써야 하는' 혹은 '쓰지 말아야 하는' 표현이나 규칙을 제시합니다. 제시된 표현과 규칙은 반드시 지켜야 하는 것은 아닙니다. 저자가 꼭 이 표현을 써야지만 의미를 더 잘 전달할 수 있다고 판단한다면 예외도 있습니다. 즉 절대적인 법칙은 없습니다. 다만 필요한 표현, 규칙, 직감 등을 기반으로 한 고쳐 쓰기를 통해 메시지를 잘 전달하기 위한 글쓰기를 할 수 있습니다. 사람들로부터 술술 읽히는 가독성 높은 글을 쓸 수 있으며, 하고 싶은 말(메시지)을 상대방이 귀담아듣도록 전달할 수 있습니다. 글을 읽는 사람은 가독성이 떨어지거나 신뢰가 없는 글을 참아가면서 읽지 않는다는 것을 명심하기 바랍니다.

비법 1: 연구자의 감정과 판단을 섣불리 말하지 않는다.
비법 2: 일관된 용어를 사용한다.
비법 3: 일관된 내용을 유지한다.
비법 4: 주어를 명확하게 제시한다.
비법 5: 접속부사를 아껴서 사용한다.
비법 6: 동일한 단어를 반복하지 않는다.
비법 7: 간명하게 쓴다.
비법 8: 연구에 현장감을 주기 위해서 현재시제를 사용한다.
비법 9: 다양하고 친근한 표현을 사용한다.
비법 10: 단호한 문장을 사용하지 않는다.

비법 1: 연구자의 감정과 판단을 섣불리 말하지 않는다

말을 잘하면 글도 잘 쓸 수 있을까요? 물론 그럴 수도 있습니다. 하고 싶은 이야기가 있으니까, 글로 쓰고 싶은 이야기도 있겠지요. 하지만 말을 잘하는 것과 글을 잘 쓰는 것과의 상관관계는 높지 않은 것 같습니다. 말을 잘하는 사람에게 지금 한 말을 글로 써보라고 하면, 첫 문장 쓰기부터 어려워하는 사람이 많기 때문입니다. 이런 유형의 사람이 자주 듣는 말이 있습니다.

> "지금 한 말을 글로 쓰면 연구물이 나올텐데…."

일상생활에서 말하기는 자신의 감정과 판단을 이야기해도 기록되지 않고, 듣는 순간에는 그럴듯하게 전달되어 설득력이 있어 보입니다. 하지만 **글쓰기**는 기록되고, 왜 그렇게 생각했는지 근거를 명확하게 제시해야 설득력을 갖습니다. 또한 **말하기**는 화자의 표정과 행동, 청자의 현재 상황 등 다른 요인을 통해서도 설득력을 얻지만, **글쓰기**는 온전히 글의 내용만으로 설득력을 가집니다.

> "연구 프로젝트 글쓰기는 객관성과 신뢰성을 보여주는 방법입니다."

연구 프로젝트 글쓰기는 내용의 객관성과 신뢰성을 보여주는 것이 중요합니다. 특히 자신의 감정을 표현하거나 개인적인 판단을 섣부르게 이야기하는 것을 경계합니다. '좋다', '매우', '너무나' 등과 같은 표현을 사용해서 상대방이 '매우 좋다'고 판단하도록 유도하는 표현을 쓰지 않고, 글의 내용만으로 상대방이 좋다 또는 나쁘다고 판단할 수 있도록 객관적으로 제시합니다. 연구자의 감정과 판단을 보여주는 표현을 사용하면, 메시지는 객관성과 신뢰성을 잃습니다. 따라서 일상생활에서는 자신의 메시지를 강조하거나 꾸미기 위해 감정과 판단의 표현을 사용할 수 있지만, 연구 글쓰기에서는 주의해야 합니다.

연구자의 감정과 판단이 포함된 글쓰기 사례

본 연구는 라온중 자유학기제 운영과정에서 나타난 교육공동체 형성을 통해 개인들이 실제 경험을 바탕으로 체화했지만, 겉으로 드러나지 않았던 암묵지(교육공동체성)를 발견했다는 점에서 <u>매우 좋은</u> 의미가 있다.

연구자의 감정과 판단을 제거한 글쓰기 사례

본 연구는 라온중 자유학기제 운영과정에서 나타난 교육공동체 형성을 통해 개인들이 실제 경험을 바탕으로 체화했지만, 겉으로 드러나지 않았던 암묵지(교육공동체성)를 발견했다는 점에서 의미가 있다.

비법 2: 일관된 용어를 사용한다

연구 프로젝트는 제목과 본문 내용에서 빈번하게 등장하는 핵심 용어를 가지고 있습니다. 핵심 용어는 유사어, 동의어 등과 함께 다양하게 나타납니다. 이 경우, 독자는 연구를 수행하면서 핵심 용어를 '일관된 용어'로 사용하여 상대방이 내용을 혼동하지 않도록 해야 합니다. 연구를 본격적으로 수행하기에 앞서 핵심 용어를 정리 및 정의하면 좋습니다.

예를 들어, '자유학기제' 정책은 2013년에 '학기'로 운영하기 시작했으나, 이후에 '학년'으로 확대되어 '자유학년제'로 불렸습니다. 현재는 지역에 따라 학기로 운영할 때는 '자유학기제', 학년으로 운영할 때는 '자유학년제'로 불리고 있으며, 자유학년제와 일반학기를 연계하여 운영할 때는 '연계학기'라고 부릅니다. 따라서 특정 시기와 지역에 따라 '자유학기제' 또는 '자유학년제' 또는 '연계학기'를 구분해 제시하고 있어서 용어를 혼동할 가능성이 있습니다.

따라서 독자는 연구의 내용 및 특징을 고려해서 용어를 정리 및 정의하여 상대방의 이해를 도와야 합니다. 아래 내용은 '자유학기제'로 정리 및 정의하여 제시한 글쓰기 사례입니다.

일관된 용어 사용의 글쓰기 사례

본 연구에서는 자유학기제, 자유학년제, 연계학기(자유학년제와 일반학기 간 연계)를 구분하지 않고, '자유학기제'로 통칭하고자 한다. 즉, 한 학기 이상 중간·기말고사를 보지 않고, '진로 탐색', '학생 선택프로그램', '동아리 활동', '예술·체육' 등의 활동을 포함하는 자유학기제 교육과정을 운영하는 내용과 특성으로 이루어지고 있는 정책이라면, 자유학기제라고 정의하여 사용하였다.

출처: 홍지오(2020: 8).

비법 3: 일관된 내용을 유지한다

연구 프로젝트는 연구자가 발견한 현상을 분석 및 해석하여 연구 문제를 해결하고 시사점을 제시하는 등의 과정으로 이루어집니다. 연구 과정은 체계성·객관성·일관성을 갖기 위해, 앞서 학습한 연구 프로젝트 계획서(3교시)에 따라 수행합니다. 그런데도 간혹 연구자는 자신이 흥미 있는 일부 내용에 치우쳐, 전체 내용의 일관성을 저해하기도 합니다.

예를 들어, 독자가 친구들의 학교 생활에 관한 연구를 한다고 가정해 봅시다. 교실 상황을 관찰하면서 친구들의 다양한 모습을 기록합니다. 잠을 자는 친구, 수다를 즐기는 친구, 뛰어다니는 친구, 게임을 하는 친구 등이 있습니다. 관찰하던 독자는 게임을 하는 친구를 보면서 자신도 평소 게임을 좋아하기 때문에 흥미를 갖고 몰입하는 경우가 발생할 수 있습니다. 그 결과 독자의 관찰 기록 내용은 게임을 하는 친구의 이야기로 채워집니다. 어느 순간부터 연구 프로젝트는 학교 교실 상황에서 일어나는 현상에서 게임 이야기로 바뀌는 혼동을 경험할 수도 있습니다. 다시 정신을 붙잡고 교실 상황을 관찰하는 연구자의 자리로 와야 합니다.

독자는 연구자로서 연구 주제와 계획서를 바탕으로 전달하고자 하는 메시지를 생각하며, 일관된 내용의 글쓰기를 해야 합니다. 다른 방향으로 벗어나거나, 부차적인 주제의 내용이 없도록 경계하는 글쓰기가 필요합니다. 아래 글쓰기 사례를 보면, '배가 산으로 간다'라는 말처럼, 연구 내용의 일관성이 떨어지고 있음을 알 수 있습니다.

일관된 내용을 기술하지 못한 글쓰기 사례

쉬는 시간 교실에서는 친구들의 다양한 활동을 볼 수 있다. 잠을 자는 친구, 수다를 즐기는 친구, 뛰어다니는 친구, 게임을 하는 친구 등이 있다. 잠을 자는 A 친구는 저녁에 편의점 아르바이트를 한다고 들었다. 쉬는 시간에는 잠을 자지만 수업을 시작하면 수업에 집중하는 우리 반 1등이다. 수다를 즐기는 B 친구는 우리 반에서 일어나는 대부분의 일을 알고 있는 정보통이다. 반에서 궁금한 일이 있다면, B 친구에게 물어보면 거의 다 알 수 있다. 뛰어다니는 C 친구는 교실 안에서 할 수 있는 놀이를 만든다. 최근에는 종이를 뭉쳐서 만든 공으로 하는 '교실 축구 경기'를 한다. 게임을 하는 D 친구는 사격 게임에 빠져있다. 쉬는 시간에는 게임을 하고, 수업 시간에도 게임 전략을 세우느라 교과서 뒤에는 항상 전략 노트가 있다. 필자(연구자)도 사격 게임을 좋아한다. D 친구의 전략집을 본 적이 있는데, 개인전과 팀전을 구분하여 다양한 전략을 체계적으로 세운 것 같았다. 필자는 개인전을 주로 하는데, D 친구의 전략대로 했더니 승률이 높았다. 사격 게임은 전략게임이라는 사실을 새삼 깨달았다. 최근 D 친구의 사격 게임 랭킹은 … (이하 생략)

비법 4: 주어를 명확하게 제시한다

문장에서 주어를 사용하는 이유는 내용의 중심 주체를 분명하게 제시하면 내용을 더욱 쉽게 이해할 수 있기 때문입니다. 연구 프로젝트 글쓰기에서 주어를 제시하는 방법은 '1개 주어 사용하기', '반복되는 주어 생략하기', '3인칭 주어 사용하기'로 구분해서 살펴보겠습니다.

첫째, 1개 주어 사용하기입니다. 일반적으로 하나의 문장에 주어는 1개입니다. 간혹 2개 이상의 주어를 사용한 문장도 있습니다. 주어가 2개 이상인 문장은 주체를 혼동시키고 문장의 의미를 모호하게 합니다. 다만, 주어가 2개 이상인 모든 문장이 잘못 쓴 문장이라는 의미는 아닙니다. 맥락에 따라 의미를 효과적으로 전달하기 위해 2개 이상의 주어가 필요하다면 사용할 수 있습니다. 글쓰기 사례를 살펴보겠습니다.

주어가 2개인 문장 글쓰기 사례

<u>학교가 교사가</u> 마을에서 다양한 학습 지도를 제공하도록 교실 밖 교육과정 운영을 지원
한다.

글쓰기 사례 문장을 보면, '학교가', '교사가' 2개의 주어를 가지고 있습니다. '마을에서 다양한 학습 지도를 제공'하고, '교실 밖 교육과정 운영'을 한 주체가 학교인지 교사인지 명확하지 않아서 의미를 혼동할 수 있습니다. 이렇듯 주어가 2개 이상인 문장의 특징은 주체가 명확하지 않아 상대방이 내용의 주체를 오해하고 의미를 혼동합니다. 이 경우에는 아래와 같이 수정할 수 있습니다.

주어가 2개인 문장을 수정한 글쓰기 사례

<u>학교가</u> 교실 밖 교육과정 운영을 지원하여, <u>교사는</u> 마을에서 다양한 학습 지도를 제공한다.

둘째, 반복되는 주어 생략하기입니다. 동일한 주어가 앞과 뒤 문장에 반복하여 등장하면, 처음 주어를 포함한 앞 문장이 완전하지 못하다는 인식을 줄 수 있습니다. 즉 주어는 하나인데 앞의 문장을 완성하지 못해서, 뒤에 문장에서 동일한 주어로 추가 설명을 하는 것입니다. 이 경우, 주어를 생략하는 것이 좋습니다. 만약 동일한 주어를 앞과 뒤 문장에서 연속적으로 사용한다면, 뒤 문장은 다소 부자연스럽고 가독성을 떨어트리는 요인이 될 수 있습니다.

반복되는 주어 글쓰기 사례

<u>연구자는</u> 연구를 하는 사람을 의미합니다. <u>연구자는</u> 연구를 통해 자신의 메시지를 전달합니다. <u>연구자는</u> 연구 결과를 객관적이고 분석적으로 도출합니다. <u>연구자는</u> 연구 결과를 바탕으로 결론을 작성합니다.

만약 주어를 반복해서 사용해야 하는 경우, 2번 이내로 사용할 것을 권장합니다. 다만, 필요에 따라서 최대 3번까지 허용할 수 있습니다. 이렇게 규칙을 세우는 이유는 자연스럽고 가독성이 높은 글을 쓰기 위해서입니다. 규칙을 고려해서 위 내용을 수정하면 아래와 같습니다.

반복되는 주어를 수정한 글쓰기 사례

<u>연구자는</u> 연구를 하는 사람으로, 연구를 통해 자신의 메시지를 전달합니다. <u>연구자는</u> 연구 결과를 객관적이고 분석으로 도출하고, 연구 결과를 바탕으로 결론을 작성합니다.

셋째, 3인칭 주어 사용하기입니다. 연구 문장은 내용의 객관성을 높이기 위해 연구자를 3인칭으로 지칭합니다. 3인칭 주어 표기는 '필자', '연구자' 등의 용어를 사용할 수 있습니다. 아래 예시로 제시한 2개의 문장을 비교해서 살펴보도록 하겠습니다.

1인칭 주어('나')를 사용한 문장 글쓰기 사례

<u>나는</u> 연구를 하는 사람으로, 연구를 통해 메시지를 전달합니다. <u>나는</u> 연구 결과를 객관적이고 분석으로 도출하고, 결과를 바탕으로 결론을 작성합니다.

3인칭 주어('연구자')를 사용한 문장 글쓰기 사례

<u>연구자는</u> 연구를 하는 사람으로, 연구를 통해 메시지를 전달합니다. <u>연구자는</u> 연구 결과를 객관적이고 분석으로 도출하고, 결과를 바탕으로 결론을 작성합니다.

객관성을 보이는 연구 문장은 내용의 신뢰성을 높이는 효과가 있습니다.

비법 5: 접속부사를 아껴서 사용한다

마무리하지 못한 문장을 쓴 경우, 바로 다음 문장의 첫머리에 접속부사(그러나, 그리고, 그러므로, 그런데, 하지만 등)를 사용해서 내용을 보완합니다. 접속부사는 단어와 단어, 구절과 구절,

문장과 문장을 의미상 연결하는 다리의 역할을 합니다.

글을 쓸 때는 상대방에게 내용 전달을 효율적이고 명확하게 하려고 불필요한 내용을 제거합니다. 대표적인 제거 대상이 접속부사입니다. 접속부사는 문장을 매끄럽고 논리적으로 쓰고 있다는 착각을 주기 때문에 더욱 경계해야 합니다. 경계하는 방법은 문장에서 접속부사를 가리고 다시 읽어보면 알 수 있습니다. 독자는 자신이 쓴 문장에 접속부사가 없어도 상대방이 이해하는 데 문제가 없다고 판단하면, 접속부사를 제거하기 바랍니다. 다만, 독자가 접속부사를 완전히 사용하지 말 것을 권하지는 않습니다. 맥락에 따라, 접속부사가 있어야 상대방이 내용을 쉽게 이해하고 편하게 읽을 수 있기 때문입니다.

접속부사를 사용한 글쓰기 사례

학생들은 마을교육공동체 정책을 통해 마을을 이해하기 시작했다. 그러나 선생님들은 아직 마을에 대해 모르는 내용이 많다. 그리고 학부모도 마을에 대해 모르는 것 같다. 그러므로 마을교육공동체는 학생, 선생님, 학부모가 마을에 관심을 갖고 알아가는 과정이 필요하다.

접속부사를 제거한 글쓰기 사례

학생들은 마을교육공동체 정책을 통해 마을을 이해하기 시작했다. 그러나 선생님들은 아직 마을에 대해 모르는 내용이 많다. 크라고 학부모도 마을에 대해 모르는 것 같다. 그러므로 마을교육공동체는 학생, 선생님, 학부모가 마을에 관심을 갖고 알아가는 과정이 필요하다.

접속부사가 필요한 글쓰기 사례

학생들은 마을교육공동체 정책을 통해 마을을 이해하기 시작했다. 선생님들은 아직 마을에 대해 모르는 내용이 많다. 학부모도 마을에 대해 모르는 것 같다. 그러므로 마을교육공동체는 학생, 선생님, 학부모가 마을에 관심을 갖고 알아가는 과정이 필요하다.

비법 6: 동일한 단어를 반복하지 않는다

동일한 단어가 반복되는 문장은 상대방의 가독성을 저해합니다. 연구 내용은 상대방이 이해하기 쉽도록 가급적 잘 쓴 글쓰기를 통해 가독성을 높여야 합니다. 따라서 독자의 가독성을 높이기 위해서는 동일한 단어 사용을 피하고, 다양한 어휘(동의어, 유의어 등)를 사용합니다.

동일한 단어를 반복한 글쓰기 사례

<u>연구자</u>는 <u>연구</u>를 하는 사람으로, <u>연구</u>를 통해 <u>연구자</u>의 <u>연구</u> 메시지를 전달합니다. <u>연구자</u>는 <u>연구</u> 결과를 객관적이고 분석으로 도출하고, <u>연구</u> 결과를 바탕으로 <u>연구</u>의 결론을 작성합니다.

동일한 단어의 반복을 수정한 글쓰기 사례

<u>연구자</u>는 <u>연구</u>를 하는 사람으로, <u>연구</u>를 통해 자신의 메시지를 전달합니다. <u>연구자</u>는 <u>연구</u> 결과를 객관적이고 분석으로 도출하고, 결과를 바탕으로 결론을 작성합니다.

비법 7: 간명하게 쓴다

"짧은 문장이 잘 쓴 문장이다"라는 말을 들어본 경험이 많을 것입니다. 글쓰기 수업에 자주 등장하는 방법입니다. 그렇다면 짧은 문장은 무조건 잘 쓴 문장일까요? 정확하게 말하면, 문장은 전달하고자 하는 메시지와 맥락에 따라, 길게 써야 할 때가 있고, 짧게 써야 할 때가 있습니다. 길이는 중요하지 않습니다. 문장을 짧게 쓰라는 의미는 메시지를 온전하게 전달할 수 있도록 불필요한 표현 없이 완성도 높게 쓰라는 의미입니다. 완성도 높은 문장은 간명합니다. 간명함은 간단하고 분명함을 의미합니다. 즉 문장을 구성하는 주어, 동사, 목적어 등의 간단한 기본 요소만을 사용해서 메시지를 분명하게 전달하는 문장이 좋은 문장입니다.

문장을 간명하게 쓰는 방법으로는 '주어와 서술어를 가깝게 쓰는 글쓰기', '이중 부정을 피하는 글쓰기', '미사여구, 수식어를 최소화한 글쓰기' 등이 있습니다. 먼저, '주어와 서술어를 가깝게 쓰는 글쓰기'를 보면, 문장에서 주어와 서술어를 가깝게 위치하도록 가급적 짧은 문장으로 쓰라는 의미입니다. 주어 앞에 주어를 꾸미는 긴 수식어가 있고, 주어와 서술어 사이에 긴 수식어가 있으면, 의미가 모호해지고 불분명해서 가독성이 떨어집니다. 따라서 주어와 서술어는 가깝게 쓰고, 긴 수식어는 사용하지 않도록 합니다.

주어와 서술어가 멀리 있는 글쓰기 사례

<u>연구자는</u> 지속적이고 체계적으로 탐구하는 연구를 통해 꼭 해결하고 싶은 어려운 문제에 대한 자신의 효과적인 메시지를 효율적으로 <u>전달합니다.</u>

주어와 서술어가 가까이에 있는 글쓰기 사례

<u>연구자는</u> 연구를 통해 자신의 메시지를 <u>전달합니다.</u>

다음으로, '이중 부정을 피하는 글쓰기'입니다. 이중 부정은 '않을 수 없었다'와 같이, 부정적인 의미가 있는 '않을'과 '없었다'가 연속하는 경우, '않는 것이 아니다'와 같이, 부정적인 의미가 있는 '않는'과 '아니다'가 연속하는 경우 등입니다. 이중 부정이 있는 문장은 의미를 해석하는 데 혼동을 주기 때문에 주의할 필요가 있습니다.

이중 부정이 있는 글쓰기 사례

연구자는 연구를 통해 자신의 메시지를 <u>말하지 않을 수 없었다.</u>

이중 부정이 없는 글쓰기 사례

연구자는 연구를 통해 자신의 메시지를 <u>말할 수 있었다.</u>

마지막으로, '미사여구, 수식어를 최소화한 글쓰기'입니다. 미사여구, 수식어는 의미를 강조하거나 꾸미기 위해서 사용하는 의성어(예: 야옹야옹, 멍멍, 짹짹 등), 의태어(예: 살금살금, 번쩍번쩍 등) 등과 같은 부사와 형용사(예: 아름다운, 행복한, 편리한 등)가 있습니다. 미사여구와 수식어를 사용한 문장의 특징은 길이가 늘어나고 이야기를 지루하게 만듭니다. 따라서 문장에 등장하는 미사여구와 수식어를 과감하게 제거해야 합니다. 다만, 상대방에게 의미를 더 잘 전달하기 위해 미사여구와 수식어가 필요하다고 판단한다면 사용해도 좋습니다.

불필요한 미사여구와 수식어가 있는 글쓰기 사례

환경에 관심이 많아 착하다고 소문난 연구자는 <u>지속적이고 체계적으로 탐구하는</u> 연구를 통해 <u>꼭 해결하고 싶은 어려운 문제에 대한</u> 자신의 <u>효과적인</u> 메시지를 <u>효율적으로</u> 전달<u>하고자</u> 합니다.

미사여구와 수식어를 최소화 한 글쓰기 사례

환경에 관심이 있는 연구자는 연구를 통해 자신의 메시지를 전달합니다.

비법 8: 연구에 현장감을 주기 위해서 현재시제를 사용한다

연구 프로젝트 글쓰기는 사회 현상을 기록하고 분석하는 등 현장의 이야기를 중심으로 이루어집니다. 따라서 상대방이 연구 이야기에 몰입하도록 하기 위해서는 가급적 현재시제를 사용하여, 마치 실제로 경험하고 있는 착각을 할 정도로 현장감 있는 글쓰기를 합니다. 대표적인 예로는 연구 참여자의 이야기를 그대로 발췌해서 제시하는 글쓰기가 있습니다.

연구 참여자의 이야기를 발췌한 글쓰기 사례

"엄마들은 아이들이 경험하는 자유학기제 활동에 대해서 들을 수 있는 창구가 없어요. 그러니까 올 한해, 아니면 한 학기만이라도 더 친절하게 학부모들에게 설명하는 것이 필요한 거예요. 홈페이지나 가정통신문, 이런 건 전달이 안 되고요."

출처: 홍지오(2020: 90).

물론, 항상 현재시제로만 작성하는 것은 아닙니다. 연구 계획서를 작성할 때는 앞으로의 계획을 제시하는 내용으로 '미래시제'를 사용하고, 기존에 수행된 문헌 및 연구물 등의 제시나 과거 현상에 관하여 언급할 때는 '과거시제'를 사용하는 등 상황과 맥락에 따라 적절한 글쓰기를 합니다. 아래 제시한 글쓰기는 같은 내용을 '과거시제'와 '현재시제'로 다르게 작성한 사례입니다. 어느 글쓰기 사례가 내용을 더욱 현장감 있고 자연스럽게 전달하는지 생각해보기 바랍니다.

과거시제 글쓰기 사례

본 연구는 라온중 자유학기제 운영과정에서 나타난 교육공동체 형성을 통해 개인들이 실제 경험을 바탕으로 <u>체화했었지만</u>, 겉으로 <u>드러나지 않았던</u> 암묵지(교육공동체성)를 발견했다는 점에서 <u>의미가 있었다.</u>

현재시제 글쓰기 사례

본 연구는 라온중 자유학기제 운영과정에서 나타난 교육공동체 형성을 통해 개인들이 실제 경험을 바탕으로 <u>체화했지만</u>, 겉으로 <u>드러나지 않는</u> 암묵지(교육공동체성)를 발견했다는 점에서 <u>의미가 있다.</u>

출처: 홍지오(2020: 187).

비법 9: 다양하고 친근한 표현을 사용한다

독자는 학술지, 학위논문, 연구 보고서 등의 연구물을 보면서 내용이 어려워서 이해하지 못한 경험이 있을 것입니다. 연구 내용이 어려웠던 이유는 독자의 지식이 부족해서만이 아닙니다. 연구자가 어렵게 설명했기 때문입니다. 필자는 신문사에서 "초등학생도 이해할 수 있는 기사를 써야 한다"라는 말을 들었습니다. 대학원에서는 "연구자는 자신이 잘 모르는 영역일수록 글을 어렵게 쓴다"라는 말을 들었습니다. 두 사례는 상대방이 이해하기 쉽게 글을 써야 한다는 의미를 강조합니다.[1] 특히 연구 내용이 어려운 이유 중 하나는 일상에서 자주 사용하지 않는 표현(예: 함의하다, 제고하다, 내포하다 등) 때문입니다.

필자는 연구 내용을 읽는 사람을 학계에 있는 동료 연구자로만 한정하지 않고 청소년으로 확대하기 위해, 다양하고 친근한 표현을 찾는 방법과 습관을 만들었습니다. 첫째, 연구 글쓰기를 할 때 두

---

1 물론, 특정 학회에서 전문 분야에 관하여 쓴 글은 상대방이 기초지식을 가지고 있다고 가정하며 전문 용어를 사용해서 이해하기 어려울 수도 있습니다.

개의 모니터를 사용합니다. 하나의 모니터에서는 글을 쓰고, 나머지 모니터에서는 표현을 찾습니다. 표현을 찾는 모니터에는 인터넷 창을 열어두고, 글을 쓰는 도중에 적절한 표현이 떠오르지 않거나 다른 표현을 쓰고 싶을 때, 검색을 통해 다양하고 친근한 표현을 찾습니다. 특히 네이버, 구글, SNS 등은 많은 대중이 사용하는 플랫폼으로 적절한 표현을 찾는 데 좋은 도구입니다. 둘째, **연구 글쓰기를 할 때 표현을 기록해 둔 메모장을 봅니다.** 평소에 연구물, 신문, 책, 잡지 등을 보면서 사용하고 싶은 표현을 발견하면 메모장에 기록하고, 글쓰기 할 때 꺼내서 봅니다. 마음에 드는 표현을 발견하고 지나치면 남의 표현이지만, 메모장에 기록해서 사용하면 나의 표현이 됩니다. 주의할 점은 메모한 표현을 똑같이 작성하면 표절입니다. 반드시 나의 언어로 다시 작성해서 표현해야 합니다.

수집한 글

필자는 연구 프로젝트 글쓰기를 할 때 인터넷 창을 열어두고, 적절한 표현이 떠오르지 않거나 다른 표현을 쓰고 싶으면 여러 번의 검색을 통해 친근하고 다양한 표현을 찾아 글을 씁니다.

수집한 글을 나의 글로 재기술한 사례

필자는 글쓰기를 할 때 좋아하는 작가의 책을 곁에 두고, 표현이 어려운 상황이 생기면 책 속에서 적절한 표현을 찾아 글을 씁니다.

비법 10: 단호한 문장을 사용하지 않는다

연구자의 전문성과 정확성을 보여주는 것은 연구 내용 자체입니다. 하지만 일부 연구자는 연구 내용에 대한 전문성, 정확성을 보여주는 방법으로 단호한 문장을 사용합니다. 이는 잘못된 연구 글쓰기 방법입니다. 단호한 문장은 방어적인 의미를 담고 있기 때문입니다. 예를 들어, 상대방이 연구 내용에 관하여 문제를 제기하거나 의심하는 것을 방어하기 위해 단호한 문장을 사용하는 사례가 있습니다. 마치 단호한 문장이 연구 내용에 관한 전문성과 정확성을 보여주는 표현이라고 착각하는 것입니다.

'너무 강하면 쉽게 부러진다'라는 말을 들어본 적이 있을 것입니다. 연구자의 글쓰기도 마찬가지입니다. 연구자의 문장이 너무 단호하면 쉽게 무너집니다. 빠져나갈 구멍이 없기 때문입니다. 연구는 연구자가 예측하기 어려운 상황 속에서 이루어지기 때문에 변화 가능성을 항상 고려해야 합니다. 100% 옳다고 말할 수 있는 연구는 세상에 없다는 것을 인식하고, **단호함이 아닌 유연함을 가진 글쓰기를 해야 합니다.** 연구자가 연구에서 단호하게 말할 수 있는 영역은 결과를 바탕으로 작성한 '결론'입니다. 다만, 결론에서도 연구의 한계점을 작성하고, 연구하면서 알게 된 제한적인 상황 맥락을 반드시 제시해야 합니다.

단호한 문장을 유연하게 작성하는 방법

- 단호한 문장 표현
  - "1+1=2이다."
  - "A는 A일 수밖에 없다."
  - '모두', '전부', '반드시' 등의 표현
- 단호한 문장을 유연하게 만드는 표현
  - "1+1=2가 아닐 수도 있다.", "1+1은 2일 수도 있다."
  - "A는 A일 것이다."
  - '대부분', '일부', '등' 등의 표현

2. 문장 검토하기

문장 검토하기는 앞서 언급한 고쳐쓰기의 일부입니다. 독자는 자신이 쓴 글이 잘 읽히는지 소리를 내서 읽어보기 바랍니다. 읽다 보면, 어문규범2을 지키지 못해서 부자연스럽게 읽히는 내용을 발견할 수 있습니다.

예를 들어, 문장 부호인 '마침표(.)'와 '쉼표(,)'는 문장의 내용을 짜임새 있고 정확하게 전달하는 역할을 합니다. 문장에서 부호를 어디에, 어떻게 사용하느냐에 따라, 상대방이 내용을 이해하도록 돕거나, 혹은 방해할 수도 있습니다. '마침표(.)'는 문장을 마치겠다는 부

---

2 어문규범은 언어생활에서 따르고 지켜야 할 공식적인 기준. 한글 맞춤법, 표준어 규정, 외래어 표기법, 국어의 로마자 표기법을 아우르는 말이다(우리말샘, 2023).

호입니다. 1개의 긴 문장이 다양한 의미를 담고 있어서 혼동을 주거나, 반대로 문장이 너무 짧아서 의미를 온전하게 전달하지 못하는 등의 경우에는 '마침표(.)'를 활용해서 고쳐 쓸 수 있습니다. '쉼표(,)'는 문장이 길거나, 의미상 쉬었다가 읽는 것이 적절한 상황에서 사용하는 부호입니다. 바로 끝내면 의미가 부자연스러운 문장, 길게 쓰면 이해가 어려운 문장, 문장에서 강조하고자 하는 내용의 앞부분 등에 '쉼표(,)'를 활용할 수 있습니다.

어문규범은 문장에서 지켜야 하는 가장 기본적인 조건을 의미합니다. 문장의 기본 조건은 '한국어 맞춤법/문법 검사기'를 활용하여 검토할 수 있습니다. 필자가 근무한 신문사에서는 작성한 기사를 반드시 한국어 맞춤법 및 문법 검사를 한 후에 마감합니다. 기자와 연구자는 자신의 이름을 걸고 메시지와 정보를 대중에게 전달하는 역할을 합니다. 자신의 글에 대한 책임감이 필요한 역할입니다. 따라서 문장의 기본 조건이라고 할 수 있는 어문규범을 틀리는 일은 없어야 합니다. 하지만 문장의 기본 조건은 누구나 완벽하게 알지 못하고 쉽게 실수도 하는 부분입니다. 대신 방법을 배우고 도구를 활용하면 알지 못하는 부분을 채우고 실수를 방지할 수 있습니다. **방법은 간단합니다.** 아래에서 소개하는 '한국어 맞춤법/문법 검사기[3]'와 '국립국어원 한국어 어문 규범'이 있습니다. 한국어 맞춤법/문법 검사기는 편리하지만 어문 규범의 정확성이 떨어집니다. 따라서 국립국어원 한국어 어문 규범을 통해 한글 맞춤법, 표기법 등 언어생활에서 지켜야 할 공식적인 기준을 고려한 글쓰기를 하기 바랍니다.

어문규범 검토 도구

- 한국어 맞춤법/문법 검사기 (편리성)
  http://speller.cs.pusan.ac.kr/

- 국립국어원 한국어 어문 규범 (정확성)
  https://kornorms.korean.go.kr/

---

3 부산대학교 인공지능연구실과 ㈜나라인포테크에서 제공

'부적절한 어휘'는 의미가 다른 어휘, 흔히 사용하지 않아서 의미 전달이 어려운 어휘, 동어 반복 어휘 등을 사용하는 경우를 뜻합니다. 어휘는 앞서 '비법 9: 다양하고 친근한 표현을 사용한다'에서 설명한 바와 같이, 네이버, 다음, 구글 등의 포털 사이트를 활용해서 상대방에게 더욱 익숙하고 친근하며 상황에 적절한 표현을 찾아 사용할 수 있습니다. 더하여 아래에 제시한 <어휘 검토 도구>를 활용해서 적절한 어휘를 사용하기 바랍니다.

어휘 검토 도구

- 국립국어원 온라인가나다[4]
  https://www.korean.go.kr

- 우리말샘[5]
  https://opendict.korean.go.kr

- 표준국어대사전
  https://stdict.korean.go.kr

- 인터넷 포털 사이트 뉴스 카테고리
  네이버, 구글, 다음 등

"처음부터 좋은 문장을 쓰지 않아도 괜찮습니다.
일단 쓰는 행위가 중요합니다."

---

4 어문 규범, 어법, 표준국어대사전 내용 등에 대하여 문의하는 사이트
5 우리말의 쓰임이 궁금할 때 국어사전을 찾게 됩니다. 그런데 막상 사전을 찾아도 정보가 없거나 설명이 어려워 아쉬움을 느낄 때가 있습니다. 그동안 간행된 사전들은 여러 가지 제약이 있어 정보를 압축하여 제한적으로 수록하였기 때문입니다. 사용자가 참여하는 '우리말샘'은 이런 문제점을 극복하고자 기획되었습니다. 한국어를 사용하는 우리 모두가 주체가 되어 예전에 사용되었거나 현재 사용되고 있는 어휘를 더욱 다양하고 알기 쉽게 수록합니다. 또한 전통적인 사전 정보 이외에 다양한 언어 지식도 실어 한국어에 관한 많은 궁금증을 푸는 통로입니다.
   출처: 우리말샘 게시판 https://opendict.korean.go.kr/service/helpList

많은 사람이 글쓰기의 시작 단계에서 경험하는 상황이 있습니다. 완벽한 문장을 쓰고 싶지만, 막상 한 문장도 쓰지 못하고 막막한 상황입니다. 이러한 상황을 해결하는 방법은 간단합니다. '마침표(.)', '쉼표(,)', '띄어쓰기, 문법, 맞춤법', '부적절한 어휘' 등 모두 틀려도 괜찮으니까, 생각나는 이야기를 일단 써보기 바랍니다. 쓰고 나서도 고쳐쓰기 할 시간은 충분하고, 방법은 이 책에서 제시하고 있으니 그대로 하면 됩니다.

"이걸 내가 쓴 거야?"

이 말을 할 정도로 마음에 드는 문장을 완성할 수 있습니다.

문단 글쓰기 비법 4단계

- MAIN 글쓰기

1. 문단 글쓰기

문단 글쓰기에서는 기술적 글쓰기(Descriptive Writing) 방식을 적용한 〈MAIN 글쓰기〉 비법을 소개합니다. 기술적 글쓰기는 메시지의 핵심(MAIN)을 짚어서 설득력 있게 전개하는 방식입니다. 또 다른 방식으로 나열식 글쓰기(Arrangement Writing)는 내용을 죽 늘어놓고 정보 제공 및 설명을 전개하는 방식입니다. 나열식 글쓰기는 핵심 없이 불필요한 내용을 제공하여 비효율적일 수 있으며 가독성을 떨어트리는 단점이 있습니다. 연구 글쓰기에서는 나열식 글쓰기 방식이 꼭 필요한 경우를 제외하고는 지양합니다.

〈MAIN 글쓰기〉는 연구 글쓰기에서 활용하는 문단 글쓰기 비법으로, 논리적인 말하기 방법으로 잘 알려진 PREP(Point Reason Example Point)를 토대로 합니다. PREP는 의견 · 주장 · 요점을 말하고, 이유를 제시하며, 사례를 제공하고, 의견의 반복과 제안을 하는 일련의 과정을 의미합니다. 〈MAIN 글쓰기〉는 PREP에 더하여, '인용하여 쓰기'와 '분석적 쓰기(역사적, 이론적, 경험적)'를 포함해서 하나의 문단을 완성하는 글쓰기 비법입니다.

다음 〈표〉는 독자가 글을 써야만 하는데 쓸 수 없는 순간을 마법처럼 해결해 줄 내용입니다. 〈표〉를 잘 보이는 곳에 붙여두기 바랍니다. 〈표〉는 '문단 글쓰기 비법 - 일반적인 MAIN 글쓰기'와 '유연한 MAIN 글쓰기'로 구분해서 설명합니다. 먼저, '일반적인 MAIN 글쓰기'를 살펴보겠습니다.

- **Message(메시지):** 핵심 메시지를 가급적 한 문장으로 제시하는 '**메시지 문장 글쓰기**'

  "연구자가 하고자 하는 말은 무엇인가? (What?)"

- **Addition(덧붙임):** 메시지를 제시한 이유를 설명하는 '**덧붙임 문장 글쓰기**'

  "왜 그렇게 생각하는가? (Why?)"

- **Instance(사례):** 메시지가 타당하다는 근거가 되는 사례(이야기, 통계 등)를 제시하는 '**사례 문장 글쓰기**'.

  "관련된 사례는 어떻게 나타나고 있는가? (How?)"

- **eNd(마무리):** 메시지의 요점을 정리하고 문단을 끝내는 '**마무리 문장 글쓰기**'

  "그래서 연구자가 하고자 하는 말은 무엇인가? (So What?)"

가. Message(메시지) - 메시지 문장 글쓰기

문단은 기본적으로 두괄식으로 씁니다. 두괄식 문단은 핵심 문장이 문단의 앞부분에 위치합니다. 상대방은 문단의 첫 문장을 읽고 글 전체를 이해하며, 이어지는 내용을 읽을지 말지 판단하기 때문에, 첫 문장은 매우 중요합니다. 필자는 첫 문장을 메시지 문장이라고 부릅니다. 상대방은 메시지 문장을 보고, "그렇군!", "재밌네!", "오~!", "어?" 등의 반응을 보일 수 있습니다.

나. Addition(덧붙임) - 덧붙임 문장 글쓰기

덧붙임 문장은 메시지를 제시한 이유를 설명하고, 이해를 도울 필요가 있는 경우 보충하는 문장입니다. 일부 연구자는 문단의 첫 문장인 메시지 문장이 중요하기 때문에, 첫 문장에 모든 내용을 담으려는 경우가 있습니다. 그러다 문장을 길게 써서 오히려 이해를 어렵게 하고 가독성을 떨어트리기도 합니다. 참아야 합니다. 첫 문장은 간명하게 쓰기 바랍니다. 대신에 덧붙임 문장을 통해 메시지 문장에서 말하지 못한 내용을 제시할 수 있습니다.

상대방은 덧붙임 문장을 보고, "그렇군!", "이해했어!", "이런 의미가 있구나!" 등의 반응을 보일 수 있습니다.

다. Instance(사례) - 사례 문장 글쓰기

사례 문장은 메시지 문장에 관한 이야기, 통계 등을 근거로 제시하는 문장입니다. 자신의 메시지가 타당하다는 것을 상대방에게 증명해서 믿고 따라오도록 사례를 전달합니다. 근거 없이 감정을 담은 글은 쉽고 편하게 쓸 수 있습니다. 하지만 메시지를 근거 없이 말하거나 감정 표현을 통해 호소하는 내용의 문장은 신뢰성을 잃습니다. 흔히 말해서, 말도 안되는 이야기를 하고 있다는 평가를 받습니다. 어느 날 한 대학원생은 자신의 경험과 전문성을 발휘해서 발표를 잘했는데도, 교수로부터 "내용은 의미 있는데 학술적이지가 않네요. 학술적 글쓰기도 아니고요"라는 부정적인 평가를 받았다고 불평했습니다. 대학원생은 대체 뭐가 학술적 글쓰기냐며 불만을 토로했습니다. 학술적 글쓰기가 어려운 이유는 갑자기 떠오른 생각이나, 경험에만 의존한 이야기가 아니기 때문입니다. 연구자의 메시지는 타당한 근거에 기반한 사례를 통해 제시해야 합니다. 사례는 연구자가 발견한 현상, 다른 연구자가 이미 제시한 경험, 연구 보고서 및 학술지의 데이터 등이 있습니다.

라. eNd(마무리) - 마무리 문장 글쓰기

마무리 문장은 메시지의 요점을 정리해서 말하고 문단을 끝내는 문장입니다. 핵심 메시지를 다시 생각하고 독자의 다음 행동을 일으키는 역할을 합니다. 상대방은 메시지 문장-덧붙임 문장-사례 문장을 통해 문단의 핵심 메시지를 이해합니다. 그리고 마무리 문장을 통해, 문단의 핵심 메시지를 분명하게 재확인합니다.

더하여, 마무리 문장은 '문단을 끝내는 역할'과 '이어지는 문단을 연결하는 다리(Bridge) 역할'을 합니다. 이를 위해 두 가지 글쓰기 방법이 있습니다. 첫째, 상대방이 할 수 있는 다음 행동을 제시하는 글쓰기입니다. 상대방이 핵심 메시지를 이해한 다음 '어떻게' 행동해야 하는지 방법까지 제시하는 친절한 글쓰기입니다. 연구자는 누구나 자신의 연구를 통해 상대방의 행동이 긍정적으로 변화하고, 사회에 긍정적인 영향을 주기 바라는 마음이 있을 것입니다. 따라서 연구자에게는 자신의 연구를 안내하는 친절한 글쓰기가 필요합니다. 둘째, 문단을 구분하여 또 다른 내용을 제시하는 글쓰기입니다. 상대방에게 문단의 핵심 메시지를 상기시키고, 다음 문단으로 이어지는 다리(Bridge) 역할을 하는 내용을 제시하는 글쓰기입니다. 문단의 마무리 문장의 핵심 단어를 다음에 이어지는 문단의 핵심 단어로 사용할 수 있습니다. 이 경우 핵심 단어가 다리(Bridge)가 되어 자연스럽게 다음 문단으로 내용을 전개합니다. 문단과 문단을 구분하는 것은 내용의 전환을 의미합니다. 따라서 핵심 키워드가 같더라도 문단에서 전달하고자 하는 내용은 다릅니다. 예를 들어, '교육공동체'라는 핵심 단어를 가진 2개의 문단이 있다고 생각해보겠습니다. 첫 문단은 '교육공동체의 개념'이고, 다음 문단은 '교육공동체의 발견'이라는 서로 다른 핵심 키워드로 구성한 내용으로 문단을 구분할 수 있습니다. 아래는 '제주도'에 관하여 작성한 예시 문단입니다.

마무리 문장 글쓰기 예시

문단 1.

Message: 제주도를 좋아하는 사람들이 많아지고 있다.

Addition: 제주도는 자연환경이 우수해서, 삶이 여행이 될 수 있기 때문이다.

Instance: 예를 들면, 집 앞에 숲이 있고, 조금만 걸어 나가도 아름다운 바다를 볼 수 있어서 여행 온 기분을 일상에서 느낄 수 있다.

eNd: 이처럼 제주도를 좋아하는 사람들이 많아지면서 관광객도 증가하고 있다.

※(필요시) eNd(마무리)에서, 이어지는 문단을 고려하여 제시하는 글쓰기: 제주 관광객 증가에 따라 자연 환경 보호의 필요성의 목소리가 커지고 있다.

문단 2.

Message: 제주도를 좋아하는 관광객들이 많아지고 있는 반면에 관광객이 버리는 쓰레기 발생량이 전국 최고로 나타났다.

Addition: 제주도는 접근성이 좋고 여행을 위한 명소가 많아 여행자 유입률이 높지만 이에 따른 문제점으로 도민이 불편을 겪고 있다.

Instance: 최근 여행지도 제주도를 찾는 이유를 묻는 통계 조사에서 응답자의 55%가 접근성이 좋다고 말했으며, 다음으로 30%는 관광 명소가 많다고 답했다.
반면에 제주 생활폐기물은 전국의 2배로, 그중 관광객 배출이 40%로 추정하는 용역 연구 결과를 발표했다.

eNd: 제주도를 좋아하는 여행자가 많은 것은 좋은 소식이지만 도에서 발생하는 쓰레기 발생량을 줄일 수 있는 방안이 필요하다.

※(필요시) eNd(마무리)에서, 이어지는 문단을 고려하여 제시하는 글쓰기: 제주도의 쓰레

> 기 발생량을 줄일 수 있는 방안으로는 다회용컵 사용, 텀블러 사용, 폐어망·폐로프 재활용
> 등이 있다.

아래는 MAIN 글쓰기 활동지입니다. 워크북에서 직접 작성해보기 바랍니다.

MAIN 글쓰기 활동지

구분	인식	기술
Message(메시지)	"연구자가 하고자 하는 말은 무엇인가? (What?)"	
Addition(덧붙임)	"왜 그렇게 생각하는가? (Why?)"	
Instance(사례)	"관련된 사례는 어떻게 나타나고 있는가? (How?)"	
eNd(마무리)	"그래서 연구자가 하고자 하는 말은 무엇인가? (So What?)"	

다만, 모든 글을 〈MAIN 글쓰기〉로 제시한 형식과 양으로 쓰는 것은 아니라는 점을 유의하기 바랍니다. 기존 연구물을 보면, 하나의 문단에 Message(메시지), Addition(덧붙임), Instance(사례), eNd(마무리)를 모두 포함하지 않는 글쓰기 사례도 볼 수 있습니다. 또한, Message(메시지), Addition(덧붙임), Instance(사례), eNd(마무리)를 각각 하나의 문단으로 작성하기도 합니다.

실제 글쓰기는 유연하게 이루어지기 때문입니다. 즉 정해진 답이 없습니다. 따라서 〈MAIN 글쓰기〉를 중심으로 자신의 글쓰기 스타일을 만들어가는 연습이 필요합니다. 아래 〈표〉는 앞서 학습한 '일반적인 MAIN 글쓰기'를 참고한, '유연한 MAIN 글쓰기' 방식을 보여줍니다.

일반적인 MAIN 글쓰기와 유연한 MAIN 글쓰기

일반적인 MAIN 글쓰기	유연한 MAIN 글쓰기
문단 • Message(메시지) • Addition(덧붙임) • Instance(사례) • eNd(마무리)	문단 • Message(메시지) 문단 • Addition(덧붙임) 문단 • Instance(사례) 문단 • eNd(마무리)

〈표〉에서 제시한 바와 같이, 글쓰기의 기본이라고 할 수 있는 **일반적인 MAIN 글쓰기**는 1개의 문단에 Message(메시지), Addition(덧붙임), Instance(사례), eNd(마무리) 내용으로 구성합니다. 반면에 **유연한 MAIN 글쓰기**는 Message(메시지), Addition(덧붙임), Instance(사례), eNd(마무리)가 각각 1개의 문단이 되어, 총 4개 이상의 문단을 구성합니다.

2. 문단 검토하기

연구는 연구자 개인의 만족이 아닌, 상대방의 행동과 사회의 변화를 일으키고자 하는 목적이 있습니다. 연구자는 목적을 달성하기 위해서 내용을 최대한 이해하기 쉽게 제시해야 합니다. 이를 위해 문단 내용을 검토하고 고쳐 쓰는 과정은 매우 중요합니다. 문단을 검토하는 방법은 세 가지가 있습니다.

문단 검토 방법 3가지

첫째, 각 문단의 첫 문장 읽기
둘째, 소리 내어 읽기
셋째, 묵혀 두고 읽기

첫째, 각 문단의 첫 문장을 읽습니다. 독자가 쓴 글의 문단 구성이 잘 되었는지 확인하는 방법입니다. 문단의 첫 문장은 문단의 핵심 메시지를 담고 있습니다. 따라서 글을 구성하는 각 문단의 첫 문장만을 읽고도 문단의 전체 내용을 이해할 수 있어야 합니다. 필자가 쓴 칼럼을 사례로 설명하겠습니다. 독자는 아래 칼럼을 천천히 정독해보기 바랍니다.

어느새 연말이 다가왔다. 연말은 내년 예산안을 심사하는 것과 동시에 올해 예산 집행을 마무리하는 시기다. 도의 내년도 예산 심의 결과를 보면, 대표할 만한 정책 사업은 보이지 않고, 민생경제 활력과 서민·취약계층 복지 지원이 부족하다는 지적이다. 이에 도는 정책 사업을 발굴하고 복지예산을 높이기 위한 작업을 추진한다고 밝혔다.

'무엇'을 분석 작업해야 하는지는 정해졌다. 중요한 것은 '어떻게' 하느냐의 문제다.

생물학자 개릿 하딘은 마을 초지를 공유하는 주민들이 이익을 좇아 많은 소를 초지에 방목하면서, 풀이 자랄 틈이 없어져 황폐해진 현상을 '공유지의 비극'이라 말한다. 마을 초지와 정책 사업 예산은 닮았다. 공유지의 비극을 통해 앞서 물었던 '어떻게'에 접근할 수 있다.

연말이면 각 지역 기관 및 단체는 예산 집행률을 높이려고 열을 올린다. 보도블록 공사는 불용예산(남은 예산)을 처리하는 오래된 관행이다. 출장을 명목으로 세금 관광을 하는 관행도 있다. 제주에는 성수기와 연말이 되면 전국에서 워크숍, 견학, 관계기관 방문을 명목으로 관광을 오는 일부 출장자를 볼 수 있다. 한 학생이 필자에게 물었다. "왜 제주와 관련 없는 연구 모임을 제주에서 해요?" 학생의 질문에 쉽게 대답하지 못했다. 대답은 오답이었기 때문이다.

모 지원센터에서는 예산 소진이 곧 실무자의 역량으로 불린다. 리더는 "연말이 다가오니 예산을 어떻게 해서든 0원에 맞추자"라며, 예산 소진 계획과 그래프를 그린다. 회사의 실적 달성 그래프와 같은 예산 소진 달성 그래프이다. 행정의 예산 소진에 대한 열망은 주민들에게도 전해졌다. 마을에서 사업 운영을 컨설팅하다 보면 예산을 소진하기 위해 달아두자는 이야기를 쉽게 듣는다. 그럴 때면 필자의 머릿속에는 전국의 기관 및 단체 주변에 위치한 식당, 인쇄소, 문구점 등에 눈먼 돈처럼 영수증에 적혀 장부에 붙어있는 이른바 달아놓은 돈, 우리의 세금이 떠오른다.

왜 이런 일이 발생할까? 불용예산 소진은 계획을 잘 수립하고 수행했다는 평가 기준이고, 내년 사업을 계획할 때 예산을 확보할 수 있다는 인식을 준다. 하지만 실제 정책 사업은 운영과정에서 변화 가능성이 높아 예산을 계획대로 사용하지 못하는 경우가 많다. 우리는 다양한 관계와 요인이 존재하는 복잡성 사회에 살기 때문이다. 당장 내일도 예측하기 어려운 복잡성 사회에서 변화 가능성을 수용하지 못하면, 계획의 효율성과 효과성은 크게 떨어질 것이다. 따라서 정책 사업에서 계획한 예산은 반드시 소진해야 한다는 관행을 버려야 한다. 행정은 관행에서 벗어나 복잡다단하게 변화하는 복잡성 사회에 적응해야 한다.

이에 필자는 마을 초지가 황폐해지는 비극과 같은 현실을 개선하기 위해 행정 시스템 개선을 제안한다. 첫째, 사업계획에 따른 예산 집행의 유용성을 높여 과부족이 발생하는 예산을 융통하고, 불용예산이 정책 사업 운영의 부재가 아닌 실무자의 역량으로 만들어졌다면 인센티브를 주어야 한다. 둘째, 전문심사자 증원을 통해 정책 사업 계획의 검증 및 심사를 더욱 꼼꼼하게 해야 한다. 셋째, 행정을 위한 정책 사업이 아니라, 정책 사업을 지원하기 위한 행정을 재정립해야 한다. 물론 행정 시스템보다 중요한 것은 사람이라는 것을 전제로 하는 제안이다.

필자는 제주도가 전국을 선도하는 행정 시스템을 통해 복지예산을 확보하여, 마을 어르신이 마음 편히 고향에서 살고, 청년은 마을을 떠나지 않는 제주의 미래를 기대한다. 그 마음 때문에 오랜 관행을 들추어 어쩌면 달지 않을 이야기를 전한다.

출처: 제민일보. (2022.12.05.).

다음으로, 위 칼럼에서 각 문단의 첫 문장만을 발췌해서 제시한 글을 읽어 보기 바랍니다.

- 어느새 연말이 다가왔다. 연말은 내년 예산안을 심사하는 것과 동시에 올해 예산 집행을 마무리하는 시기이다.
- 생물학자 개릿 하딘은 마을 초지를 공유하는 주민들이 이익을 좇아 많은 소를 초지에 방목하면서, 풀이 자랄 틈이 없어져 황폐해진 현상을 '공유지의 비극'이라 말한다.
- 연말이면 각 지역 기관 및 단체는 예산 집행률을 높이려고 열을 올린다.
- 모 지원센터에서는 예산 소진이 곧 실무자의 역량으로 불린다.
- 왜 이런 일이 발생할까? 불용예산 소진은 계획을 잘 수립하고 수행했다는 평가 기준이고, 내년 사업을 계획할 때 예산을 확보할 수 있다는 인식을 준다.
- 이에 필자는 마을 초지가 황폐해지는 비극과 같은 현실을 개선하기 위해 행정 시스템 개선을 제안한다.
- 필자는 제주도가 전국을 선도하는 행정 시스템을 통해 복지예산을 확보하여, 마을 어르신이 마음 편히 고향에서 살고, 청년은 마을을 떠나지 않는 제주의 미래를 기대한다. 그 마음 때문에 오랜 관행을 들추어 어쩌면 달지 않을 이야기를 전한다.

이렇듯 독자는 각 문단의 첫 문장만을 읽었는데도 전체 내용을 이해할 수 있습니다.

둘째, 소리 내어 읽기입니다. 문단의 내용이 물 흐르듯 읽히는지 확인하는 방법입니다. 필자는 자신이 쓴 글을 입으로 소리 내어 읽으며 글을 검토하고 수정 및 보완합니다. 다만 수십 번을 읽다 보면 잘못 쓴 글도 어느새 익숙해져서 물 흐르듯 읽히는 경우가 있습니다. 이때 '글 읽어주는 애플리케이션(Application)'의 활용을 제안합니다. 독자는 자신이 쓴 문단의 내용을 애플리케이션에 입력해서 듣다가 어색한 부분을 발견하면, 잠시 멈추고 수정 및 보완할 수 있습니다. 글의 내용이 어색하게 들리는 이유는 문장 간 내용의 관련성, 맥락성, 논리성, 체계성 등 다양합니다. 이렇게 검토 및 고쳐 쓰기를 통해 완성한 글은, 다시 '글 읽어주는 애플리케이션'에 입력해서 듣습니다. 이 과정에서 문단의 메시지 문장-덧붙임 문장-사례 문장-마무리 문장의 내용이 머릿속에 그려지고 이해할 수 있다면 검토를 완료했다고 판단할 수 있습니다.

셋째, 묵혀 두고 읽기입니다. 글을 완성했는지 최종적으로 확신하는 방법입니다. 문단 글쓰기를 수정 및 보완하는 과정은 끝이 없습니다. 볼 때마다 수정해야 하는 내용이 보이기 때문입니다. 그렇다면 독자는 어떻게 자신의 글을 완성했다고 판단할 수 있을까요? 글을 쓰는 작가, 연구자 등은 저마다 나름의 판단 기준이 있을 것입니다. 필자가 소개하는 방법은 자신이 쓴 글을 하루, 이틀, 일주일, 한 달 단위로 보지 않고 묵혀두었다가, 다소 낮설어질 때쯤 꺼내어 보는 것입니다. 참고로 묵혀 두는 기간은 글의 마감일에 따라 다릅니다. 이렇게 묵혀 둔 글을 꺼내어 보면 두 가지 상황이 발생합니다. 첫 번째는 오랜만에 보았는데도 글이 매끄럽게 술술 읽히는 상황입니다. 두 번째는 오랜만에 보았는데 수정할 곳이 계속 보이는 상황입니다. 두 번째 상황에서는 수정 작업을 한 후, 다시 묵혀 두었다가 꺼내 봅니다. 묵혀 두기를 반복하다가, 첫 번째 상황(오랜만에 보았는데도 글이 매끄럽게 술술 읽히는)에 도달하면, 마감하기 바랍니다.

문단 검토 도구

글을 읽어주는 애플리케이션(Application)은 매우 다양합니다. 독자는 다양한 애플리케이션을 직접 사용해보고 자신이 편하게 사용할 수 있는 애플리케이션을 찾기 바랍니다. 현재 활용 가능한 애플리케이션은 <글 읽어주는 앱>, <텍스트 연설>, <대신 읽어줘: 텍스트 음성 변환>, <텍스트 읽어주는 앱>, <텍스트 리더>, <말을 해줘> 등이 있습니다.

연구 프로젝트 글쓰기 훈련 비법
- 베껴쓰기

"저는 글쓰기에 자신감이 없어요. 어떻게 해야 할까요?"

가장 효과적인 방법을 알려드리겠습니다. 방법은 '베껴쓰기[6]'입니다. 글쓰기에는 주파수가 있습니다. 우리는 일상생활에서 사용하는 말과 글에 주파수를 맞추고 있습니다. 연구 프로젝트 글쓰기가 낯설고 어렵게 느껴지는 이유는 연구 주파수와 일상생활에서 사용하는 말과 글의 주파수가 다르기 때문입니다. 독자는 기존의 연구물을 베껴쓰기 하며, 주파수를 맞춰가는 연습이 필요합니다. 그러면 글쓰기에 대한 자신감도 점차 높아질 것입니다.

필자는 연구 글쓰기와 에세이 글쓰기를 좋아합니다. 학기 중에는 연구 글쓰기를 하고, 방학 중에는 에세이 글쓰기를 주로 합니다. 학기와 방학을 구분해서 글쓰기를 하는 이유는 서로 다른 주파수가 있기 때문입니다. 대학원에 다닐 때는 학기와 방학의 경계에서 반복했던 습관이 있습니다. 방학 때는 에세이 책을 읽고 글을 씁니다. 방학을 1주일 남기고는 학기를 대비해서 연구물을 읽고 씁니다. 학기 중에는 지도교수의 연구물 중 흥미롭고 닮고 싶은 표현이 있는 연구물을 가지고 다니며 베껴쓰기 하고, 관련 연구물만 읽고 글을 씁니다. 필자의 『말로는 표현이 부족한 것들의 이야기(홍지오, 2018)』는 방학 때 작업해서 출간했고, 『교육공동체는 어떻게 형성되는가(홍지오, 2022)』는 학기 중에 출간했습니다. 지금은 익숙해져서 학기와 방학을 구분하지 않고 글을 쓰지만, 연구와 에세이 글쓰기를 하기 전에는 여전히 의식을 치르듯, 관련 연구물이나 책을 읽고 시작합니다. 주파수를 맞추는 과정이 필요하기 때문입니다.

필자는 '베껴쓰기' 훈련과 세 번의 인연이 있습니다. 첫 번째 인연은 무턱대고 글을 잘 쓰고 싶어

---

6 베껴쓰기는 타인의 글을 활용한 글쓰기 훈련방법을 의미합니다.

했던 대학생 때입니다. 글을 잘 쓰고 싶은 마음에 신문 칼럼을 베껴쓰기 했습니다. 관심 있는 내용의 칼럼을 찾아서 한 문장, 한 문단씩 베껴쓰기 하는 훈련을 100일 동안 꾸준히 하고, 100일 후에는 칼럼을 써서 동아일보, 세계일보, 경기일보 등의 신문에 게재했습니다. 특히 동아일보에서는 글을 써서 돈을 받는 첫 경험을 했습니다. 경험은 사회초년생인 필자의 의문이었던, "글을 써서 돈을 벌 수 있을까?", "돈을 받을 수 있을 정도의 글쓰기를 할 수 있을까?"를 해소해 주었습니다. 언론사로부터 돈을 받고 글을 게재할 정도의 필력이 생겼다는 증거이자, 다양한 진로를 고민하는 기회였습니다. 지금은 제주도의 대표신문인 제민일보에서 비상임 논설위원으로 꾸준히 칼럼을 쓰고, 국책기관의 연구를 수행하면서, 이야기를 글로 전하고 있습니다.

두 번째 인연은 대학 졸업 후 입사한 신문사에서 수습기자로 일할 때입니다. 수습기자는 기사 작성 훈련을 합니다. 훈련은 선배 기자들이 작성한 기사를 베껴쓰기 하는 것입니다. 처음에는 잘 쓴 기사를 찾아서 베껴쓰기 하고, 나중에는 소속한 사회부 기사를 베껴쓰기 하면서, 기자로서의 필력을 갖습니다. 세 번째 인연은 대학원에서 공부할 때입니다. 어느 교수는 학생들에게 교육행정 학문에서 사용하는 전문 용어를 이해하고 학술적 글쓰기에 익숙해지는 방법으로 '베껴쓰기'를 과제로 제시했습니다. 당시 필자는 대학생, 신문기자 때 연습한 베껴쓰기 방법을 적용해서 학술적 글쓰기 비법을 만들고 연습했습니다.

"베껴쓰기는 필력을 높이는 매우 효과적인 방법입니다."

베껴쓰기는 필자가 직접 경험하고 증명한 글쓰기 훈련 방법입니다. 베껴쓰기의 효과성은 필자의 경험뿐만 아니라, 많은 책을 통해서도 확인할 수 있습니다.

지금부터는 효과성과 탁월함이 보장된 베껴쓰기 방법과 필자의 연구 글쓰기 경험을 바탕으로 재구성한 〈연구 프로젝트 글쓰기 훈련 비법 – 베껴쓰기〉를 소개하겠습니다. 비법은 간단합니다. 아래 제시한 내용에 따라 차근차근 따라오기 바랍니다.

1. 샘플 연구물 찾기

샘플 연구물은 연구 프로젝트 글쓰기의 길잡이(Guide)입니다. 따라서 '잘 쓴', '좋은', '독자에게 적절한' 연구물을 찾아야 합니다. 그런 연구물을 어떻게 찾느냐고요? 독자는 앞서 관심 있는 사회 현상과 관련한 연구물을 공부하고 리뷰하는 방법을 학습했습니다. 그 과정에서 찾은 연구물 중 다음 3가지 특성을 고려해서, 베껴쓰기 좋은 연구물을 찾기 바랍니다.

베껴쓰기 좋은 연구물

첫째, 독자가 관심 있는 분야에서 자주 등장하고 중심이 되는 연구물입니다.
둘째, 독자가 물 흐르듯 읽었던 연구물입니다.
셋째, 독자가 관심 있는 다양한 분야의 연구물입니다.

첫째, 독자가 관심 있는 분야에서 자주 등장하고 중심이 되는 연구물입니다. 일반적으로 연구물의 마지막에는 인용한 연구물을 소개하는 '참고문헌'을 작성합니다. 독자는 관심 있는 분야 연구물의 참고문헌에서 자주 등장하는 연구물을 찾아서 읽어보기 바랍니다. 그리고 일목요연하게 잘 정리한 내용, 인상적인 내용, 따라 쓰고 싶은 글의 전개 흐름 등이 있는 연구물을 베껴쓰기 대상으로 선택합니다.

둘째, 독자가 물 흐르듯 읽었던 연구물입니다. 독자는 연구 수행에 앞서 글쓰기 공부를 따로 할 필요가 없습니다. 글쓰기 역량은 연구 과정을 통해 향상하기 때문입니다. 연구 글쓰기 역량은 자신의 메시지를 논리적·구조적·체계적으로 생각하고 글로 표현하는 능력을 말합니다. 필자는 상담할 때 글을 잘 쓰고 싶다는 학생을 만나면, "연구를 해보는 건 어때요?"라고 말하곤 합니다. 연구는 주변을 관찰해서 발견한 현상을 통해 메시지를 만들어내는 과정입니다. 연구자는 메시지를 잘 전달하기 위해 연구 방법이나 도구를 활용한 연구 과정을 통해 논리적으로 기록합니다. 기록은 연구 글쓰기입니다. 따라서 연구를 많이 하면 글쓰기 역량을 향상할 수 있습니다. 다만, 글쓰기 역량이 좋아졌다고 항상 글이 잘 써지는 것은 아닙니다. 글을 쓰면서 잘 써질 때도 있지만, 뭐라고 써야 할지 막막할 때도 많습니다. 글을 쓰는 연구자, 작가에게 막막함은 자연스럽고 당연한 일상입니다. 글쓰기가 막막해지는 순간이 생기면 어떻게 해야 할까요? 물 흐르듯 읽었던 연구물을 베껴쓰기 하면 방법을 찾을 수 있습니다.

셋째, 독자가 관심 있는 다양한 분야의 연구물입니다. 연구자는 수행하는 연구에 관하여 이미 전문가인 경우도 있지만, 지식이 부족한 분야에 관하여 연구하는 상황도 발생합니다. 많은 연구자는 지식이 부족한 연구를 수행하면서 해당 분야의 전문가로 성장합니다. 특정 분야에 관한 지식이 부족하더라도, 공부하는 방법을 알기 때문입니다. 방법의 하나가 베껴쓰기 입니다. 연구자는 베껴쓰기를 통해 자신이 원하면 관심 있는 분야의 전문가로 성장하는 기회를 가질 수 있습니다. 또한, 청소년 독자는 베껴쓰기를 통해 진로 탐색을 하는 데 큰 도움을 받을 수 있습니다. 필자가 증인입니다. 독자는 관심 있고 써보고 싶은 영역의 연구물을 베껴쓰기 하면서, 해당 분야에 관한 과거부터 현재까지의 이야기와 인물을 만나고, 전문 용어와 표현을 습득하며, 분야에서 필요한 메시지가 무엇인지 알 수 있습니다. 책 한 권을 통해 한 사람의 인생을 간접 경험하듯, 연구물을 통해 지식을 손쉽게 공부할 수 있습니다. 독자 스스로 양질의 훌륭한 교과서를 찾아서 공부하는 것과 같습니다. 흔히 박사라고 불리는 연구자, 학자, 교수들도 같은 방식으로 연구자료를 찾아서 공부하고 지식과 관점을 넓히곤 합니다. 다만, 연구물을 읽는 과정에서 글이 잘 읽히지 않고 이해가 어려운 경우도 많습니다. 학자들은 "자신이 잘 모를수록 글이 어렵게 써진다" 라고 말합니다. 맞는 말입니다. 그런데 생각보다 어려운 연구물이 많습니다. 독자가 연구물을 선별해서 베껴쓰기를 해야 하는 이유입니다.

2. 베껴쓰기 따라하기: 단계별 제시

독자는 아래〈표〉에 제시한 '연구 프로젝트 글쓰기를 위한 베껴쓰기 5단계'를 연습하기 바랍니다. 베껴쓰기를 하다 보면, 키보드 위의 손이 근질근질하고, 머리도 쉼 없이 이야기를 쏟아내는 순간이 옵니다. 왜 그럴까요? 누구나 말하고 싶은 메시지가 있기 때문입니다. 다른

연구 프로젝트 글쓰기를 위한 베껴쓰기 5단계

1단계: 요약(Abstract)과 참고문헌 읽기
2단계: 메모하며 읽기
3단계: 읽고 베껴쓰고 읽기
4단계: 베껴 쓴 글 읽으며 필요시 고쳐쓰기
5단계: 내 것으로 만들기

사람의 연구물을 베껴쓰는 것보다, 자신의 메시지를 써서 다른 사람들이 읽었으면 하는 바람이 마음속에서 불쑥 생겨날 것입니다. 그 순간을 위해 지금부터 단계별로 차근차근 시작해보겠습니다.

1단계 - 요약(Abstract)과 참고문헌 읽기

연구물은 정해진 틀(Frame)에 맞춰 작성합니다. 틀은 연구 내용을 효율적·효과적으로 전달할 수 있도록 체계적으로 만들어서 지키기로 한 연구자들 간의 약속입니다. 독자는 틀에 맞춰 작성된 '요약(Abstract)'과 '참고문헌'을 읽고, 베껴쓰기 적절한 연구물을 선택하기 바랍니다. 베껴쓰기 연구물을 찾는 과정은 잘 익은 수박을 고르는 것과 같습니다. 좋은 수박을 발견하기 위해서는 수박에 갈라지고 상한 곳이 없는지, 크기에 비해 무게감이 있고 튼실한지, 탁하고 짙은 녹색인지, 두드렸을 때 통통~하고 맑은 소리가 나는지 등을 확인하고 선택합니다. 수박을 자르고 먹어보기 전에, 좋은 수박과 상한 수박을 판단하는 최소한의 방법입니다. 베껴쓰기 연구물도 최소한의 방법으로 '요약(Abstract)'과 '참고문헌'을 확인합니다. '요약(Abstract)'은 논문의 전체적인 구조에 따른 내용을 간략하게 소개하는 영역으로 연구의 필요성, 목적, 연구 방법, 연구 내용, 연구 결과 등을 제시합니다. '참고문헌'은 인용 및 참고한 자료들을 소개합니다. 연구물이 어떤 자료를 참고했느냐에 따라 질(Quality)이 다를 수 있습니다. 만약 해당 연구물이 독자가 생각하는 저명한 연구자들의 연구물을 인용하고, 다양한 연구자들의 연구물을 인용하며, 연구 주제와 관련해 중요한 연구물을 인용하고 있다면 베껴쓰기에 적절한 연구물이라고 판단할 수 있습니다. 반면에 한 명의 연구자의 연구물을 지나치게 많이 인용했거나, 연구 주제와 관련해 중요한 연구물을 인용하지 않았다면 베껴쓰기 대상에서 제외하기 바랍니다. 또한, 맥락 없이 다른 분야의 연구물을 인용한 경우에도 제외하기 바랍니다. 예를 들어, 연구자가 '교육'을 주제로 한 연구를 수행하고 있는데, '과학' 분야 논문에서 마음에 드는 '문장'을 맥락 없이 인용한 경우입니다. 같은 말이라도 '아' 다르고 '어' 다르듯, 같은 문장이라도 연구 분야와 내용에 따라 의미가 다르기 때문입니다. 이렇듯 '요약(Abstract)'과 '참고문헌' 읽기를 통해 연구물의 질(Quality)을 판단하고, 2단계에서 본격적으로 연구물 읽기를 진행합니다.

2단계 - 메모하며 읽기

연구자는 다양한 근거(이론, 사례, 통계 데이터 등)를 바탕으로 연구물을 작성합니다. 선행 연구물에서는 다양한 근거 자료를 볼 수 있습니다. 또한 연구물은 독자와 관점이 일치하는 내용일 수도 있고, 동의하기 어려운 내용일 수도 있습니다.

"왜 이 연구자는 이렇게 생각했지? 근거는 뭐지?"
"나는 이 연구자와 좀 다르게 생각하는데?"
"이 연구자가 말하는 것을 모형(그림)으로 그려보니까 이러한데,
여기에 내 아이디어를 더하면 괜찮은 모형(그림)이 만들어지겠는데?"
"그러니까 내 생각은 말이야…."

독자는 이와 같은 생각을 하면서 연구물의 여백에 글과 그림을 끄적이며 메모하기 바랍니다. 메모한 내용은 나중에 연구물을 다시 읽지 않아도, 요약과 메모 내용만으로도 쉽게 이해할 수 있도록 돕습니다. 또한, 독자는 메모하는 과정에서 새로운 아이디어를 떠올리는 효과를 얻습니다. 연구물에서 연구자가 하는 이야기와 독자가 알고 있는 이야기가 만나서 새로운 아이디어를 메모하는 순간입니다. 필자가 연구 과정에서 희열을 느끼는 순간 중 하나입니다. 꼭 메모하며 읽기 바랍니다.

3단계 - 읽고 베껴쓰고 읽기

'읽고 베껴쓰고 읽기'는 말 그대로 베껴쓰기 하는 연구물을 읽고-베껴쓰고-읽기를 반복하는 과정입니다. 독자는 먼저 하나의 문단을 읽고, 문단에서 전달하는 중심 메시지를 발견합니다. 연구 글쓰기에서 문단은 보통 두괄식으로 작성하기 때문에, 문단의 첫 문장은 문단의 전체 내용을 압축적으로 제시하는 핵심 문장입니다. 따라서 문단의 첫 문장을 읽고 베껴쓰기를 시작하며, 다음부터는 한 문장 혹은 두 문장 이상씩 읽고 베껴쓰기 하는 훈련을 반복합니다. 주의할 점은 의미와 상관없이 한 단어씩, 한 문장씩 끊어서 읽고 베껴쓰기 하는 행동입니다. 베껴쓰기를 끝내고 싶은 마음 때문에 의미를 파악하기도 전에 빠르게 진행하면, 어느 순간 기계적으로 베껴쓰기를 하는 경우가 발생합니다. 연구물을 세심하고 꼼꼼하게 읽고, 의미를 고려해서 부담 없는 양만큼 끊어서 베껴쓰기 바랍니다. 느려도 괜찮습니다.

그 결과 독자는 베껴쓰기를 통해 연구물의 내용과 세련된 필력을 자연스럽게 학습합니다. 학습한 내용과 필력은 독자의 '연구 글쓰기 근육'입니다. 연구 글쓰기 근육은 독자가 글쓰기

를 지속하는 힘을 의미합니다. 베껴쓰기를 통한 연구 글쓰기 훈련은 당장 눈에 보이는 결과로 드러나지 않지만, 꾸준히 하면 매우 효과적이고 중요한 결과물을 만들어 낼 것입니다.

지금부터는 앞서 설명한 베껴쓰기를 함께 해보겠습니다. 독자는 가장 먼저 아래〈표〉와 같이, 의미와 상관없이 한 단어씩 끊어서 읽고, 노트 또는 모니터에 베껴쓰기를 하기 바랍니다.

지역사회가 / 가진 / 교육력은 / 크게 사람과 / 문화로 / 구분하여 / 살펴볼 수 있었다. / 사람 측면에서는 / 그동안 / 참여를 통해 / 협력적인 관계를 / 형성하고 있는 / 주민 개인과 / 마을활동가들로 / 구성된 / 조직 및 단체가 / 큰 힘을 / 주고 있었다. / 문화 측면에서는 / 학교가 / 지역사회와 함께 / 활동 프로그램을 / 운영하면서 / 이루어지는 / 소통, / 공유 등의 / 협력 과정에서 / 형성된 것이었다. / 교육공동체를 / 형성하고 있는 / 구성원은 / 타 지역과는 / 다르게 / 협력이 / 잘 이루어지고 / 있었으며, / 이것이 / 문화의 차이 / 라고 말했다.

출처: 홍지오(2021: 83).

다음 단계에서는 연구 내용과 의미를 생각하면서 '의미 단위'로 끊어서 읽어보겠습니다. 의미 단위로 베껴쓰는 과정은 연구 내용의 의미를 파악하고 분석적으로 접근하도록 합니다. 방법은 다음과 같습니다. 독자는 '의미 단위'로 끊어서 읽으며 최대한 암기(Memorizing)를 하고, 암기한 내용을 그대로 베껴쓰기 합니다. 긴 문장을 암기해야 하는 부담감이 있을 수 있습니다. 무리하지 말고 암기가 가능한 내용까지만 하기 바랍니다. 물론 암기한 내용을 잃어버리는 순간도 있습니다. 이 경우에는 다시 암기를 시도하거나, 혹은 정확하지 않아도 기억나는 만큼만 작성해도 좋습니다. 반드시 똑같이 베껴써야 한다는 강박에서 벗어나, 최대한 닮은 꼴의 글을 쓴다고 마음 편히 생각하기 바랍니다. 3단계에서 베껴쓰기 한 내용은 다음 4단계에서 수정할 것이기 때문입니다.

지역사회가 가진 교육력은 크게 사람과 문화로 구분하여 살펴볼 수 있었다. / 사람 측면에서는 그동안 참여를 통해 협력적인 관계를 형성하고 있는 주민 개인과 마을활동가들로 구성된 조직 및 단체가 큰 힘을 주고 있었다. / 문화 측면에서는 학교가 지역사회와 함께 활동 프로그램을 운영하면서 이루어지는 소통, 공유 등의 협력 과정에서 형성된 것이었다. / 교육공동체를 형성하고 있는 구성원은 타 지역과는 다르게 협력이 잘 이루어지고 있었으며, / 이것이 문화의 차이라고 말했다.

출처: 홍지오(2021: 83).

이렇듯 독자는 연구물의 '한 문장을 읽고-베껴쓰고-다음 한 문장을 읽고-베껴쓰고-다음 한 문장을 읽고-베껴쓰고' 하는 일련의 과정을 반복합니다.

4단계 - 베껴 쓴 글 읽으며 필요시 고쳐쓰기

'베껴 쓴 글 읽으며 필요시 고쳐쓰기'는 베껴쓰기 한 내용을 소리 내어 다시 읽어보는 단계입니다. 소리 내어 글을 읽으면 글을 쓰거나, 생각하거나, 눈으로 읽을 때 보다, 뇌를 더욱 많이 자극한다는 것은 이미 잘 알려진 사실입니다. 독자는 앞서 2~3단계를 통해, 메모하며 읽고, 읽고-베껴쓰고-읽기를 했습니다. 4단계에서는 2~3단계를 통해 베껴쓰기 한 내용을 소리 내어 읽으면서 기억하고 필요시 고쳐쓰는 과정입니다.

독자는 내용을 소리 내어 읽은 후, 반복해서 다시 읽어도 좋습니다. 반복해서 읽을 때는 대신 읽어주는 애플리케이션[7]을 활용하기 바랍니다. 애플리케이션은 문자를 입력하면 최대한 자연스럽게 글을 읽어줍니다. 애플리케이션을 통해 이야기를 가만히 듣고 있으면, 잘 쓴 글은 막힘없이 자연스럽게 들리고, 독자의 이해를 더욱 돕습니다. 반면에 잘못 쓴 글은 어색하고 부자연스럽게 들립니다. 독자는 잘못 쓴 글을 발견하여 자신의 언어로 고쳐서 쓰는 과정을 통해 더욱 높은 수준의 베껴쓰기 훈련을 할 수 있습니다.

---

7 '문단 글쓰기 비법 4단계'에서 제시한 〈문단 검토 도구(240쪽)〉를 참고하기 바랍니다.

5단계 - 내 것으로 만들기

'내 것으로 만들기'는 베껴쓰기를 하면서 작성한 메모, 베껴 쓴 연구물에 관하여 정리한 자기 생각, 마음에 드는 단어와 표현, 글의 전개 흐름 등을 기록해서 자신의 것으로 만드는 단계를 말합니다. 독자는 베껴쓰기를 하면서 기록한 내용을 자신의 연구 글쓰기에 적극 활용하기 바랍니다. 필자는 베껴쓰기를 하면서 정리한 '연구 노트' 덕분에 어떠한 글쓰기를 하더라도 마음이 편안합니다. '연구 노트'에 모든 내용이 있어서 모르는 것이 있더라도 해결할 수 있을 거라는 믿음이 있기 때문입니다. 믿음은 실제 연구 글쓰기를 하는 과정에 큰 도움과 안정감을 줍니다.

연구 프로젝트는 무(無)에서 유(有)를 창조하는 과정입니다. 물론 연구는 기존의 사회 현상과 다른 연구자들이 제시한 이론과 사례 등의 유(有)에서 시작하기 때문에 100% 무(無)를 의미하지는 않습니다. 그럼에도 불구하고, 연구자는 연구 과정을 통해 아무도 발견하지 못하고, 누구도 말하지 못한, 또 다른 무언가를 제시해서 새로운 유(有)를 창조하는 역할을 합니다.

이렇듯 독자는 〈연구 프로젝트 글쓰기를 위한 베껴쓰기 5단계〉를 통해, 선망하는 연구자의 글을 자신의 머리와 손에 익히고 흉내를 내면서, 마침내 자신만의 연구 글쓰기 역량을 가질 수 있습니다. 베껴쓰기는 배신하지 않습니다. 노력한 만큼 반드시 성과를 얻고 실력을 발휘할 수 있는 비법입니다.

연구 프로젝트 글쓰기를 위한 두 가지 약속 ✏️

1. 첫 번째 약속 - 윤리적 글쓰기

독자는 연구 윤리를 지키지 못해 저평가받고, 명예가 실추되는 사례를 본 적이 있을 것입니다. 이유는 다른 연구자의 지식을 몰래 가져와서 마치 자신의 지식인 것처럼 사용하는 비양심적인 잘못을 했기 때문입니다. 일부 연구자는 몰라서 그랬을 수도 있습니다. 모르는 것도 잘못이며, 알고자 하지 않은 것은 더 큰 잘못입니다. 안타깝게도 연구 윤리에 관하여 잘 알지 못하고, 민감하지 않게 인식하는 연구자도 있습니다. 필자는 우리 독자와 꼭 하고 싶은 약속이 있습니다.

"반드시 연구 윤리를 지키면서 연구 프로젝트 글쓰기를 합시다."

연구 윤리란 연구자가 마땅히 지켜야 할 원칙, 약속을 의미합니다. 한 가지 질문을 해보겠습니다. A씨는 학계에서 노벨상 수상을 기대할 정도로 매우 가치 있는 연구 결과를 발표했습니다. 하지만 연구 윤리에서 문제가 발견되었습니다. 다른 연구자의 내용을 그대로 사용하고도 인용표기를 하지 않은 것입니다. 연구자는 인용표기를 하지 않은 내용의 경우 연구 결과에 큰 영향을 미치지 않기 때문에 괜찮을 거라고 주장합니다. 정말 A씨가 노벨상을 수상하는 데 문제가 없을까요?

"문제 있습니다."

연구 윤리는 연구자와 연구 내용 전반에 대한 정직성, 정확성, 객관성 등을 기반으로 신뢰성을 보여주는 역할을 합니다. 즉 연구자가 노벨상 수상을 할 정도로 훌륭한 연구 결과를 도출했어도, 일부 내용의 표절로 인하여 연구자와 연구 내용은 신뢰성을 잃습니다. 연구 윤리가 매우 중요한 이유입니다. 연구 윤리는 쉽게 체화(體化)하기 어렵습니다. 본 책에서 제시하는 연구 윤리 내용을 숙지하고, 윤리적 글쓰기를 하면서 자연스럽게 체화해야 합니다.

표절을 예방하는 방법도 있습니다. 카피킬러(Copykiller.com), 턴잇인(Turnitin.com) 등은 연구 내용의 표절 여부를 검사하는 프로그램입니다. 프로그램을 활용하면 약 5분 이내에 표절률을 확인할 수 있습니다. 표절률은 연구 내용의 어느 부분에서 어떻게 표절하고 있는지 매우 자세하게 알려줍니다. 과거에는 표절 검사 프로그램이 없었기에 표절률이 50% 이상인 연구물도 있습니다. 50% 표절률의 연구물은 연구 내용의 절반 이상을 다른 연구자의 내용으로 복사해서 붙여넣기 한 것입니다. 일부 연구자는 과거에 표절률을 확인하는 프로그램이 없어서 비윤리적인 행위가 이루어졌고, 연구 윤리에 대해서 지금처럼 엄격하지 않았기 때문에 넘어갈 수 있었다고 말합니다. 그래서 지금은 연구자의 양심과 신뢰가 무너지고, 증명해야 하는 프로그램을 개발해서 활용하고 있습니다. 독자는 윤리적 글쓰기를 인식하고 50% 표절률을 보이는 연구물의 연구자보다 이미 훌륭한 연구자라는 자부심을 가져도 좋습니다.

필자는 2018년을 시작으로 현재까지 한국교육개발원 연구 윤리 점검단에 참여하고 있습니다. 연구 윤리 점검단 활동을 하면서 알게 된 사실이 있습니다. 첫 번째는, 연구자들이 생각보다 연구 윤리에 관한 지식이 부족하다는 사실입니다. 두 번째는, 연구자들이 글쓰기를 어려워하는 이유는 연구 윤리에 관한 기초적이고 근본적인 물음을 해소하지 못한 채, 불안감을 가지고 글을 쓰기 때문이라는 사실입니다.

"윤리적 글쓰기는 어떻게 해야 할까요?"

답은 간단합니다. 아래 제시한 연구 윤리 점검 기준표에 따라 연구 윤리를 지키면서 합니다. 이제 마음이 조금 편해지나요? 필자는 앞서 언급했듯이, 연구 윤리를 지키는 글쓰기를 '윤리적 글쓰기'라고 이름을 붙였습니다. 윤리적 글쓰기를 알고 있는 연구자는 글쓰기를 하는 데 표절에 관한 두려움이 없습니다. 보행자는 횡단보도에서 파란불일 때는 건널 수 있고 빨간불일 때는 건널 수 없다는 명확한 규칙이 있듯이, 윤리적 글쓰기는 연구자가 연구 과정을 안전하게 수행하고 마음 편히 연구 글쓰기를 할 수 있도록 돕는 규칙입니다. 기본적인 연구 윤리 규칙은 아래와 같습니다. 연구 윤리 점검 기준표는 필자가 연구 윤리 점검단으로 참여하고 있는 한국교육개발원에서 제공한 '2020년도 한국교육개발원 연구보고서 연구 윤리 점검 기준'입니다.

연구 윤리 점검 기준표

2020년도 한국교육개발원 연구보고서 연구 윤리 점검 기준

※ 관련 규정: KEDI 연구 윤리지침, 경제 · 인문사회연구회 연구보고서 연구 윤리 평가규정

의심 유형	세부 유형	내용
위조	(제6조) 위조 의심 사례	인터뷰를 하지 않았으면서도 가상의 주제에 대한 설문지를 완성하여 연구 결과를 허위로 제시하는 경우
		설문 조사, 실험 및 관찰 등에서 나타나지 않은 데이터를 실재하는 것처럼 제시하는 경우
		실험 등을 통해 얻은 자료의 통계학적인 유효성을 추가하기 위해 허구의 자료를 첨가하는 경우
		연구계획서에 합치한다는 점을 보여주기 위해 연구 기록을 허위로 삽입하는 경우
변조	(제7조) 변조 의심 사례	연구자료를 의도적으로 실제와 다르게 변경하는 경우
		연구자료의 통계 분석 결과 분명하지 않은 것을 고의 또는 중대한 과실로 그릇되게 설명하는 경우
		통계학적 근거 없이 연구자료들을 선택적으로 생략, 삭제, 은폐하는 경우
		연구자료를 과장, 축소 또는 변형함으로써 왜곡된 연구 결과를 도출하는 경우
표절	(제8조 제1항 제1호) 타인의 독창적 아이디어나 저작물 출처 미표기	이미 발표(게재)된 타인의 저작물이나 독창적인 아이디어를 활용하면서 출처를 표기하지 않은 경우
	(제8조 제1항 제2호) 타인 저작물 번역 후 출처 미표기	타인의 저작물을 번역하여 활용하였으면서도 출처를 표기하지 않은 경우
	(제8조 제1항 제3호) 2차문헌 표절	재인용 표기를 해야 함에도 그렇게 하지 않고 직접 원문을 본 것처럼 1차 문헌에 대한 출처표기를 한 경우
	(제8조 제1항 제4호) 양 또는 질적 주종관계	출처표기를 제대로 했음에도 불구하고 인용된 양과 질이 정당한 범위를 넘어 피인용 저작물이 주(主)이고 인용저작물이 종(從)의 관계에 있는 경우
	(제8조 제1항 제5호) 부분적·한정적 출처표기	타인(1인 또는 다수)의 저작물을 활용한 경우 그에 대해 모두 출처표기를 해야 하지만 어느 일부에만 하는 경우
	(제8조 제1항 제6호) 포괄적·개괄적 출처표기	타인의 저작물 상당 부분을 참조했다고 표기했지만, 말바꿔쓰기를 하지 않았거나 요약하지 않고 그대로 가져다 쓴 경우
부당한	(제9조) 부당한 저자표기	저자로서 정당한 자격을 갖춘 사람에게 저자 자격을 부여하지 않

의심 유형	세부 유형	내용
저자 표기	의심 사례	는 경우 저자로서 정당한 자격을 갖추지 않은 사람에게 저자 자격을 부여하는 경우
중복 게재	(제10조 제1항 제1호) 출처표기를 하지 않은 중복게재	출처표기를 하지 않고 자신의 이전 저작물을 활용한 경우
	(제10조 제1항 제2호) 출처표기가 일부만 된 또는 정확하지 않은 중복게재	활용한 자신의 이전 저작물 중 일부에만 또는 정확하지 않게 출처표기를 한 경우
	(제10조 제1항 제3호) 출처표기를 했으나 양 또는 질적 주종관계	출처표기를 제대로 했음에도 불구하고 인용된 양과 질이 정당한 범위를 넘어 피인용 저작물이 주이고 인용저작물이 종인 관계에 있는 경우
기타	기타 부주의	연구부정행위 및 연구부적절행위 의심사례로 제시하기에는 적절하지 않지만 위반사례로 의심받을 여지가 있어 연구자가 반드시 주의해야 할 사항
	기타 부정확한 표기1	연구보고서에 타인 및 자신의 저작물을 직접인용하면서 본문 및 참고문헌에 출처표기 하였지만 그 저작물의 페이지를 밝히지 않은 경우
	기타 부정확한 표기2	연구보고서에 활용한 저작물에 대한 각주 등과 참고문헌 서지사항이 일치하지 않는 경우 (본문에서 인용하였으나 참고문헌에 없는 경우, 참고문헌에는 있으나 본문에 인용하지 않은 경우 등)
	기타 부정확한 표기3	저자, 제목, 년도, 페이지, 발행권수, 인터넷 주소(URL) 및 접속일자 등 서지사항을 잘못 기재하였거나 정확하지 않게 인용한 경우
	기타 부정확한 표기4	출처로 표기한 부분의 내용과 본문의 내용이 일치하지 않는 경우 (통계수치 등)
	기타 부정확한 표기5	표, 그림, 사진 등을 인용했음에도 재가공한 것처럼 표기한 경우
	기타 부정확한 표기6	1차, 2차 문헌을 모두 출처표기하고 재인용 표기를 하지 않은 경우
생명 윤리	대상 식별 가능성	특정 개인이나 집단이 드러나는 경우(실명 공개 동의를 받지 않았는데 인용 시에 실명을 공개한 경우 혹은 소규모로 학교나 기관을 표집하여 대상이 식별되는 경우)
	미승인 인간대상조사 실시	설문 조사나 면담 등 인간대상연구를 실시한 후 분석 결과로 인용하였는데, 기관 생명윤리심의를 받았다는 기록이 없는 경우

출처: 한국교육개발원(2020. 8. 6.).

윤리적 글쓰기 방법은 다음과 같습니다. 연구 윤리 자기 점검을 할 경우, 먼저 카피킬러와 같은 표절 검사 프로그램을 이용하여 내용을 확인한 후, 검토가 필요한 내용에 대해서 수정 및 보완합니다. 물론 누구나 처음부터 능숙하게 연구 윤리를 완벽하게 숙지해서 글쓰기를 하지 못합니다. 지켜야 할 내용이 한둘이 아니기 때문입니다. 독자는 연구물을 자기 점검하는 과정에서 〈표〉 연구 윤리 점검 기준표를 보면서 숙지하기 바랍니다. 연구 윤리 점검 기준표의 내용을 암기하려고 노력하지 않아도 됩니다. 위 〈표〉를 프린트해서 옆에 두고, 글쓰기 과정에서 모르는 내용이 나오면 확인하고, 그래도 이해가 어려우면 다른 연구물을 찾거나, 다른 연구자에게 물어보면서 하기 바랍니다. 독자가 연구 윤리 점검 기준 내용을 한 번에 이해하지 못하는 것은 당연합니다. 일부 연구자는 같은 연구 윤리 기준 내용을 보면서 서로 다른 해석을 하기도 합니다. 그러므로 독자는 이해한 연구 윤리 내용을 자신의 언어로 해석하여 메모하기 바랍니다. 예를 들어, 필자는 '표절'이라는 의심 유형 옆에 "나의 것이 아닌데, 나의 것으로 한 경우"라고 써놓았습니다. '양 또는 질적 주종관계'는 "인용이 과(過)하다"라고 메모했습니다. 자신의 말로 해석한 메모를 보면, 짧은 시간에 효율적으로 내용을 이해할 수 있습니다.

2. 두 번째 약속 – 원고 작성 세칙에 따른 글쓰기

연구물은 내용을 효율적으로 전달하기 위해 약속한 세칙에 따라 작성합니다. 세칙은 학문 분야, 기관이나 조직 등에 따라 다소 차이가 있습니다. 본 책에서는 한국교육행정학회에서 제공하는 연구 원고 작성 세칙 매뉴얼을 활용하여 설명합니다. 한국교육행정학회는 사회 과학 분야에서 일반적으로 사용하고 있는 APA식(American Psychological Association, 미국 심리학회)에 기반한 연구 원고 작성 세칙을 따르고 있어서, 표본으로 볼만한 내용을 제공합니다.

일반적으로 학회에서는 세칙을 지키지 못한 연구물은 게재하지 않습니다. 연구의 신뢰성과 가독성을 떨어뜨리고, 학회의 위상과 전문성을 떨어뜨리기 때문입니다. 독자는 연구물을 제출하려는 학회나 단체에서 요구하는 세칙이 있다면 반드시 지켜서 작성해야 합니다. 세칙에 따른 원고 작성은 가장 기본적이면서 가장 중요한 작업입니다. 세칙 매뉴얼 내용을 구체적으로 살펴보겠습니다.[8]

---

8 한국교육행정학회 홈페이지(2022).

(1) 제목의 번호 부여

- 원고 제목 (진하게, 휴먼명조 14, 줄간격 170, 가운데 정렬)
- 1단계 : Ⅰ, Ⅱ, Ⅲ (진하게, 휴먼명조 13, 줄간격 170, 가운데 정렬)
- 2단계 : 1, 2, 3 (진하게, 휴먼명조 12, 줄간격 170, 들여쓰기 2, 양쪽혼합정렬)
- 3단계 : 가, 나, 다 (진하게, 휴먼명조 10, 줄간격 170, 들여쓰기 없음, 양쪽혼합정렬)
- 4단계 : 1), 2), 3) (진하게, 휴먼명조 10, 줄간격 170, 들여쓰기 2, 양쪽혼합정렬)
- 5단계 : 가), 나), 다) (휴먼명조 10, 줄간격 170, 들여쓰기 없음, 양쪽혼합정렬)
- 6단계 : (1), (2), (3)
- 7단계 : (가), (나), (다)
- 8단계 : ①, ②, ③
- 9단계 : ㉮, ㉯, ㉰

먼저, '(1) 제목의 번호 부여'입니다. 독자는 본문 내용의 제목을 큰제목, 중제목, 소제목 등 총 9단계로 부여할 수 있습니다. 이렇게 구분하는 이유는 무엇일까요? 단순하게는 제목 간 구분을 위한 장치입니다. 조금 더 생각해보면, 1단계의 'Ⅰ'은 2단계의 '1, 2, 3 등'의 내용의 합으로 이루어집니다. 마찬가지로 2단계의 '1'은 3단계의 '가, 나, 다 등'의 내용의 합으로 구성됩니다. 따라서 각 제목의 번호를 부여해서, 상·하위 제목 간 관계를 바탕으로 구조적·체계적인 목차를 구성하고 내용을 전개할 수 있습니다.

(2) 각주 및 인용문 표기

① 각주는 APA식(American Psychological Association, 미국심리학회)에 의거하여 작성한다. 단, 본문에 표시하기 어려운 보충적인 내용이나 설명은 각주로 작성하며, 미(후)주는 사용하지 않는다.

② 참고문헌의 연구 결과를 <u>전체적으로 요약</u>했거나 저자가 자신의 말로 바꾸어 설명할 경우(paraphrase)에는 저자와 출판연도만을 밝히고[예. (Hoy & Miskel, 2001)], 참고문헌의 <u>특정 부분을 요약</u>했거나 저자가 자신의 말로 바꾸어 설명할 경우(paraphrase) 및 원문을 그대로 옮기는 경우에는 저자 및 출판연도와 함께 인용 페이지를 밝혀야 한다[예, (Hoy & Miskel, 2001: 15-17)].

③ 참고문헌의 원문을 두 문장 이상 그대로 인용하는 경우에는 반드시 인용부호(큰 따옴표)를 표시하고, 저자와 출판연도 및 인용 페이지를 밝혀야 한다.

④ 1차 자료를 이용하여 표와 그림을 직접 작성하지 않고, 참고문헌의 표와 그림을 그대로 인용하거나 수정하여 작성하였을 경우, 출처에 1차 자료를 밝혀서는 안 되며, 반드시 2차 자료를 밝혀야 한다.

⑤ 저자가 2인인 경우 저자명을 인용할 때마다 두 사람의 이름을 모두 표기한다.

　　예 1) 이와 같은 결과는 홍길동, 김철수(1999)의 연구에 의해서도……에 대한 필요성을 강조하였다(홍길동, 김철수, 1999).

　　예 2) Gardner와 Lambert(1976)의 연구는 과거의 연구(Lambert & Gardner, 1972)보다....인 영향을 미치는 경우라고 보았다(Gardner & Lambert, 1972).

　　예 3) F. D. Lewis(1989)와 W. D. Lewis(1989)는 … (동일 성을 가진 인명은 이름까지 기재)

⑥ 저자가 3~5인인 경우 처음 언급할 때는 모든 저자의 이름을 표기하고, 그 다음부터는 '~외' 또는 '~등'으로 표기한다. 단 영어 자료인 경우 괄호 안에 제시될 때는 'et al.'로 표기한다.

　　예 1) 첫 인용: 홍길동, 이교육과 박행정(2007)은….

　　　　재인용: 홍길동 외(2007)는….

　　예 2) 첫 인용: Glickman, Gordon과 Ross-Gordon(2010)은….

　　　　재인용: Glickman 외(2010)는….

⑦ 저자가 6인 이상일 경우에는 첫 번째 저자만 표기하고, 논문 뒤의 참고 문헌 목록에는 모든 저자의 이름을 표기한다.

　　예 1) 첫 인용, 재인용 모두: 홍길동 외(2007)는 ….

　　　　교육행정학 연구(홍길동 외, 2007)는….

　　예 2) 첫 인용, 재인용 모두: Glickman 외(2010)는….

　　　　학교조직의 개선(Glickman et al., 2010)을….

'(2) 각주 및 인용문 표기'는 앞서 학습한 윤리적 글쓰기에서 중요하게 다루었던 '인용'에 관한 내용입니다. 원고에서 인용문을 어떻게 표기하는지 숙지한다면, 윤리적 글쓰기를 더욱 수월하게 할 수 있습니다.

(3) 표 및 그림의 형식과 제목 달기

① 표와 그림에는 일련번호를 붙이되, 표에는 "< >", 그림에는 "[ ]"와 같은 괄호를 사용한다. 표나 그림의 번호는 아라비아 숫자 1부터 시작한다.
② 표의 제목은 상단 좌측에, 그림은 하단 중앙에 제시하고, 모두 진한 글자로 표시한다.
③ 표와 그림은 원본을 그대로 복사 인쇄할 수 있도록 필자가 책임지고 완벽하게 작성·제출한다.

'(3) 표 및 그림의 형식과 제목 달기'는 기초적인 규칙입니다. 필자는 연구 글쓰기를 할 때 가능한 위 규칙에 따라 작성합니다. 다만, 글쓰기 과정에서 표 및 그림 형식까지 지키며 쓰는 것이 부담될 때는, 원고를 다듬는 마지막 과정에서 표와 그림의 형식을 세칙에 맞게 수정하는 방법도 추천합니다.

(4) 참고문헌 목록 표기

① 참고문헌은 APA식에 의거하여 작성하되, 여러 나라 문헌을 참고했을 경우에는 한, 중, 일, 서양 순으로 열거한다.
② 참고문헌을 APA식으로 작성하지 아니한 논문은 접수하지 않는다.
③ 참고문헌은 아래와 같은 요령으로 제시한다.
 ※ 영문책명 및 권(호)수 기재는 이탤릭체로 작성한다.
 ※ 영문 논문 제목은 첫 단어만 대문자로 표기하고, 나머지는 모두 소문자로 쓴다(단행본의 경우 동일). 단, 정기간행물의 책명은 이탤릭체로 표기하되, 각 단어를 대문자로 표기한다.

• 단행본의 경우
홍길동. (2007). 교육행정학. 서울: 서울출판사.
Khan, S. (2012). The one world schoolhouse. London: Hodder.

• 정기간행물 속의 논문인 경우
홍길동, 김철수. (2000). 교육행정학 연구 동향 분석. 교육행정학연구, 20(2), 23-45.
Tinto, V. (1975). Dropout from higher education: A theoretical synthesis of recent research. Review of Educational Research, 45(1), 89-125.

- 학위논문의 경우

홍길동. (2000). 교육행정학 연구 동향. 박사학위논문. 한국대학교.

Gold, N. C. (1981). Meta-evaluation of selected bilingual education projects. Unpublished doctoral dissertation. University of Massachusetts.

- 학술발표회 발표논문인 경우

(출판된 경우)

홍길동. (2000). 교육행정학: 이론적 배경, 과제 및 전망. 한국교육행정학회 (편), 한국교육행정학회 연차학술대회 발표논문집 (pp. 57-62). 서울: 한국교육행정학회.

Larson, C. (1990). To decompose or not to decompose. In R. Brown & J. Gardner (Eds.), Proceedings of the Third International Conference on Lexicon (pp. 121-133). Austin, TX: University of Texas Press.

(미출판된 경우)

홍길동. (2000, 8월). 교육행정학: 이론적 배경, 과제 및 전망. 한국교육행정학회 연차학술대회 발표논문, 서울: 한국대학교 인문관.

Lanktree, C., & Briere, J. (1991, January). Early data on the trauma symptom checklist for children. Paper presented at the meeting of the American Professional Society on the Abuse of Children, San Diego, CA.

- 연구보고서의 경우

김성숙, 백순근, 노국향, 이선경, 박선미. (1998). 1998년도 초/중/고 학업성취도 평가연구. (연구보고 RRE 98-6). 서울: 한국교육과정평가원.

- 신문기사의 경우

동아일보. (2000. 9. 23). 대학 구조조정 직면. 18면.

- 전자 매체, URL 등 인터넷 간행물의 표기

인터넷에서 정보를 인출한 경우 자료 원천의 이름과 주소를 적은 후 인출한 날짜의 연월일을 구분하여 적고 " … 에서 인출"이라고 적어 문장을 끝낸다. 반드시, URL과 인출한 날짜를 기입한다.

American Psychological Association(2001, August 1). APA style for electronic resources. http://www.apastyle.org/styleelecref.html에서 2001. 9. 5 인출.

American Psychological Association(n.d). APA style for electronic resources. http://www.apastyle.org/styleelecref.html에서 2001. 9. 5 인출.

'(4) 참고문헌 목록 표기'는 앞서 인용한 문헌의 출처를 연구의 마지막 '참고문헌'에 정리해서 작성하는 내용입니다. 일부 연구자는 참고문헌 목록 표기가 중요하지 않다고 생각해서 작성을 귀찮아하거나, 누락하는 실수를 합니다. 참고문헌 목록을 표기하는 이유는 연구를 진행하는 과정에서 어떤 연구물을 인용해서 근거를 제시했는지 상대방에게 공유하기 위해서입니다. 따라서 연구자는 인용한 연구물을 상대방도 찾아서 볼 수 있도록 친절하게 제시해야 합니다. 참고문헌 표기를 잘하는 방법은 성실한 메모입니다. 연구자가 인용할 때마다 출처를 명확하게 메모하는 습관이 필요합니다. 일부 연구자는 내용을 작성하면서 출처를 메모하지 못한 결과, 기술한 내용을 아깝게 삭제하기도 합니다. 출처를 밝히지 못하면 표절이기 때문입니다. 독자는 연구 내용을 작성하면서 인용한 연구물의 출처를 메모하고, 참고문헌을 작성할 때 최종적으로 정리하는 순서로 작업하기 바랍니다.

연구 프로젝트 글쓰기는
자신의 이야기를 누구나 알아들을 수 있게 전달하는 방법입니다.

- 홍지오 -

연구 프로젝트 글쓰기가 청소년에게
즐거운 놀이가 될 수 있도록
함께해 주세요!

자율학습

청소년을 위한 연구 프로젝트 워크북
(Research Project Workbook for Youth)

WORKBOOK ❶
연구 프로젝트 실행 6단계

　워크북에서는 청소년을 위한 연구 프로젝트 실행과정을 단계별로 실습해보겠습니다. 독자는 가이드 내용을 단계별로 차근차근 훈련하면서 자연스럽게 연구 프로젝트 과정을 수행할 수 있을 것이며, 자신의 연구 내용으로 가득 채울 수 있습니다.

　만약, 연구 프로젝트 실행이 막막하다면, 앞서 '3교시 6단계－연구 프로젝트 글쓰기'와 '4교시 청소년을 위한 연구 프로젝트 글쓰기 비법'에서 제시한 사례를 보고, 글쓰기의 흐름과 패턴을 참고하며 시작하기 바랍니다.

　또한, 워크북에서 제시한 가이드가 절대적이라고 생각하며 흉내내기에 그치지 않기를 당부드립니다. 워크북 내용이 익숙해진 독자는 자신만의 연구 프로젝트 실행 단계와 양식을 만들 수 있습니다.

1. 1단계 – 사회 현상 발견하기

사회 현상을 발견하기 위해 아래 질문지를 작성하기 바랍니다.

1단계 사회 현상 발견을 위한 질문

질문	나의 이야기
"우연히 발견한 현상을 가볍게 작성하기 바랍니다."	<현상 1> -누가: _____ -언제: _____ -어디서: _____ -무엇을: _____ -어떻게: _____ _____ -왜: _____ _____ -내가 생각하는 현상의 의미는 " _____ _____"이다. <현상 2> -누가: _____ -언제: _____ -어디서: _____ -무엇을: _____ -어떻게: _____ _____ -왜: _____ _____ -내가 생각하는 현상의 의미는 " _____ _____"이다.
"나의 연구 프로젝트에서 다루고 싶은 특정 사회 현상은 어떤 모습인가요?" 작성방법 1. 위에서 발견한 여러 사회 현상 중 1개를 선택합니다. 2. 누가, 언제, 어디서, 무엇을, 어떻게, 왜, 의미 등의 내용을 포함하여 종합한 것으로, 200자 이내로 작성합니다.	_____ _____ _____ _____ _____ _____ _____ _____

질문	나의 이야기
"나의 연구 프로젝트에서 해결하고 싶은 문제는 무엇인가요?" **작성방법** 자신이 발견한 현상에서 연구 프로젝트를 통해 해결하고 싶은 핵심 문제를 작성합니다.	연구 프로젝트 문제 1: _____ 연구 프로젝트 문제 2: _____ 연구 프로젝트 문제 3: _____ 연구 프로젝트 문제 4: _____ 연구 프로젝트 문제 5: _____
"나의 연구 프로젝트는 무엇(핵심 키워드)에 관한 이야기인가요?" **작성방법** 현상에서 중심이 되는 단어, 자주 등장하는 단어를 작성합니다.	핵심 키워드 1: _____ 핵심 키워드 2: _____ 핵심 키워드 3: _____ 핵심 키워드 4: _____ 핵심 키워드 5: _____
"나의 연구 프로젝트의 주제는 무엇인가요?" **작성방법** 앞서 작성한 내용을 1개의 문장으로 표현합니다.	_____ _____ _____ _____ _____
"내가 이 연구 프로젝트를 하는 목적은 무엇인가요? **작성방법** 연구 프로젝트를 무엇 때문에 하는지 작성합니다. 여기서 '무엇'은 이루고자 하는 목표와 같습니다. (예: 문제-해결)	_____ _____ _____ _____ _____

2. 2단계 – 사회 현상 선정 및 학습하기

사회 현상 선정 및 학습하기를 위한 자료 조사 리스트를 만들어 보겠습니다. 독자는 아래 〈표〉 자료 조사 리스트를 활용해서 사회 현상을 선정하고 학습하기 바랍니다.

자료 조사 리스트

자료 번호	분야	제목	핵심 키워드	작성자	출처	조사 날짜	자료 유형
1							
2							
3							
4							
5							
6							
7							
8							
9							
10							
11							
12							
13							
14							
15							
16							
17							
18							
19							
20							

3. 3단계 – 연구 프로젝트 계획서 작성하기

독자는 앞서 작성한 1~2단계 내용을 바탕으로 연구 프로젝트 계획서를 작성하기 바랍니다.

(1) 연구 프로젝트 계획서 작성하기

연구 프로젝트 계획서(양식)

주　　제: ＿＿＿＿＿＿＿＿＿＿

Ⅰ. 서론
　1. 연구 프로젝트의 필요성
　2. 연구 프로젝트의 목적
　3. 연구 프로젝트의 문제

Ⅱ.본론A: 이론적 배경
　1. 선행 이론(연구) 분석
　2. 연구 프로젝트 분석틀 (※필요시 작성)[1]

Ⅲ. 본론B: 연구 프로젝트 과정
　1. 연구 프로젝트 현장 및 참여자
　2. 연구 프로젝트 방법
　3. 자료 수집
　4. 자료 분석
　5. 연구 프로젝트의 타당성 및 신뢰성
　6. 연구 프로젝트 설계도

Ⅳ. 연구 프로젝트 결과의 기대효과 및 활용방안
　1. 기대효과
　2. 활용방안

Ⅴ. 연구 프로젝트 수행 일정

1　연구 프로젝트 분석틀은 필수가 아닙니다. 만약 독자가 'Ⅰ. 서론 – 연구 프로젝트의 필요성, 목적, 문제'와 'Ⅱ.본론A: 이론적 배경 – 선행 이론(연구) 분석'을 통해 사회 현상에서 발견하고자 하는 특정한 문제, 특징, 요인 등이 분명하게 정해졌다면, 분석틀로 만들어서 연구 프로젝트를 수행할 수 있습니

주   제: _____

I. _____
   1. _____
   2. _____
   3. _____

II. _____
   1. _____
   2. _____

III. _____
   1. _____
   2. _____
   3. _____
   4. _____
   5. _____
   6. _____

IV. _____
   1. _____
   2. _____

V. _____

다. 분석틀은 발견하고자 하는 내용이 분명해서 연구를 효율적으로 수행할 수 있다는 장점이 있습니다. 반면에 연구를 통해 알고자 하는 내용이 특정해서 발견한 사회 현상의 본질에 최대한 접근하는 데 한계가 있다는 단점이 있습니다. 다만, 독자는 분석틀을 만들었다고 해서 사회 현상에 다가가지 못했다고 판단할 필요는 없습니다. 사회 현상에 접근하는 두 가지 유형의 연구가 있다고 이해하기 바랍니다. 첫 번째 유형은 독자가 사회 현상을 공부하면서 발견하고자 하는 영역이 이미 명확한 경우입니다(분석틀O). 두 번째 유형은 사회 현상의 본질에 접근하면서 발견하고자 하는 영역이 점차 명확해지는 경우입니다(분석틀X).

(2) 연구 프로젝트 수행 일정 세우기

추진 내용	월 별 연 구 일 정											
	1월	2월	3월	4월	5월	6월	7월	8월	9월	10월	11월	12월
사회 현상 발견												
사회 현상 선정												
사회 현상 학습												
계획서 작성												
계획서 검토 (전문가)												
선행 연구 학습												
자료 수집 및 분석												
질문지 작성												
연구 내용 중간 검토												
연구 참여자 선정												
연구 참여자 면담												
면담 자료 분석												
원고 내용 검토												
원고 윤문 (검토)												
심사												
심사에 따른 수정												
연구 프로젝트 최종본 제출												

4. 4단계 - 연구 프로젝트 자료 수집하기

(1) 문헌노트 작성을 통한 자료 수집

분야	
핵심 키워드	
주제	
내용 요약	중요성 및 필요성 :
	목적 :
	문제 :
	연구 방법 :
	결과 :
자료를 통해 발견한 연구자의 아이디어	
자료에서 마음에 드는 문장 베껴쓰기	
자료에 관한 연구자의 생각 메모	
해당 자료 출처 표기 (※참고문헌 표기 양식으로)	

(2) 메모노트 작성을 통한 자료 수집

• 주제 : _____

• 날짜 : _____
• 시간 : _____
• 기록 내용 :

_____
_____
_____
_____
_____
_____
_____
_____

• 나의 생각 :

_____
_____
_____
_____
_____
_____
_____

• 기타 :

_____
_____
_____
_____
_____
_____

(3) 관찰노트 작성을 통한 자료 수집

• 연구 주제 : _____

• 연구자 : _____
• 날짜 : _____년 _____월 _____일
• 시작 시간 ~ 종료 시간(총기록 시간) : _____
• 장소 : _____

• 오늘의 포커스(Focus) 및 포착한 현상(Situation)
   : _F1_____
   : _F2_____
   : _S1_____
   : _S2_____

• 관찰 기록-OC(Observed Comment)

_F1_____
_____
_____

_F2_____
_____
_____

_S1_____
_____
_____

_S2_____
_____
_____

• 피드백 기록 - FC(Feedback Comment)
_____
_____

• 기타 기록 내용
_____
_____

5. 5단계 - 연구 프로젝트 자료 분석하기

(1) 1차 코딩 분석-개념화 및 범주화 설정하기

구분	텍스트 (문장, 문단) vivo code	개념/범주	참여자	출처 (자료원)
질문				
대답				

(2) 2차 코딩 분석-소주제, 중주제 설정하기

구분	자료(문장, 문단)	개념/범주	소주제	중주제	참여자	출처 (자료원)
질문						
대답						

(3) 3차 코딩 분석-대주제 설정하기

구분	자료(문장, 문단)	개념/범주	소주제	중주제	대주제	참여자	출처 (자료원)
질문							
대답							

(4) 주제 분석 프레임-종합

대주제	중주제	소주제
3차 코딩	2차 코딩	2차 코딩
주제화	구조화	개념화, 범주화 (1차 코딩)

6. 6단계 - 연구 프로젝트 글쓰기

(1) 서론 쓰기

연구 프로젝트의 필요성 쓰기 ·

최근 흐름_도입

최근 (_____에서) 나타난 대표적인 교육정책으로 (_____)이/가 있다. (_____)은
(_____), (_____), (_____), (_____), (_____)다. 또한/특히
(_____)은 (_____)다.

흐름의 변화 포착

(_____)에 관한 (_____)의 교육정책 방향성에 따라 (_____).

맥락

(_____)은 (_____)일 가능성이 높아졌으며, 현시점에서
(_____)에 대한 관심과 중요성은 더욱 높아질 것이다.

맥락에 따른 연구의 필요성 제시

이러한 맥락에서 (_____) 관련 연구는 꾸준히 이루어지고 있지만,
(_____) 한계도 확인할 수 있다. 연구자는 선행 연구가 가진 한계를 보완하고
(_____)이/가 가진 연구의 필요성과 함께 (_____)에 접근하고자 한다.

연구 프로젝트의 목적 쓰기 ·

따라서 본 연구의 목적은 (_____)에서 나타난 (_____), (_____),
그리고 (_____)은/는 무엇인지 탐색하는 것이다.

연구 프로젝트의 문제 쓰기 ·

연구 문제는 다음과 같다.
첫째, (_____)인가?
둘째, (_____)인가?
셋째, (_____)인가?

(2) 본론 쓰기

1) 선행 연구 분석 쓰기

선행 연구를 연도별로 기술하는 글쓰기 프레임 ·

(_____) 관련 선행 연구를 통해,
연도별로 나타나고 있는 흐름과 특징을 살펴보면 다음과 같다.
(_____)은/는 (_____)(으)로 전개되었다.
다음으로, (_____)에 대한 (_____) 접근이 이루어졌다(OOO, YYYY).
이후 YYYY년대 초반부터 현재까지 이루어진 (_____) 관련 연구는 대부분
대상을 '(_____)', '(_____)', '(_____)' 등으로 제시하고 있으며,
그중에서도 가장 많이 다루어지고 있는 연구 대상은 '(_____)'(으)로 나타났다.
즉, (_____)고, (_____)며, (_____)(으)로 나타나고 있다. 결국 이러한 흐름은
(_____)을/를 보여준다.

선행 연구를 카테고리화 하여 주제(또는 개념)별로 묶어서 기술하는 글쓰기 프레임 · · ·

(_____) 개념은 현상을 바라보는 주체(대상)에 따라 크게, '(_____)',
'(_____)', '(_____)' 등으로 구분할 수 있다(OOO, YYYY).
첫째, (_____)이/가 있다. (_____)은/는 (_____)이다(OOO, YYYY).
(_____(OOO, YYYY).
(_____ (OOO, YYYY). 그중 OOO(OOOO)
의 연구를 살펴보면, (_____(OOO, YYYY)을/를 제시한다.
둘째, (_____)이/가 있다. (_____)은/는 (_____)이다(OOO, YYYY).
(_____(OOO, YYYY).
(_____(OOO, YYYY). 그중 OOO(OOOO)
의 연구를 살펴보면, (_____(OOO, YYYY)을/를 보여준다.
셋째, (_____)이/가 있다. (_____)은/는 (_____)이다(OOO, YYYY).
(_____(OOO, YYYY).
(_____(OOO, YYYY).
그중 OOO(OOOO)의 연구를 살펴보면, (_____(OOO, YYYY)을/를 의미한다.

독자가 판단해서 중요하다고 생각하는 연구물을 기술하는 글쓰기 프레임 · · · · · · · · · ·

(_____) 관련 선행 연구를 구체적으로 살펴보면 다음과 같다.

OOO(YYYY)은/는 (_____)을/를 살펴보고, (_____)며,

(_____)을/를 제시하였다. 이는 (_____)다는

접근이다. 특히 (_____)을/를 강조하였다.

다음으로 OOO(YYYY)은 (_____)을/를 발견하였다. 이러한 측면(관

점)에서 (_____)을/를 살펴보았다.

그 결과, (_____)을/를 제시하였다. 최근

OOO(YYYY)은/는 (_____)의 개념을 정의하였다.

개념은 크게, (_____), (_____), (_____) 등으로

구분하여 제시하였다.

선행 연구 분석 마무리 글쓰기 프레임 ·

선행 연구가 (_____) 있고, (_____) 점에서 아쉬움이

있다. (필요시) 물론 (_____)의 연구는 (_____)

하였으나, (_____)을/를 전제로 하고 있다.

본 연구는 (_____)하고, (_____) 하였다. 또한

(_____) 연구를 수행하였다.

2) 연구 프로젝트 과정 쓰기 – 현장 글쓰기

연구 프로젝트 현장 글쓰기 사례 1_도입 쓰기 ·

본 연구는 초기 (_____)에 대한 접근이 먼저 이루어졌다. 연구자는
(_____)에 대한 이야기를 접하고 직·간접적으로 참여했다. 그 과정에서
(_____) 모습을 알 수 있었다. 이후, 초기에 수집한
(_____) 자료와 (_____) 개념을 살펴보고, 해당 개념을
사례에 직접적으로 적용하여, (_____), (_____),
(_____)을/를 밝히고자 하였다. 따라서 본 연구에서는 연구를 수행하기
위해 (_____)의 설정과 다양한 자료원으로부터 풍부한 자료를 수집하는
것이 중요했다.
연구자는 (_____)을/를
하고 있다. 이러한 점에서 (_____)은/는 연구자가
(_____)하는 데 적절하다. 또한 연구자는 (_____)이다. 이는 연구에 대한
연구자의 접근성과 용이성이 높다는 점에서 장점이다.

연구 프로젝트 현장 글쓰기 사례 2_맥락 쓰기 ·

맥락을 구체적으로 살펴보면 다음과 같다. (_____)은/는 (_____)이/가
있다. (_____)은/는 (_____), (_____),
(_____)이다. 특히 (_____)이/가 나타나고 있다.
(_____)은/는 (_____)상황이었다.
(_____). 그 결과 (_____)이다.
(_____) 때문이다. 이러한 특징은 (_____)(으)로 나타나고 있다.

연구 프로젝트 현장 글쓰기 사례 3_현장 현황 쓰기 ·

연구 현장의 개요 및 특징

(_____)은/는 (_____)이다.

(_____)이다. (_____).

최근에는 (_____)이다.

(_____)의 개요 및 특징

구분	내용
위치	
규모	
특성	
프로그램	
운영 사례	

조직도

(_____)은/는 (_____)이다.

(_____)은/는 (_____), (_____),

(_____)이다. 특히 (_____)이/가 나타나고 있다.

현재 (_____)의 운영 조직도는 아래 [그림]과 같다.

*필요시 해당 조직의 조직도를 그림으로 보여줍니다.

프로그램 운영 현황 및 계획서

(_____)프로그램 운영은 크게, (_____),

(_____), (_____)(으)로 구분할 수 있다. 연구자는 프로그램

운영 내용을 통해 (_____), (_____),

(_____) 등의 모습을 발견할 수 있다. 이러한 내용을 바탕으로 한 운영 현황을

살펴보면 다음 [그림]과 같다.

*필요시 해당 운영 현황을 보여주는 그림을 보여줍니다.

(_____) 프로그램 운영은 (_____), (_____), (_____)

등으로 구분하여 진행되었다. (_____)의 (_____) 내용을 자세히

살펴보면, 첫째, (_____)이다. 둘째, (_____)이다. 마지막으로,

_____)이다. (_____)프로그램 운영 계획표는 다음 <표>와

같다.

*필요시 프로그램 운영 계획표를 보여줍니다.

3) 연구 프로젝트 참여자 쓰기

연구 프로젝트 참여자 글쓰기 프레임 ·

연구 프로젝트 참여자 글쓰기 사례 1_도입 쓰기

(_____)은/는 (_____)이다. 따라서 연구 참여자를 섭외하는 과정은 (_____)을/를 통해서 시작되었지만, (_____)이/가 관련성이 높다고 판단되는 (_____)을/를 소개해주고, 또 소개받은 (_____)을/를 통해 (_____)을/를 소개받는 등의 과정으로 연구 참여자를 섭외할 수 있었다. 이러한 스노우 볼링을 통해 다양한 연구 참여자와 함께 연구를 진행할 수 있었다. 연구의 참여자를 선정하는 기준은 (_____)(으)로 선정하였다. 선정한 연구 참여자는 (_____), (_____), (_____)의 특징이 있다.

연구 프로젝트 참여자 글쓰기 사례 2_구체적 쓰기

(_____)은/는 (_____)이다.
(_____)은/는 (_____)이다.
(_____)은/는 (_____)이다.
특히 (_____)의 경우, (_____)이/가 있다. 이에 본 연구자는 (_____)이/가 연구 참여자로 적절하다고 판단하였다. 따라서 (_____)의 연구 참여자는 아래 <표>와 같다.

연구 참여자

순번	이름	교직경력/학년	관련 경험 유무	직위/소속	특징
1	AAA	00년	유		
2	BBB	00년	유		
3	CCC	00년	유		
...	...	...	...	...	...

4) 연구 프로젝트 방법 쓰기

연구 프로젝트 방법 글쓰기 프레임 ·

연구 방법에 대한 선택의 고민

연구 방법은 (_____)을/를 하기 위해서,

(_____)을/를 하였다.

이를 통해 연구자는 (_____)하고자 하였다.

즉 (_____)하고자

하였다. 이를 위해서는 (_____)연구 방법이 필요하다.

선택한 연구 방법에 대한 설명(개념 및 특징)

연구 프로젝트 방법은 (_____)이다.

연구 프로젝트 방법은 (_____), (_____),

(_____)(이)라는 특징이 있다.

이러한 특징은 (_____)에 대한 접근을 돕는다.

연구 목적을 달성하고 연구 문제를 해결하는데 왜 이 연구 방법이 적절한지 설명

따라서 본 연구의 목적을 달성하기 위해서는 연구 프로젝트 방법이 적합하다고 할 수 있으

며, 그 이유는 다음과 같이 정리할 수 있다.

첫째, (_____)에서 나타나고 있는 (_____)을/를 보고자

하기 때문이다. (_____).

둘째, (_____) 때문이다.

(_____).

셋째, (_____) 때문이다.

(_____).

이렇듯 본 연구에서는 (_____)을/를

해결하기 위해 연구 프로젝트 방법이 적절하다.

5) 연구 프로젝트 자료 수집 쓰기

자료 수집 글쓰기 프레임 ·····································

연구 프로젝트 과정의 변화 흐름 그림

자료 수집	방법			
	종류			
연구 시기				

자료 수집 글쓰기 사례(초반)

연구 초반에는 (_____) 등을 통해 자료를 수집하였다.
사전 연구에서는 (_____) 등을 수집하여 분석 및 정리하였으며,
(_____)을/를 통해 (_____) 등의 자료를
수집하였다. (_____)을/를 통해서는 (_____) 등을 수집할
수 있었다. 또한 (_____) 등에 참석하여 직접관찰을 하면서,
(_____)에 대한 다양한 자료를 수집할 수 있었다. 특히 연구자가 참여한
(_____)에서는 (_____) 수 있는 기회가
되었다. 또한 연구자는 (_____)에 참여하기도 했다. 이는
(_____). 연구자는 (_____) 참여를
통해 라포를 형성할 수 있었다. 연구자가 축제를 통해 연구 참여자와 함께 한 일은 향후 반
구조화된 인터뷰가 원활하게 진행되는 데 긍정적인 영향을 주었다.

자료 수집 글쓰기 사례(중반)

연구 중반에는 (_____)을/를 대상으로 틈틈이 진행하여 현장감
있는 목소리를 담고자 하였다. (_____)에 최대한
꾸준히 참석하였다. 또한 (_____)의 관찰을 통해 다양한 자료를
수집할 수 있었다.

자료 수집 글쓰기 사례(후반)

연구 후반에는 (_____)을/를 대상으로 본격적인 인터뷰를 수시로
진행하였다. 연구 초반과 중반 과정을 통해 수집한 (_____)자료는
연구 후반에 이루어진 (_____)에 대한 이해를 높여 주었으며,
(_____)을/를 수집할 수 있는 과정이었다. 그룹인터뷰(FGI:
Focus Group Interview)는 적게는 1대 2, 많게는 1대 4로 구성하여 진행했으며, 방식은
(_____)(으)로 운영했다. 인터뷰를 진행하면서 (_____) 했다.

자료 수집 글쓰기 사례_노트 활용 기술

연구 초반부터 후반까지 연구자가 틈틈이 작성한 관찰노트 자료를 정리하여 최종 수집하였다. 연구자는 (_____)사례를 관찰하고 자료를 수집하는 과정을 관찰자 시각으로 보며, (_____) 등을 관찰하여 필드노트에 기록하였다. 또한, 연구자는 참여관찰을 통해 (_____)을/를 관찰노트에 기록하였다.

이렇게 수집한 필드노트와 관찰노트는 (_____)을/를 이해하고 분석하는 데도 유용한 자료가 되었으며, 연구자가 연구 기간 중 놓칠 수 있는 현장감을 되살려주는 데 좋은 자료가 되었다.

6) 연구 프로젝트 자료 분석 쓰기

자료 분석 글쓰기 프레임· ·

자료 분석 글쓰기 사례 1_분석 과정

본 연구에서 수행한 자료 분석 과정을 종합하여 살펴보면, 크게 1차 코딩 분석과 2차 코딩 분석으로 구분할 수 있다. 먼저 1차 코딩 분석은 (_____) 과정이다. 개방코딩 분석은 (_____)이다. (_____)은/는 (_____)(이)라는 점에서 적절하다고 할 수 있다. 이에 수집한 자료를 바탕으로 분석한 비보 코드를 종합하여 개방코딩을 실시한 결과 총 (_____)개의 코드로 범주화할 수 있었다.

2차 코딩 분석은 (_____)하는 분석 과정이다. (_____)에서는 (_____)을/를 설정하였다. 이를 위해 (_____)을/를 설정하였다.

자료 코딩 분석 과정

구분	방법	내용 단위	표현	자료
0차 코딩 분석				
0차 코딩 분석				
0차 코딩 분석				

정리하면, 본 연구에서 수행한 코딩 분석 과정은, 먼저 (_____)하고, (_____)하여 총 (_____)개의 코드를 생성하였다. 다음으로 (_____)에서는 (_____)하였다. 특히 (_____)은/는 (_____)을/를 했다.

자료 분석 글쓰기 사례 2_분석 결과

(_____)(으)로 구조화하였으며, (_____)을/를 통해 (_____) 설정하였다. (_____)을/를 통해 도출한 주제 분석표는 아래 <표>와 같다.

주제 분석표

대주제	중주제	소주제
0차 코딩	0차 코딩	0차 코딩
주제화	구조화	개념화, 범주화 (1차 코딩)
	• • •	• • •
	• • •	• • •
	• • •	• • •
	• • •	• • •
	• • •	• • •
	• • •	• • •
	• • •	• • •
	• • •	• • •
	• • •	• • •

7) 연구 프로젝트 설계 쓰기

연구 프로젝트 설계 글쓰기 프레임 ·

연구 프로젝트 설계도

본 연구는 (_____)을/를 포착할 수 있었다. 이에 (_____) 수집하면서, (_____)을/를 보다 깊이 있게 인지할 수 있었다. 이후 (_____)에 접근할 수 있었다. 이러한 접근을 바탕으로, (_____)을/를 제시할 수 있었다. 마지막으로 본 연구의 목적을 달성하기 위해 (_____)하였다.

8) 연구 프로젝트 결과 쓰기

연구 프로젝트 결과 글쓰기 프레임 ·

대주제 쓰기 프레임
(_____)은/는 (_____)이다. 이는
크게 (_____), (_____), (_____)의 특징으로 제시할 수 있었다.

중주제 쓰기 프레임
1) (_____)
(_____)은/는 (_____)이다. 이는
크게 (_____), (_____), (_____)의 특징으로 제시할 수 있었다.

소주제 쓰기 프레임
가) (_____)
(_____) 현상이 나타났다.
(_____)이/가 있었다.
구체적으로 살펴보면 (_____)이다.
　　(_____)
　　　　　　　(OOO(이름) OOOOOOOOO(소속))

나) (_____)
(_____) 현상이 나타났다.
(_____)이/가 있었다. 구체적으로
살펴보면 (_____)이다.
　　(_____)
　　　　　　　(OOO(이름) OOOOOOOOO(소속))

다) (_____)
(_____) 현상이 나타났다.
(_____)이/가 있었다. 구체적으로
살펴보면 (_____)이다.
　　(_____)
　　　　　　　(OOO(이름) OOOOOOOOO(소속))

9) 연구 프로젝트의 타당성 및 신뢰성 쓰기

연구 프로젝트의 타당성을 기술하는 글쓰기 프레임 ·

연구는 연구자가 개인의 선입견이 개입된 주관적인 판단에 의존하여 분석되는 경향이 높기 때문에 객관화된 방법을 사용하지 않는다는 지적이 있다(Flyvbjerg, 2006; Yin 2014). 이에 본 연구에서는 연구의 타당성을 확보하기 위해 다음과 같은 방법을 수행하였다. 첫째, 삼각검증법을 수행했다. 삼각검증법은 (_____)을/를 의미한다 (OOO, YYYY). (_____) 방법이다. 본 연구에서는 (_____)을/를 통해 자료를 통합적으로 접근하는 삼각검증법을 수행하여 타당성을 높였다.

둘째, 자료 수집을 바탕으로 분석한 내용은 원자료 제공자인 연구 참여자의 확인 과정을 거쳤다. (_____) 검토하는 과정을 수행하여 타당성을 높였다. 셋째, 장기간의 관찰을 수행하였다. (_____) 관찰을 수행한 것이다. 연구자는 (_____)에서 나타나는 연구 대상에 대한 깊이 있는 장시간 관찰을 통해 현상에 대한 접근과 이해를 하고자 했다. (_____) 전략이었다. 마지막으로, 동료 연구자 및 전문가의 검증을 수행하였다.

본 연구자는 (_____)와/과 관계를 가질 수 있었다. 이러한 관계를 통해 (_____)에 대한 검증이 이루어졌다. 또한, 본 연구를 수행하면서 (_____) 동료 연구자와 전문가의 검증을 통해 타당성을 확보하였다.

연구 프로젝트의 신뢰성을 기술하는 글쓰기 프레임 ·

'신뢰성'을 확보하기 위한 방법은 (_____)이다. 질적 연구에서 신뢰성은 수행된 연구를 다른 연구자가 동일한 주제와 방법으로 수행했을 때에도 같은 결과를 얻을 수 있는가를 의미한다(Yin, 2014). 단, 다른 사례를 대상으로 같은 연구 방법을 반복하는 것이 아니라, 동일한 주제와 방법으로 수행했을 때 같은 결과를 얻을 수 있어야 하는 것이다. 연구의 신뢰성을 확보하기 위해서는 (_____) 제시해야 한다. 따라서 본 연구의 설계는 앞서 제시한 ([그림] _____, [그림] _____)와/과 같이, 연구결과가 동일하게 나올 수 있을 만큼 연구 과정의 변화 흐름과 설계를 최대한 구체적이고 명확하게 제시하였다.

---

(3) 결론 쓰기

1) 연구 프로젝트 요약 쓰기

연구 프로젝트의 요약 글쓰기 프레임 ·

중요 맥락

오늘날 (_____)하고 있다.

이러한 흐름 속에서 본 연구는 (_____).

Tip 최근 상황 및 이슈를 제시합니다. 이에 대한 내용은 관련 연구물 또는 신문을 통해 찾을 수 있습니다. 더하여 연구자는 맥락을 통찰하는 내용을 기술하면 좋습니다.

연구 목적

이에 본 연구는 (_____)(이)고, (_____)(이)며,

(_____) 수행했다.

연구 결과

연구 결과를 보면, (_____) 크게 (_____)가지고 살펴볼 수 있다.

첫째, (_____).

둘째, (_____).

셋째, (_____).

이를 바탕으로 (_____) 등에 대해 논의하였다.

(_____)을/를 시사점으로 제시하였다.

2) 연구 프로젝트 결론 쓰기

연구 프로젝트 결론 글쓰기 프레임 ·····························

본 연구에서는 (_____)을/를 분석한 결과 (_____)의 특징을 크게 (_____) 등 (__)개의 대주제를 설정하여 탐색했다. 연구 결과를 바탕으로 제시한 (_____)의 의미는 다음과 같습니다. 첫째, (_____)은/는 (_____)의 의미를 갖는다. (_____). (_____). 이를 통해 다음과 같이 개선 방향을 제시하였다. 따라서/그러므로 (_____) 점에서 의미가 있다. 둘째, (_____)은/는 (_____)의 의미를 갖는다. (_____). (_____). 이를 통해 다음과 같이 개선 방향을 제시하였다. 따라서/그러므로 (_____)점에서 의미가 있다. 셋째, (_____)은/는 (_____)의 의미를 갖는다. (_____). (_____). 이를 통해 다음과 같이 개선 방향을 제시하였다. 따라서/그러므로 (_____)점에서 의미가 있다. 본 연구자는 연구 과정을 통해 (_____)에 관한 통찰을 얻을 수 있었다. 연구자가 현상을 바탕으로 통찰한 내용의 핵심은 (_____)입니다.

3) 연구 프로젝트의 한계점 쓰기

연구 프로젝트의 한계점 글쓰기 프레임 ·····························

본 연구는 (_____)을/를 바탕으로 이루어졌다. 따라서 본 연구에서 다룬 (_____)다는 점에서 다른 사례와는 차이가 있다는 한계를 밝히는 바이다.

4) 후속 연구 프로젝트 제안 쓰기 - 실제 개선을 위한 제언 쓰기

연구 프로젝트 제언 글쓰기 프레임_실제 개선을 위한 제언 쓰기 · · · · · · · · · · · · · · · ·

먼저 (_____) 측면에서 실제 필요한 개선 방향을 제언하면 다음과 같다.

첫째, (_____)할 필요가 있다.

(_____)이다.

이러한 방안은 (_____)이/가 될 것이다.

둘째, (_____)할 필요가 있다.

(_____)이다.

이러한 방안은 (_____)이/가 될 것이다.

셋째, (_____)할 필요가 있다.

(_____)이다.

이러한 방안은 (_____)이/가 될 것이다.

5) 후속 연구 프로젝트 제안 쓰기 - 후속 연구 프로젝트를 위한 제언 쓰기

연구 프로젝트 제언 글쓰기 프레임_후속 연구를 위한 제언 쓰기 · · · · · · · · · · · · · · ·

(_____)을/를 종합하여 후속 연구를 제언하면 다음과 같다.

첫째, (_____)할 수 있는 후속 연구가 필요하다.

(_____)이다.

본 연구에서는 (_____)을/를 발견할 수 있었다.

(_____)이다. 따라서 후속 연구를 통해, (_____)이/가 필요하다.

둘째, (_____)접근의 연구가 필요하다.

(_____)이다.

본 연구에서는 (_____)을/를 발견할 수 있었다.

(_____)이다. 따라서 후속 연구를 통해,

(_____)이/가 필요하다.

셋째, (_____) 후속 연구가 이루어져야 한다.

(_____)이다.

본 연구에서는 (_____)을/를 발견할 수 있었다. (_____)이다.

따라서 후속 연구를 통해, (_____)이/가 필요하다.

연구 프로젝트 글쓰기 비법

워크북에서는 청소년을 위한 연구 프로젝트 글쓰기 비법을 실습해보겠습니다. 글쓰기는 누구나 잘 할 수 있습니다. 하지만 누구나 잘 쓰지 못 합니다. 그 이유는 꾸준한 훈련과 노력이 필요하기 때문입니다.

독자는 워크북을 활용하여 '1. 문장 글쓰기 10가지 비법'과 '3. 문단 글쓰기 비법 4단계'를 학습하고, 꾸준히 '4. 연구 프로젝트 글쓰기 훈련－베껴쓰기 5단계'를 훈련하며, 자신이 쓴 글은 항상 '2. 문장 검토하기'를 통해 마무리하는 글쓰기를 하기 바랍니다.

1. 문장 글쓰기 10가지 비법

비법 1:   연구자의 감정과 판단을 섣불리 말하지 않는다.

비법 2:   일관된 용어를 사용한다.

비법 3:   일관된 내용을 유지한다.

비법 4:   주어를 명확하게 제시한다.

비법 5:   접속부사를 아껴서 사용한다.

비법 6:   동일한 단어를 반복하지 않는다.

비법 7:   간명하게 쓴다.

비법 8:   연구에 현장감을 주기 위해서 현재시제를 사용한다.

비법 9:   다양하고 친근한 표현을 사용한다.

비법 10: 단호한 문장을 사용하지 않는다.

2. 문장 검토하기

(1) 어문규범 검토 도구

- 한국어 맞춤법/문법 검사기 (편리성)
  http://speller.cs.pusan.ac.kr/
- 국립국어원 한국어 어문 규범 (정확성)
  https://kornorms.korean.go.kr/

(2) 어휘 검토 도구

- 국립국어원 온라인가나다
  https://www.korean.go.kr
- 우리말샘
  https://opendict.korean.go.kr
- 표준국어대사전
  https://stdict.korean.go.kr
- 인터넷 포털 사이트 뉴스 카테고리
  네이버, 구글, 다음 등

3. 문단 글쓰기 비법 4단계

(1) MAIN 글쓰기

문단 글쓰기 비법 – 일반적인 MAIN 글쓰기

- **Message(메시지)**: 핵심 메시지를 가급적 한 문장으로 제시하는 '**메시지 문장 글쓰기**'

  "연구자가 하고자 하는 말은 무엇인가? (What?)"

- **Addition(덧붙임)**: 메시지를 제시한 이유를 설명하는 '덧붙임 문장 글쓰기'

  "왜 그렇게 생각하는가? (Why?)"

- **Instance(사례)**: 메시지가 타당하다는 근거가 되는 사례(이야기, 통계 등)를 제시하는 '**사례 문장 글쓰기**'

  "관련된 사례는 어떻게 나타나고 있는가? (How?)"

- **eNd(마무리)**: 메시지의 요점을 정리하고 문단을 끝내는 '**마무리 문장 글쓰기**'

  "그래서 연구자가 하고자 하는 말은 무엇인가? (So What?)"

MAIN 글쓰기 활동지

구분	인식	기술
Message(메시지)	"연구자가 하고자 하는 말은 무엇인가? (What?)"	
Addition(덧붙임)	"왜 그렇게 생각하는가? (Why?)"	
Instance(사례)	"관련된 사례는 어떻게 나타나고 있는가? (How?)"	
eNd(마무리)	"그래서 연구자가 하고자 하는 말은 무엇인가? (So What?)"	

일반적인 MAIN 글쓰기와 유연한 MAIN 글쓰기

일반적인 MAIN 글쓰기	유연한 MAIN 글쓰기
문단 • Message(메시지) • Addition(덧붙임) • Instance(사례) • eNd(마무리)	문단 • Message(메시지)
	문단 • Addition(덧붙임)
	문단 • Instance(사례)
	문단 • eNd(마무리)

(2) 문단 검토 방법 3가지

첫째, 각 문단의 첫 문장 읽기

둘째, 소리 내어 읽기

셋째, 묵혀 두고 읽기

4. 연구 프로젝트 글쓰기 훈련 – 베껴쓰기 5단계

1단계: 요약(Abstract)과 참고문헌 읽기

2단계: 메모하며 읽기

3단계: 읽고 베껴쓰고 읽기

4단계: 베껴 쓴 글 읽으며 필요시 고쳐쓰기

5단계: 내 것으로 만들기

참고문헌

김경애·임종헌·김갑성·김정민·김진숙(2018). 자유학년제 모델 개발. 한국교육개발원 수탁연구 CR 2018-09.

김미옥·조아미(2020). 학교 밖 청소년의 노동을 통한 삶의 성장에 관한 현상학적 연구. 청소년 복지연구, 22(1), 27−52.

김영천·이현철(2017). 질적연구: 열다섯 가지 접근. 아카데미프레스.

김영천(2013). 질적연구방법론 Ⅱ. 아카데미프레스.

김용련(2019). 마을교육공동체: 생태적 의미와 실천. 살림터.

권정민(2021). 청소년 유튜버는 어떠한 무형식학습을 하는가?. 한국초등교육, 32, 121−141.

김종영(2021). 서울대 10개 만들기. 살림터: 서울.

김탁환(2011). 김탁환의 쉐이크. 다산책방.

권향원(2015). 공공기관 정치적 임용에 대한 정책대상집단의 주관적 인식유형 분석: 제도설계와 규제순응을 위한 Q방법론의 적용성 탐색. 한국행정연구, 24(1), 16-101.

권향원(2016). 현상학과 사회과학연구: 정책연구에의 질적방법론적 적용을 중심으로. 한국정책 학회보, 25(1), 355-394.

남채봉(2013). "우리도 이야기할 수 있다": 청소년 참여 실행 연구(Youth Participatory Action Research)가 다문화 시대 비판 시민 교육에 지니는 의의. 시민교육연구, 45(2), pp. 31~65.

모상현·함세정(2019). 청소년 참여 연구사업 운영을 통한 청소년활동 활성화 및 역량 증진방안 연구: 10대연구소 연구사업 운영보고. 연구보고 19−R21−1. 한국청소년정책연구원.

송숙희(2018). 150년 하버드 글쓰기 비법. 유노북스.

유기웅·정종원·김영석·김한별(2019). 질적 연구방법의 이해(2nd ed.). 박영스토리.

윤견수(2008). 사례연구: 분석의 세계에서 집필의 세계로. 한국정책학회보, 17(4), 63-87.

이은정·이주(2021). 고등학교 교양 심리학 수업 실행연구: 온라인 공동교육과정을 중심으로. 학 습자중심교과교육연구, 21(22), 287−304.

이인회(2020). 마을로 돌아온 학교. 교육과학사.

이형빈(2020). 교사를 위한 교육학 강의. 살림터.

이혜정·박하식·이범·하화주·홍영일(2017). IB 교육과정 및 평가제도의 제주교육 적용방안 연구.

교육과 혁신 연구소.

정수연(2019). 질 좋은 책. 위즈덤하우스.

조윤정(2018). 청소년 주도 마을교육공동체 사례연구: 몽실학교를 중심으로. 한국청소년연구, 29(4), 199-227.

정재민(2010). 청소년 팬덤 현상에 대한 실행연구적 접근. 한국청소년연구, 21(3), 91-119.

홍지오(2018). 말로는 표현이 부족한 것들의 이야기. 마음세상: 경기

홍지오(2018). 학교와 지역사회 간 교육공동체 구축에 관한 인과지도 분석. 한국시스템다이내믹스 연구, 19(3), 95-120.

홍지오(2020). 자유학기제 운영과정에서 나타난 교육공동체 형성과정 및 영향요인에 관한 연구 : 학교·지역사회·가정의 연계와 의미. 고려대학교 대학원 박사학위논문.

홍지오(2021). 자유학기제 운영과정에서 나타난 교육공동체 형성과정에 관한 연구 : 학교·지역사회·가정의 연계와 의미. 한국교육행정학회, 39(1), 55-91.

홍지오(2022). 교육공동체는 어떻게 형성되는가. 살림터.

한국교육개발원(2020). 2020년도 한국교육개발원 연구보고서 연구 윤리 점검 기준.

Creswell, J. W.(1998). Qualitative Inquiry and Research Design: Choosing Among Five Traditions. Thousans Oaks, California: Sage Publications, Inc. 조흥식, 정선욱, 김진숙, 권지성(2016). 질적 연구방법론-다섯가지 접근-. 서울: 학지사

Eisner, E. W.(1979). The educational imaginagion: on the design and evaluation of school programs. New York: Macmillan College Publiching Company. 이해명 역(1999). 교육적 상상력: 교육과정의 구성과 평가. 서울: 단국대학교 출판부.

Hall, B. L.(1992). "From margins to Center? The Development and Purpose of Participatory Research", American Sociologistm Vol. 23, No. 4, pp. 15-28.

Merriam, S. B.(1988). Case study research in education: A qualitative approach. San Francisco: Jossey-Bass.

Romano Guardini.(2008). Die Lebensalter: Ihre ethische und padagogische Bedeutung. Topos plus. 김태환 옮김(2016). 삶과 나이. 문학과 지성사.

Stake, R.(1994). Case studies. In N. Denzin & Y. Lincoln. (Eds.), Handbook of qualitative research(pp. 236-246), Thousand Oaks, CA: Sage.

Tyack, David B.(1974). The One Best System: A History of American Urban Education. Harvard University Press.

Wills, Jerry W.(2007). Foundation of Qualitative Research: Interpretive and Critical

Approaches. Thousand Oak: SAGE Publications.

Yin, R. K.(2003). Case study research: Design and methods(3rd ed). Thousand Oaks, CA: Sage.

Yin, R. K.(2011). Qualitative Research from Strat to Finish. The Guilford Press. 박지연·이숙향·김남희(2017). 질적 연구 시작부터 완성까지. 서울: 학지사

Yin, R. K.(2014). Case study research: Design and methods(5th ed). Thousand Oaks, CA: Sage.

遠田和子(2014). Google Writing 구글 라이팅. 옮긴이 김소연. 허스트 비(경기).

언론사 보도자료

경향신문(2022.02.11.). 한국의 툰베리들 "기후의제 실종 대선, 이의 있소. A20면.

매거진한경(2019.03.26.). 독일 10대 젊은 기후 운동가들, 수업 '빼먹고' 거리로 쏟아져 나오다.

베리타스 알파(2022.11.10.). [2023추천고교] '공교육 IB 롤 모델' 경기외고.. 국내/해외 아우른 대입 실적 '눈길'.

시사IN(2011.11.24.). 하버드대 스타교수가 수업거부 당한 이유. 218호

오마이뉴스(2019.09.27.). '500명 청소년들이 수업 거부한 이유 "살고 싶습니다".

오마이뉴스(2021.06.18.). 등교 거부하던 소녀에서 환경운동가로, 그녀의 1년.

제민일보(2022.04.21.). '주체와 사람'이 있는 교육 홍지오 「교육공동체는…」. 7면.

제민일보(2022.12.05.). 우리의 세금이 새고 있다. 15면.

제민일보(2023.01.09.). 제2공항은 결국 도민이 결정해야. 15면.

평택신문(2005.03.09.). 한광여고생 350명 수업거부 집단행동.

한겨레(2021.12.30.). 교내 '무심코 성폭력' 늘지만…성교육은 입시에 밀려 뒷전.

한겨레(2022.12.12.). '논쟁하며 민주주의 익히는 스웨덴 아이들'. 1면.

JTBC(2022.04.25.). 특집 방송, '대담―문재인의 5년'.

인터넷 웹사이트 자료

구글 트렌드 홈페이지(2022). https://trends.google.co.kr/trends/?geo=KR.

네이버사전(2022). https://naver.me/5XUKAXFr.

빅카인즈 홈페이지(2022). https://www.bigkinds.or.kr.

제주도교육청 유튜브 채널(2021.11.24.). 2021 IB 교육프로그램 이해를 돕기 위한 온라인 백문백답 생중계 ― '학교, IB교육을 만나다.'

표선고등학교 홈페이지(2021). https://jjps.jje.hs.kr.

한국교육행정학회 홈페이지(2022.). 1.원고작성세칙 및 견본.

IBO 홈페이지(2023). https://www.ibo.org.

RISS 홈페이지(2022). http:/riss.kr.

Wikimedia Commons(2023). A Pair of Shoes. https://commons.wikimedia.org.

저자소개

홍지오_ehdeos@naver.com

교육과 사회를 분석하는 연구자, 현상과 경험을 글로 표현하는 작가, 지식을 전달하는 교수자이다.
대표적인 연구로는『자유학기제 운영과정에서 나타난 교육공동체 형성과정에 관한 연구(단독)』,『고교학점제 선도지구의 추진 현황과 향후 과제(공저)』,『고교학점제 학교 공간 조성 과정 및 활용 방안 연구(공저)』,『국가균형발전을 위한 지방대학 혁신역량 제고방안(공저)』,『2028 대입제도 개편의 주요 쟁점 분석(공저)』,『지속가능한 교육청-지자체 협력체제 구축을 위한 제도적 지원 방안 연구(공저)』,『마을교육공동체 구축과정에서 나타나는 교육주민자치 실천에 관한 연구(공저)』,『학교와 지역사회 간 교육공동체 구축에 관한 인과지도 분석(단독)』,『복잡계 이론과 교육행정학(공저)』,『학교장의 학교와 지역사회 연계인식의 영향요인에 관한 탐색적 연구(공저)』,『마을교육공동체 운영에 관한 질적 메타분석(공저)』등이 있고,『제주 마을과 학교 간 마을교육공동체 모델 구축 연구(공저)』를 진행하고 있으며, 단행본『말로는 표현이 부족한 것들의 이야기』,『교육공동체는 어떻게 형성되는가: 교육공동체를 발견하기 위해 알아야 할 20가지 원리』등을 출간했다.
주 관심 분야는 교육공동체, 교육행정 및 정책, 글쓰기 등이다.

현 제주교육공동체센터 대표
　제주대학교 비전임교원
　제주한라대학교 겸임교수
　제주특별자치도교육청 미래교육소통위원회 위원
　제민일보 논설위원(비상임)
　한국외국어대학교 교육공동체연구센터 수석연구원
　한국교육개발원 연구윤리점검단 위원
　한국교원교육학회 이사
　한국대학IR협의회 이사

전 충북대학교 교육혁신연구원 초빙교수
　한국교육개발원 연구원
　강원일보사 기자

청소년이 세상을 바꾼다 청소년 연구 프로젝트 글쓰기 워크북

초판발행   2023년 7월 30일

지은이   홍지오
펴낸이   노 현

편 집   전채린
기획/마케팅   조정빈
표지디자인   Ben Story
제 작   고철민·조영환

펴낸곳   ㈜ 피와이메이트
               서울특별시 금천구 가산디지털2로 53, 210호(가산동, 한라시그마밸리)
               등록 2014. 2. 12. 제2018-000080호
전 화   02)733-6771
f a x   02)736-4818
e-mail   pys@pybook.co.kr
homepage   www.pybook.co.kr
ISBN   979-11-6519-432-1   93370

정 가   25,000원

박영스토리는 박영사와 함께하는 브랜드입니다.